U0583578

国家信息中心数字中国研究院
大数据发展丛书

INTERNATIONAL DISCOURSE SYSTEM OF
THE BELT AND ROAD INITIATIVE

"一带一路"对外传播话语体系建设

以数据为支撑优化国际传播效果

Optimising the communication effectiveness with data

王璟璇　刘　琦 ◎ 著

社会科学文献出版社
SOCIAL SCIENCES ACADEMIC PRESS (CHINA)

摘　要

习近平总书记在党的二十大报告中指出，要加强国际传播能力建设，全面提升国际传播效能，形成同我国综合国力和国际地位相匹配的国际话语权。"一带一路"倡议的提出和全球关注，为我国对外阐述中国思想理念，提供中国智慧方案，塑造负责任的国际形象提供了优质的话语议题。

一　加强"一带一路"对外传播话语体系建设十分必要

当前，随着"一带一路"建设进入高质量发展阶段，加强"一带一路"对外传播话语体系建设，凝聚更多合作共识，切实增进与共建国家的民心相通显得愈发重要和必要。

从政策导向看，党中央、国务院高度重视"一带一路"对外传播话语体系建设。党的十八大以来，以习近平同志为核心的党中央多次强调，要加强国际传播能力建设，精心构建对外话语体系，讲好中国故事，增强在国际上的话语权。2016 年 12 月，中央全面深化改革领导小组会议审议通过了《关于加强"一带一路"软力量建设的指导意见》，明确提出要加强话语体系建设，推进舆论宣传和舆论引导工作，加强国际传播能力建设，为"一带一路"建设提供有力舆论支持和文化条件。

从发展需求看，亟须建立与"一带一路"高质量发展相匹配的国际话语优势。十年来，共建"一带一路"成为深受欢迎的国际公共产品和国际合作平台，"一带一路"建设取得实打实、沉甸甸的成就。但"一带一路"对外传播过程中还面临不同文化的差异性、部分外媒的舆论抹黑、国际话语权仍处弱势等现实困境，以及国际化传播力度不够、好故事挖掘不足等实践问题待解决。为共建"一带一路"营造良好的国际舆论氛围仍需要从传播主体、传播内容、传播渠道、传播效果反馈等各方面构建"体系化"应对格局。

从学理探索看，"一带一路"对外传播话语体系建设应开展更多系统性的方法研究。当前，在"一带一路"对外传播话语体系建设方面，学者们已经开展了积极探索，形成很多有价值的研究成果，十分有必要将这些研究成果进行梳理整合并参考借鉴，针对说什么、在什么语境下说、怎么说、谁来说、通过什么渠道说等问题，提出解决思路和方法体系。

二 "一带一路"对外传播话语体系的总体架构

话语体系是将思想体系和知识体系正确表达给受众，从而产生现实影响力的一整套表达系统。

从话语体系的基本构成要素看，借鉴传播学理论模型，围绕"一带一路"对外传播谁来说、说什么、在什么语境下说、通过什么渠道说、效果好不好等问题，话语体系包含话语权、话语要义、话语传播方式、话语传播媒介、话语影响力五个核心要素。话语权是"谁来说、为什么说、对谁说"，代表话语传播的初衷和目的。话语要义是"说什么"，是话语体系的内容基石与指引。话语传播方式是"在什么语境下说"，研究话语传播的路径、形式与时机。话语传播媒介是"通过什么渠道/媒介说"，需要研究促进话语更广泛传播的媒介和工具。话语影响力是"取得什么效果"，是用来综合评价话语传播是否成功的重要标尺，为"一带一路"对外传播建立有效的反馈机制。

从话语体系的总体框架设计看，"一带一路"对外传播是一个复杂的过程，话语体系各要素之间处于普遍联系和相互作用之中。话语主体施语者基于自身的话语权，在对"一带一路"核心要义的理解之上，设置包含话语要义的议题和话语内容，并通过合适的传播媒介和传播方式对话语对象受语者进行讲述与传播。话语传播的效果通过话语影响力来体现，施语者评估受语者对话语的体验、感受以及话语对"一带一路"建设实际工作的推进效果，进而不断反馈、修正话语体系各个环节，形成闭环。

三　"一带一路"对外传播话语体系的核心内容

话语权是对外发声的一种权利，也代表掌握话语、引导舆论的权力。权利意味着在"一带一路"对外传播中，有权利发声的施语者应是多元的，包括中国政府和共建国政府、政党，国内外新闻媒体机构、智库、企业与社团，公众人物、意见领袖，以及留学生、侨胞、参与或见证"一带一路"建设的普通公众等。话语权力体现的是现实影响力，一是权威和合理地"说"，二是这些"话"要有人听并且相信。话语权研究"一带一路"传播主体——施语者的类型与特征，分析话语传播的对象——不同国家的政府、智库、企业和社会公众的社会文化背景、身份特征、知识体系、情感偏向、媒介偏好等属性和特征。实际应用中，应结合不同的场景，适时采取内容驱动、主体驱动、对象驱动等路径，组织内容、选择施语者、确定受语者，使得话语在讲述前就具备较好的话语权。

话语要义既包含"一带一路"知识体系的话语核心，也包含针对不同传播背景及场合、不同施语者、不同受语者而做的议题设置。在对外传播交流中，施语者首先要厘清"一带一路"倡议的背景、定位、核心原则理念、发展目标、顶层框架、合作重点、进展成效等内容，建立准确、清晰的知识体系，才能在话语讲述中真正传递"一带一路"倡议的主旨精神。在知识体系基础上，结合实际需求通过主题筛选、主题包装以及持续的话语影响力维护等，设置形成具象化的传播议题和产品。

话语对外传播方式重点研究话语传播的路径与形式。实际工作中，需结合"一带一路"不同受语者所在社会场域、关注重点和喜好，提出不同主客体情景下适用的输出方式。"一带一路"对外传播话语的输出方式包括：通过政府外交传播权威声音，例如高层互访、外交会议宣传、文件发布与签署、重要书籍出版等；通过智库交流传递专业话语，例如构建智库联盟与合作网络、搭建专家交流平台等；依托媒体合作扩展传播渠道，例如开展媒体合作交流、对外打造新媒体传播矩阵等；"走出去"企业积极挖掘讲述丝路故事，例如企业积极与所在国媒体合作、自建新媒体平台传播、积极参加国际会议发声等；借助展会活动增进民间交流，例如通过举办或参加国际博览会、艺术节、图书展会等方式传播中国声音。

话语传播媒介是话语所依托的载体，既包含传统媒介，如报纸、广播、电视、图书、期刊/杂志、影视作品，甚至公众口碑传播，也包含新媒体，如互联网网站、社交平台等各种类型的数字化产品。不同媒介具备各自的优缺点，"一带一路"建设涉及地域广阔、主体众多、内容广泛，借助多元化、国际化和人性化的传播载体，将使"一带一路"话语传播范围更广泛，有助于提升传播效果。

话语影响力是"一带一路"对外传播所追求的目标。话语讲出后，促进了理解、形成了信任、达成了共识、引导了舆论、消除了误解，甚至产生了二次传播，都是话语传播效果的外在表现，是话语影响力的体现。话语影响力旨在指导建立传播成效评价体系，形成有效的话语反馈机制。话语影响力评价从主体、话语内容、受众三个维度开展：主体公信力和传播力考核施语者权威性和对媒介的应用辐射能力；话语内容引导力考核内容生产量、时效性、内容原创性、议题设置合理性、形式多样性等；受众影响力考核传播受众覆盖面、受众参与度、话语认可度、舆情的疏导力等。

四 "一带一路"对外传播话语体系的应用指导

习近平总书记曾强调，要采用贴近不同区域、不同国家、不同群体受众的精准传播方式，推进中国故事和中国声音的全球化表达、区域化表达、分众化表达，增强国际传播的亲和力和实效性。构建"一带一路"对外传播话语体系应坚持三个原则：一是坚持受众研究，营造和谐关系；二是细化传播策略，实施精准传播；三是着力内容创作，促进中外融通。在此基础上，可以按照以下四个步骤进行话语讲述和传播。

一是话语发起。在"一带一路"国际传播中，多元主体传播是精准传播的有效途径。按照内容驱动型、主体驱动型和对象驱动型这三条路径，在话语形成与传播前，应确定话语传播主体与受众对象，进而明确话语发起的背景与目的。在主体选择上，要注意利用"外脑""外嘴""外笔"为"一带一路"发声。在受众研究上，可开展实地调查研究，亦可采用大数据分析技术，构建受众画像，圈定对象特征，捕捉对象关注热点，支撑内容创新。

二是议题设置。按照主题筛选、主题包装、议题影响力维护的思路开展议题设计，即从"一带一路"知识体系中，根据特定传播目的和话语对象关注内容，筛选出合适的话语主题；在主题内容设计、具体话语描述，以及议题生成时机和传播载体等方面进行细致规划，形成可传播的话语议题；在议题传播过程中，结合反馈不断修正议题并对议题进行持续的内容创作，使好的议题形成持续生命力，增强"一带一路"话语影响力。可以借助大数据手段，对海外"一带一路"热点议题进行跟踪和分析，为议题设置提供参考素材。

三是话语传播。议题形成后，需要通过合适的传播渠道和媒介进行广泛传播，形成话语舆论场。政府外交、智库交流、媒体合作、"走出去"企业、展会活动等，均是与海外"接触式"的传播路径。"一带一路"对外传播，必须变被动提供信息为主动触达式传播。同时，媒介的选择要采用贴近不同区域、不同国家、不同群体受众的精准传播方式，注重确保话语真正可触达对象。

四是影响反馈。话语传播体系需要建立话语影响力反馈机制，及时跟踪监测、总结评测话语传播的实际效果，不断修正完善话语内容、表达方式、传播方式等。紧扣习近平总书记强调的新闻舆论传播力、引导力、影响力、公信力"四力"要求，从主体公信力与传播力、内容引导力、受众影响力三个维度进行指标细分和考核。建议借助大数据手段，跟踪监测和采集话语的全网传播量、阅读量，分析话语传播后媒体的转载量、网民的评论量，分析转载的主体，分析话语发声前后网络舆情变化等。

目 录

第一章

绪 论

党的十八大以来，以习近平同志为核心的党中央多次强调，要加强国际传播能力建设，精心构建对外话语体系，讲好中国故事，增强在国际上的话语权，让全世界都能听到并听清中国声音。随着我国综合国力和国际地位不断提升，我国需要把自己的发展优势转化为话语优势。"一带一路"倡议的提出和全球关注，为我国进入国际舆论场中心、阐述中国思想理念、提供中国智慧方案、塑造负责任的国际形象提供了非常好的话语议题。

2016年8月，习近平总书记在推进"一带一路"建设工作座谈会上强调，加强"一带一路"建设学术研究、理论支撑、话语体系建设。2016年12月，中央全面深化改革领导小组会议审议通过了《关于加强"一带一路"软力量建设的指导意见》。意见指出，要加强理论研究和话语体系建设，推进舆论宣传和舆论引导工作，加强国际传播能力建设，为"一带一路"建设提供理论支撑、舆论支持、文化条件。2021年5月31日，中共中央政治局就加强我国国际传播能力建设进行第三十次集体学习。习近平总书记主持学习时强调，讲好中国故事，传播好中国声音，展示真实、立体、全面的中国，是加强我国国际传播能力建设的重要任务。同年11月19日，习近平总书记在第三次"一带一路"建设座谈会上强调，要营造良好舆论氛围，深入阐释共建"一带一路"的理念、原则、方式等，共同讲好共建"一带一路"故事。2022年10月，习近平总书记在党的二十大报告中指出，加强国际传播能力建设，全面提升国际传播效能，形成同我国综合国力和国际地位相匹配的国际话语权。当前，随着"一带一路"建设进入高质量发展阶段，加强"一带一路"对外传播话语体系建设，凝聚更多合作共识，切实增进与共建国家的民心相通显得愈发重要和必要。

第一节 凝聚共识，共建"一带一路"成为深受欢迎的国际公共产品和国际合作平台

习近平总书记指出，共建"一带一路"是经济合作倡议，不是搞地缘政治联盟或军事同盟；是开放包容进程，不是要关起门来搞小圈子或者"中国俱乐部"；是不以意识形态划界，不搞零和游戏，只要各国有意愿，我们都欢迎。正是因为共建"一带一路"反映了各国特别是广大发展中国家对促和平、谋发展的愿望，合作的"朋友圈"越来越大，好伙伴越来越多。

一 朋友圈不断扩大，合作区域由亚欧拓展至全球范围

合作共建"一带一路"的国家和国际组织不断增多。截至 2023 年 6 月底，中国已同 150 余个国家、30 余个国际组织签署 200 余份共建"一带一路"合作文件。① 共建"一带一路"国家和地区由中亚、西亚、东南亚、中东欧地区逐步延伸至大洋洲、美洲和非洲等大部分地区，覆盖国别占联合国会员国数量的 78.2%，覆盖的经济总量（GDP）约为 39.3 万亿美元，占全球 GDP 比重达到 40.9%，覆盖的人口规模达到 50.9 亿人，占全球人口的 65%。② "一带一路"倡议也得到诸多国际组织的认可和参与。自 2016 年 4 月我国同联合国亚洲及太平洋经济社会委员会签署首份与国际组织共建"一带一路"合作文件以来，我国先后同国际电信联盟、国际海事组织、国际劳工组织、联合国工业发展组织等 32 个国际组织签署共建文件，在政策沟通、设施联通、贸易畅通、资金融通、民心相通等领域推进"一带一路"

---

① 国务院新闻办公室. 共建"一带一路"：构建人类命运共同体的重大实践［EB/OL］.（2023-10-10）［2023-10-10］. https://www.yidaiyilu.gov.cn/p/0JIIKD6C.html.

② GDP 和人口数据来自世界银行最新公布的 2021 年数据。

建设与全球事务对接。

"一带一路"倡议合作理念逐渐成为国际共识。自 2013 年提出以来，"一带一路"倡议及其核心理念已先后被写入联合国安理会、二十国集团（G20）、亚太经合组织、上海合作组织、亚欧会议、大湄公河次区域合作以及其他区域组织和多边平台的有关文件，并借助国际会议的全球传播和成果宣传，不断向世界传递"一带一路"倡议的价值导向、丝路精神、核心内容、建设成效。2016 年 11 月，第 71 届联合国大会上，193 个会员国一致赞同将"一带一路"倡议载入联大决议，呼吁国际社会为开展"一带一路"建设提供安全保障环境。2017 年 3 月，联合国安理会一致通过了第 2344 号决议，呼吁国际社会通过"一带一路"建设加强区域经济合作，并首次载入"构建人类命运共同体"理念，"一带一路"渐成国际共识。2017 年 5 月，首届"一带一路"国际合作高峰论坛成功举办，来自 29 个国家的元首和政府首脑、130 余个国家和 70 余个国际组织的代表齐聚北京，共谋"一带一路"合作大计。2019 年 4 月，第二届"一带一路"国际合作高峰论坛在京召开，吸引了来自 150 多个国家和 92 个国际组织的 6000 余名外宾参加，包括中国在内的 38 个国家的元首和政府首脑以及联合国秘书长、国际货币基金组织总裁等 40 位领导人出席了圆桌峰会。2023 年 10 月，第三届"一带一路"国际合作高峰论坛在京举办，来自 151 个国家和 41 个国际组织的代表参会，包括有关国家领导人、国际组织负责人、部长级官员，以及来自工商界、学术机构、民间组织等各界人士，注册人数超过 1 万人。大家用实际行动对"一带一路"倡议投出信任票和赞成票，"一带一路"倡议已成为人类历史上最具广泛共识和影响力的国际合作倡议。

"一带一路"倡议已同多国发展战略实现紧密对接。截至 2023 年 12 月，"一带一路"倡议已同俄罗斯欧亚经济联盟建设、哈萨克斯坦"光明之路"新经济政策、土耳其"中间走廊"计划、越南"两廊一圈"战略、沙特"2030 愿景"、土库曼斯坦"复兴丝绸之路"战略、柬埔寨"四角战略"、埃及苏伊士运河走廊开发、蒙古国"草原之路"计划、斯里兰卡"马欣达"愿景、印度尼西亚"全球海洋支点"构想等 20 余个国家的发展战略实现了对接合作，与东盟签署了关于"一带一路"倡议与《东盟互联互通总体规划 2025》对接合作的联合声明，与非洲联盟签署了《中华人民共和国政府与非洲联盟关于共同推进"一带一路"建设的合作规划》，推进共建"一带一路"倡议同非盟"2063 年议程"对接。"一带一路"倡议与各国发展战略的对接，不断拓展互利共赢的发展空间，促进共同繁荣。

二 国际影响力凸显，海外各界对倡议的认识不断提升

"一带一路"倡议成为海外主流媒体报道的热点话题。"一带一路"倡议提出以来[1]，国际主流媒体纷纷持续关注和报道"一带一路"建设进展。以道琼斯 Factiva 新闻数据库为例，自 2013 年 9 月以来，来自全球 180 余个国家和地区的媒体共发布 56.9 万篇有关"一带一路"倡议的新闻报道。[2]从关注热度变化看，自 2017 年首届"一带一路"国际合作高峰论坛召开以来，外媒报道量迅速提升，关注热度持续到 2019 年第二届"一带一路"国际合作高峰论坛。2020 年以来受新冠疫情、俄乌冲突等事件影响，外媒对"一带一路"倡议报道量出现一定回落。随着"一带一路"倡议提出十周年和第三届"一带一路"国际合作高峰论坛召开，外媒关注度空前高涨，体现了共建"一带一路"倡议的巨大感召力和全球影响力（见图 1-1）。从报道主题看，主要涉及外交关系、贸易往来、经济发展、基础设施建设等内容。

海外网民对"一带一路"倡议的关注度远高于其他同类倡议或计划。自"一带一路"倡议提出以来，海外网民保持持续关注，尤其是三届"一带一路"国际合作高峰论坛期间，网民对"一带一路"信息的搜索热度达到三次高峰。与其他主要国家和地区提出的多边合作倡议或规划[3]相比，

---

[1] 数据统计时间均为 2013 年 9 月至 2023 年 12 月底。

[2] 主要搜索语种包括英文、俄文、法文、西班牙文、阿拉伯文、德文、日文、韩文等 8 个主流语种。

[3] 美国于 2021 年 6 月发起"重建更美好世界"倡议；欧盟于 2021 年 12 月公布"全球门户"计划；非洲联盟于 2013 年 5 月公布"2063 年议程"，并于 2015 年 1 月正式通过。

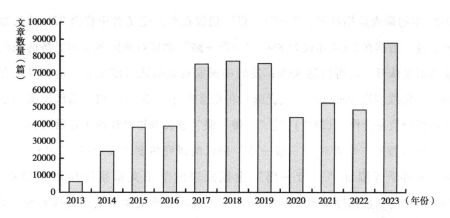

图1-1　"一带一路"倡议提出以来海外媒体报道量逐年变化情况

注：2013年数据期间为2013年9~12月。

数据来源：道琼斯Factiva新闻数据库。

"一带一路"倡议全球网民关注度高出很多（见图1-2）。部分机构的民意调查数据也能形象地反映国际社会对"一带一路"建设的关注和认知情况。当代中国与世界研究院在全球主要国家开展的调查结果显示，自2014年以来，海外民众对"一带一路"建设的认知度、认可度均稳步提升。特别是

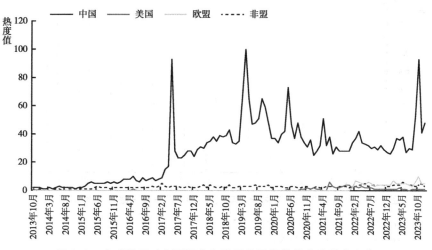

图1-2　全球网民对主要国家和地区发展倡议的关注热度变化

数据来源：谷歌趋势（Google Trends）。

2020 年的调查数据显示，"一带一路" 倡议在海外受访者中获得 22% 的认知度，这一数据在 2014 年仅为 8%。"一带一路" 倡议对地区和全球经济的积极意义最受认可，认可度达 43%；发展中国家对此的认可度更高，达 55%。有助于 "沿线国家和地区的基础设施互联互通建设"（36%）和 "沿线国家和地区的投资贸易合作"（36%）是 "一带一路" 建设获得好评的主要原因。[①]

海外智库与学者对 "一带一路" 倡议的研究热度持续走高。2013~2023 年，海外学者围绕 "一带一路" 主题发表的学术文章呈逐年增多趋势。ProQuest 期刊数据库显示，2013 年以来，国际上英文学术期刊共检索到 5.5 万篇 "一带一路" 相关学术文章，且呈逐年增长态势（见图 1-3），讨论主题涉及经济发展、气候变化、可持续发展、经济增长、基础设施建设等领域。美国、英国、德国等国知名智库也相继发布 "一带一路" 主题研究报告。以美国为例，兰德公司、战略与国际问题研究中心、卡耐基国际和平基金会、布鲁金斯学会等 10 家知名智库，十年来共发布 232 篇 "一带一路" 主题研究报告和 632 篇评论文章，分析 "一带一路" 倡议的目标与挑战、中巴经济走廊建设、重点项目进展、债务问题等。

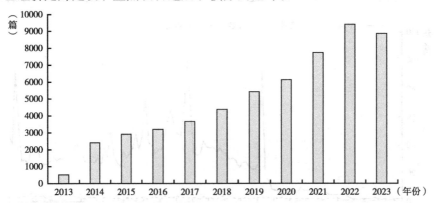

图 1-3　2013~2023 年英文学术期刊发布的 "一带一路" 主题文章数量

注：2013 年数据期间为 2013 年 9~12 月。
数据来源：ProQuest 期刊数据库。

---

① 当代中国与世界研究院课题组 . 以民意调查助力国家形象精准塑造——基于中国国家形象全球调查（2020）的思考［J］. 对外传播，2022（01）：42-45.

国际组织、多国政要认可并积极推介"一带一路"倡议。随着"一带一路"建设走深走实，更多务实成果不断涌现，越来越多国际组织和共建国家的政要给予"一带一路"倡议积极评价和认可。一方面，国际组织、知名政要在国际会议和平台认可"一带一路"倡议的价值。2018年6月13日，纽约联合国总部召开"'一带一路'倡议和2030年可持续发展议程"高级别研讨会，第72届联合国大会主席莱恰克在会上表示，"作为一个奉行多边主义的国家，中国正在通过'一带一路'倡议分享财富和最佳实践，从而促进可持续发展目标的落实"。莱恰克的发言体现了当前国际社会认可"一带一路"倡议的主流声音。2021年7月，联合国秘书处将中国与29国共同发起的"一带一路"疫苗合作伙伴关系倡议和"一带一路"绿色发展伙伴关系倡议在第75届联合国大会议题14"联合国经济社会及有关领域主要会议和成果后续落实"和议题131"全球卫生与外交政策"下作为联大正式文件散发，体现了国际社会对"一带一路"合作尤其是其对促进疫苗全球公平分配与实现全球可持续发展所发挥的积极作用的重视和认同。① 另一方面，共建国政府通过本国和国际媒体积极评价"一带一路"合作成效。中巴经济走廊建设时常面临西方媒体的抹黑，巴基斯坦政府始终及时予以否定和事实回应。2022年8月15日，巴《论坛快报》刊文称②，近期国际上利用中巴经济走廊抹黑中国的声音日益增多。事实上，巴通过中巴经济走廊一期建设了白沙瓦—卡拉奇高速公路、喀喇昆仑公路升级改造二期（哈维连—塔科特段）、拉合尔橙线地铁等广泛的基础设施网络。中巴经济走廊创造了85000个直接就业机会和更多间接就业机会。中巴经济走廊项目为巴经济振兴做出了巨大贡献。2023年4月10日，阿联酋《海湾新闻》（Gulf

---

① 央视新闻."一带一路"有关倡议作为联合国大会文件散发 外交部：体现国际社会的重视和认同［EB/OL］.（2021-07-30）［2022-09-19］.http：//m.news.cctv.com/2021/07/30/ARTI96Dgk6yQw7efrv4M6JeS210730.shtml.

② Shakeel Ahmad Ramay. Countering growing propaganda against CPEC［EB/OL］.（2022-08-15）［2022-09-20］.https：//tribune.com.pk/story/2371195/countering-growing-propaganda-against-cpec.

News）刊发题为《中国软实力改变中东》的评论文章①，赞赏中国在互不干涉、透明议程和维护共同利益的基础上对中东地区作出的积极贡献，中东地区是共建"一带一路"倡议的重要枢纽，地区内国家及中国都将从"一带一路"倡议中获益。

第二节 任重道远，建立与"一带一路"高质量发展相匹配的国际话语优势十分重要

党的二十大报告强调，要加强国际传播能力建设，全面提升国际传播效能，形成同我国综合国力和国际地位相匹配的国际话语权。自"一带一路"倡议提出以来，中国与各国一道坚持共商共建共享原则，把基础设施"硬联通"作为重要方向，把规则标准"软联通"作为重要支撑，把同共建国家人民"心联通"作为重要基础，推动共建"一带一路"高质量发展，取得实打实、沉甸甸的成就。但"一带一路"对外传播尚未形成与发展优势相匹配的国际话语优势，仍面临一些现实的话语困境亟待克服和解决。

一 "一带一路"对外传播的现实困境

1. 源自不同文化间的差异性

共建"一带一路"国家和地区已经扩展到亚洲、欧洲、非洲、美洲、大洋洲五大洲 150 余个国家，"一带一路"建设不是中国一家的独奏，而是共建国家间的合唱。"一带一路"对外传播话语的表达不是中国自说自话，而是中国话语与各国声音深度交流的开放性成果。

对外传播是跨国界、跨文化、跨语言的传播，不同文化和价值观之间的差异是对外传播的客观障碍。按照传播学理论，传播者基于自身文化（编码本）对话语/信息进行编码，而受众基于自身文化（解码本）对话语/信

---

① Gulf News. China's soft power in the Middle East is a game changer ［EB/OL］. （2023 - 4 - 10）［2023 - 06 - 20］. https：//gulfnews. com/opinion/op-eds/chinas-soft-power-in-the-middle-east-is-a-game-changer-1. 95039629.

息进行解码，如果两种文化的码本不一致，就会产生误解。就中国对外传播而言，影响传播效果的跨文化差异体现在四个方面①：一是价值取向上的差异，例如，以儒家思想为鲜明特征的中国社会，具备比较浓厚的集体、家庭观念，而西方人比中国人相对更注重"个人主义"；二是思维方式的差异，东方思维方式通常是曲线式的，有时候话不好意思明说，但西方思维方式往往是直线式的，喜欢直截了当谈论主题；三是语言上的差异，客观上讲汉语是当前使用国家不多的语言，信、达、雅地将汉语语义转化为英、法、俄、西等多国语言并非易事，因此对外传播需要优秀的语言人才做支撑；四是宗教、社会规范的差异，宗教是文化要素之一，是深植于文化深处的，甚至影响着各国人民认识事物的方式、行为准则、价值观念等，而全球各国的社会规范、风俗习惯千差万别。

在"一带一路"对外传播中，文化差异性导致的现实困境主要表现在：以"宣传"代替"传播"的思维还存在，② 主要采用单向度的"灌输式"宣传，缺乏双向互动，③ 强调发挥新闻工作的宣传教育功能，"重摆事实讲道理、轻故事化的表达和戏剧性的描述"，说教意味较为浓厚；④ 我国政治话语的特殊性和中文表达的内生模糊性，植根于中国传统文化的理念与实践，与西方主导的全球传播话语体系存在着本质上的差异。⑤ 因此，需要积极挖掘不同文化的共通性，注重寻求中国话语与各国话语的兼容，使"一带一路"倡议能更好地被理解和接受。

2. 伴随部分外媒的负面声音

"一带一路"建设过程中始终伴随着各种"噪音"和"杂音"，少数西

---

① 王婧雯. 跨文化视野中的对外传播 [J]. 青年记者，2012 (21)：36-38.

② 李昌，杨艾伦. "一带一路"背景下对外传播研究 [J]. 中国报业，2017 (04)：24-25.

③ 王刚. 2014—2018：新闻传播学领域的"一带一路"研究综述 [J]. 传播力研究，2018 (30)：28-29.

④ 郑保卫，王青. 当前我国国际传播的现状、问题及对策 [J]. 传媒观察，2021 (08)：13-19.

⑤ 史安斌，盛阳. "一带一路"背景下我国对外传播的创新路径 [J]. 新闻与写作，2017 (08)：10-13.

方国家媒体和印度、日本等国媒体对"一带一路"的舆论打压持续增强。如不断攻击"一带一路"建设的"债务陷阱论""环境破坏论"等，以及自2021年以来，美国部分媒体抛出很多新论调，例如指责中国借数字丝绸之路进行"技术渗透"，污蔑健康丝绸之路为中国争夺主导地位提供"战略掩护"等。[1] 长期以来，西方主流媒体掌控着世界新闻舆论的主导权和国际话语权，这些负面声音的影响，加之对"一带一路"认知不足，海外公众极容易产生对"一带一路"建设的疑虑和误解。

2021年4月8日，美参议院提出长达281页的《2021年战略竞争法案》，被认为是美两党"前所未有的合作"。该法案旨在鼓动拜登政府动用美国所有战略、经济与外交工具全面对抗中国，确保美国未来数十年与中国展开有效竞争。该法案提出，在未来的5年中，每年美国国务院都将会拨款3亿美元用于对抗中国的影响力，并为此特意成立"对抗中国影响基金"，同时强调了通过资助、培训媒体与记者去攻击中国"一带一路"倡议的重要性。该法案成为美加大对华舆论战力度，污名化"一带一路"建设的最直接表现。未来，随着中美博弈加剧，共建"一带一路"国际舆情风险也将不断增加。

3. 仍处弱势的国际话语权

长期以来，全球范围内的信息流动和文化传播都处于一种失衡的状态，西方国家凭借积累的政治、经济和科技优势，掌握着国际传播的优势话语权，中国的对外传播常常陷入"有理说不出""说了传不开""传开叫不响"的话语困境。[2] 目前，无论是从外文发稿量、国际议题设置能力、海外传播渠道建设，还是从语言优势、新闻人才培养看，我国主流新闻媒体的新闻传播能力尚无法与西方主流通讯社相抗衡。国际上，诸多国家的新闻采编源头也主要来自美、英、法等国媒体。相关调查显示，当代国际受众通过西

① 孙敬鑫."一带一路"对外传播：现状、阻力与应对 [J].中央社会主义学院学报，2022 (04)：56-67.
② 徐敬宏，袁宇航，巩见坤.中国国际传播实践的话语困境与路径创新——基于文化语境的思考 [J].中国编辑，2022 (07)：10-16.

方媒体了解中国的信息获取率高达 68%，仅有 22%的受众借助中国媒体了解中国。① 另据统计，当前全球新闻传播业 2/3 的消息来自只占世界人口 7%的西方发达国家，人们所接受的国际新闻有 80%是西方媒体提供的。西方发达国家向发展中国家输入的信息和发展中国家向西方发达国家输入的信息之比是 100∶1。而在提供信息的西方国家的新闻机构中，尤以美国为主。② 仅此便可看出，在国际传播中，话语权掌握在西方国家手中，国际信息传播的不平等，信息流动严重失衡，导致中国的媒体不能有效地影响对中国不利的国际舆论，发达国家传播霸权的存在致使中国的对外传播处于相对被动的局面。

　　除传统媒体外，我国以海外社交媒体为平台的新媒体传播力也较为有限。社交网络已经成为越来越多当地群众尤其是青年人使用的工具。中国社交网络的发展更多的是一种内向型的发展，中国社交平台的国际受众仍有限。在对外传播过程中，媒体、智库和网民往往依托 Facebook、Twitter、Youtube 等美西方建立的国际性社交媒体传播信息，而这些在西方"双标"价值观念影响下的社交媒体也有自身发文规则，"一言不合"账号就可能被平台以"违反平台规则"为名封杀。2021 年 1 月，因中国驻美大使馆曾经发布过澄清西方媒体和政府编造的关于新疆谣言的内容，推特平台将我大使馆账号封杀。

　　在对外传播过程中，面对西方媒体较强的国际话语权，"一带一路"倡议在很大程度上容易被他国媒体塑造。

二　建立"一带一路"对外传播话语体系

　　话语体系是将内在的思想体系和知识体系正确表达给受众，从而产生现实影响力的一整套表达系统。加强"一带一路"对外传播话语体系建设，有助于凝聚共识，向国内外各界正面阐述中国方案，扩大"一带一路"倡

---

① 李思燕．中国媒体海外社交平台国际传播力研究［D］．上海：上海外国语大学，2018.
② 沈国麟．控制沟通：美国政府的媒体宣传［M］．上海：上海人民出版社，2007.

议的影响力，提升其在国内外的好感度、认可度和支持度；有助于正本清源，及时对冲各种不实的负面抹黑舆论影响，为"一带一路"建设营造良好的国际舆论环境，形成与"一带一路"发展优势相匹配的国际话语优势。

1. 基于实践的需求

在对外发出共建"一带一路"的中国声音时，面对的是众多共建国家间制度、思维习惯、语言文化的差异，始终伴随着对"一带一路"的误解、质疑甚至负面论调，以及"西强我弱"的国际舆论格局。当前，"一带一路"对外传播话语权提升还面临如下现实情况。

一是从传播力度看，对外国际传播力度有待进一步提升。"一带一路"合作项目大多是在海外，其理念、原则、合作内容等，需要获得共建国家政府、媒体和公众理解，方能获得来自各方的更多支持。因此，对外国际传播非常必要。当前，"一带一路"国内传播力度较大，政策文件、新闻报道、图书报告等十分丰富，论坛、研讨会、展会众多，相比之下，对外国际传播力度仍显不足。海外公众可获取的权威的外文版"一带一路"信息和资料有限，中国媒体发布的信息被西方媒体转发、采用的还不多。

二是从传播主体看，国内主流媒体是对外传播的主力军。我国主流媒体阵容强大，且拥有准确把握政策的先天优势和严谨的新闻传播态度，在图书出版、报纸发行、电视广播、新闻采编发布等方面均发挥了重要作用。例如，在出版发行领域，有中国外文出版发行事业局（简称外文局）及其下属10个出版社、五洲传播出版社等；报纸发行方面，有《中国日报》《环球时报》等印刷传播主体；广播电视方面，中国国际电视台（CGTN）开办6个电视频道、3个海外分台、1个视频通讯社和新媒体集群；新闻采编发布方面，新华社和中国新闻社无疑是中国对外传播中最有影响力的通讯社。尽管国内主流媒体在对外传播的话语严谨性和内容权威性等方面有着独特优势，但也易被部分海外受众视为官方宣传，产生排斥心理。未来促进民心相通，还可以进一步发挥智库、意见领袖、共建国政府和媒体等主体的积极作用。

三是从传播内容看，融通中外的故事挖掘和精准化传播仍然不足。当前

"一带一路"对外传播较多偏向单向传播，采取"一套内容，多方传播"的方式，对跨文化传播的研究不够，精准传播不足，且习惯于传播较为宏大的内容和概念，下沉式、贴近民众生活的传播作品、故事挖掘不够，因此对海外民众有感染力的传播产品不多。对外传播的本质是跨文化传播，"一带一路"国家和地区经济发展水平参差不齐，自然条件、种族、宗教、语言和政治制度大不相同，对外来传播的接受条件、接受习惯也不尽相同，要在对外传播中研究不同区域不同受众的关注重点和信息需求，改善叙事方式，面向不同圈层，做到精准传播，方能入耳入心。

四是从传播渠道看，亲民化的海外新媒体平台应用有待加强。当前，"一带一路"新闻媒体交流合作蓬勃发展，一些多边媒体合作联盟相继成立，中外媒体论坛相继召开，国内媒体与海外媒体间的参访学习与稿件交流也逐步增多。但笔者初步调研发现，目前主动"走出去"，利用海外社交媒体平台传播"一带一路"信息的主要集中在《人民日报》、新华社、CGTN等重点媒体。近些年，部分"走出去"的大型企业开始重视利用海外社交媒体平台发布海外重要项目进展，讲述互利共赢的丝路故事，积极塑造企业良好海外形象。但我国政府机构、媒体、企业等各方在海外社交媒体平台上，亲民、互动、引导舆论的作用发挥仍还较为有限。

目前，我国有关部门和主要媒体逐步开始重视"一带一路"对外传播和舆论引导，但从传播主体、传播内容、传播渠道、传播效果反馈等各方面体系化的应对格局还有待进一步构建。未来，高质量共建"一带一路"倡议国际传播形成综合布局、多元参与的大格局，切实需要建立一套完整的对外传播话语体系，助力实现中国同共建国家人民的"心相通"。

2.基于学理的观察

笔者根据"主题"进行检索，2023年6月9日在中国知网检索发现，中国学者发表的"对外传播话语体系"相关的期刊文章和硕博士学位论文共193篇，文章最早可追溯到2014年，学理研究源起于2013年8月习近平总书记在全国宣传思想工作会议上指出，要着力推进国际传播能力建设，创新对外宣传方式，加强话语体系建设。在"一带一路"对外传播话语体系建设方面，学者们开展了很多有价值的研究。

一是积极倡导构建"一带一路"对外传播话语体系。刘再起等认为，"一带一路"倡议本身即蕴含了一种全新的话语体系，这个话语体系提供了一个蕴含中华文明包容精神的创新全球治理、重塑世界秩序的新模式和新思路，将成为人类发展史上的一项重大理论和实践突破。① 文智贤等提出，"一带一路"全球传播需要构建一个人类文明融合的话语体系，认为可以抓住"一带一路"战略机遇期，形成"中华—伊斯兰—印度"三大东方文明融合的全球新的话语体系。② 孙敬鑫认为，以"一带一路"建设为载体，打造与之密切相关的对外话语体系，是中国应该用好的重要抓手。③

二是研究对外传播话语体系的构成要素。不同学者在话语体系构成上产生了不同意见。江时学认为对外话语体系包括话语权、话语力、传递话语的工具及方式方法；④ 高丽华等认为话语体系应包括话语形塑、话语权力、话语空间、话语实践、话语知识等内容；⑤ 邵鹏等坚持国际话语体系主要由话语者、话语内容、话语对象、话语方式、话语渠道五个要素构成。⑥ 姜克银认为，"一带一路"倡议对外传播话语体系包含三要素即话语生产、话语分配、话语消费。⑦

三是提出构建"一带一路"对外话语体系的路径方略。谭峰认为，"一

---

① 刘再起，王曼莉."一带一路"战略与中国参与全球治理研究——以话语权和话语体系为视角 [J].学习与实践.2016（4）：68-74.
② 文智贤，毛伟."一带一路"全球传播构建新话语体系探析 [J].中国记者，2017（12）：50-52.
③ 孙敬鑫."一带一路"对外话语体系建设的问题与思考 [J].当代世界，2019（01）：74-78.
④ 江时学.进一步加强中国对外话语体系建设 [J].当代世界，2016（12）：26-29.
⑤ 高丽华，吕清远.话语实践："一带一路"的国际话语建构与传播 [J].宁夏社会科学，2017（06）：152-156.
⑥ 邵鹏，陶陶.新世界主义图景下的国际话语权——话语体系框架下中国国际传播的路径研究 [J].新疆师范大学学报（哲学社会科学版），2018（02）：105-110.
⑦ 姜克银.关于构建"一带一路"倡议对外传播话语体系的思考 [N].华兴时报，2019-10-16（06）.

带一路"话语体系构建应该转变传统的传播理念和传播模式，实现由大一统的官方话语系统向地方多元表达转变，由政治本位的"强制力"传播向文化取向的"吸引力"传播转变。① 朝戈金认为，借助文明交流能够促进"民心相通"，可以为话语体系建设提供基于历史文化记忆、人文思想脉络和多重身份认同的智力支持。② 邵鹏等指出，要以"中国故事"为内容、以海外民众为对象、以网络新媒体为渠道、以和平合作互利共赢为核心构建国际话语权。③ 亚玮认为"一带一路"话语体系在表达上应该是格局、战略与人物、故事相结合。④ 刘倩等基于对北京师范大学发展中国家硕士项目留学生的问卷调查和访谈，提出构建"一带一路"对外话语体系的政策建议，包括依托教育交流，促进中国故事传播；推动中国对外传播渠道的多元化；以价值观传播提高中国对外话语影响力。⑤ 何娟对中国特色对外话语体系的构建进行了系统研究，从主体、内容、表达方式、传播四个方面提出构建中国特色对外话语体系的基本路径：全面提升中国特色对外话语体系主体的综合素养；加强中国特色对外话语体系的内容创新；优化中国特色对外话语体系的表达方式；强化中国特色对外话语体系的国际传播。⑥

　　从学术研究上看，虽然现有研究在"一带一路"话语体系建构方面做了一些积极探索，但是多数集中在探讨话语体系建设的困境、意义、原则及策略路径等宏观层面，对话语体系内涵、构成要素及如何构建的研究还有待深入。

　　"一带一路"国际传播能力建设和话语体系构建任重道远。面对当前我国"一带一路"对外话语体系建设中存在的国际传播弱势和对外话语困扰，

———————————

① 谭峰．"一带一路"话语体系建构的两大转变［J］．对外传播，2015（04）：34-35.
② 朝戈金．"一带一路"话语体系建设与文化遗产保护［J］．西北民族研究，2017（03）：5-16.
③ 邵鹏，陶陶．新世界主义图景下的国际话语权——话语体系框架下中国国际传播的路径研究［J］．新疆师范大学学报（哲学社会科学版），2018，39（02）：105-110.
④ 亚玮．创新"一带一路"话语体系传播方式［J］．青年记者，2017（22）：4.
⑤ 刘倩，于蓉蓉等．"一带一路"对外话语体系构建与传播——基于对北京师范大学发展中国家硕士项目留学生的问卷调查和访谈［J］．对外传播，2019（3）：15-18.
⑥ 何娟．中国特色对外话语体系的构建研究［D］．贵州：贵州师范大学，2022.

笔者针对说什么、在什么语境下说、怎么说、谁来说、通过什么渠道说、取得什么效果等问题，尝试厘清"一带一路"对外传播话语体系的基本构成，提出体系建构的思路和路径方法，促进构建与"一带一路"高质量发展要求和丰硕发展成果相匹配的国际话语优势。

第二章

"一带一路"对外传播话语体系的理论基础

"一带一路"对外传播话语体系是涉及传播学、语言学、社会学、心理学等多学科的研究领域，充分吸收多学科的精髓是做好话语体系研究的理论基础。本章重点介绍相关的传播学理论。

第一节　传播学中流行的三类传播模式

结合当前"一带一路"建设面临的国际舆论环境，我们认为单纯研究"说什么"并不足以指导实践中的舆论引导和宣传，还需要研究如何让所说话语达到"入耳入脑入心"的效果。因此，"一带一路"对外传播话语体系的建构离不开传播学的指导。传播模式研究在传播学领域中占有重要地位，专家学者们的相关研究活动，往往都是在传播模式的基础上展开。

一　线性传播模式

在传播学中，最早也最经典的传播模式是 1948 年美国学者哈罗德·拉斯韦尔提出的"5W"模式或称"拉斯韦尔程式"。拉斯韦尔在其《传播在社会中的结构与功能》论文中，提出构成传播过程的五个基本要素，包含传播者（Who）、传播内容（Say What）、媒介（In Which Channel）、受众（To Whom）和效果（With What Effect）。

"5W"模式被视为传播学中的一个经典模式，其在传播学史上第一次简洁、直观地分解了传播的过程，使传播研究的细化、深化成为可能，为后人分门别类深入研究传播要素开辟了广阔的道路。实际上，后期大众传播学研究的五大领域——"控制分析""内容分析""媒介分析""受众研究""效果研究"，就是沿着 5W 模式的思路产生的。图 2-1 为丹尼斯为 "5W" 模式做的图示。

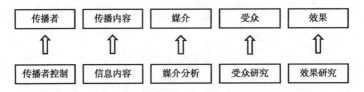

图 2-1　丹尼斯·麦奎尔为 "5W" 模式做的图示

1949 年，信息论创始人、数学家香农与韦弗共同提出了传播的数学模式（又称香农—韦弗模式），引起人们从技术角度进行传播研究的重视。数学模式将传播描述成一种直线的单向过程，整个过程由信源、发射器、信道、接收器、信宿五个过程和一个 "不速之客" ——噪音构成。这里的发射器、信道和接收器相当于将媒介做了细分。"噪音" 概念的引入，是这一模式的一大优点，提示人们要保证传播的顺利进行，必须排除噪音的干扰。该模式为以文理结合的方法考察传播过程打下了基础。此外，1958 年，美国学者理查德·布雷多克在 "5W" 传播模式提出十周年之际，在原模式的基础上，又增加了目的（With Which Aim）和环境（In Which Circumstances）两个要素，构成了 "7W" 模式。1960 年，贝罗在拉斯韦尔研究的基础上，提出了 SMCR 模式①（见图 2-2），这一模式把传播过程分解为四个基本要素——信源、信息、通道和接受者。贝罗模式说明信息传播可以通过不同的方式和渠道，而最终效果不是由传播过程中某一部分决定的，而是由组成传播过程的信息源、信息、通道和接受者四部分以及它们之间的关系共同决定的，传播过程中每个组成部分又受其自身因素的制约。贝罗模型现在常被用来解释教育传播过程。

"5W" 模式、"7W" 模式、数学模式均属于线性传播模式的经典模式，其不足之处在于将传播表述为一种直线型、单向型过程，忽视了传播的反馈

---

① Toolshero. Berlo's SMCR Model of Communication［EB/OL］. (2023-03-15)［2023-4-25］. https：//www.toolshero.com/communication-skills/berlos-smcr-model-of-communication.

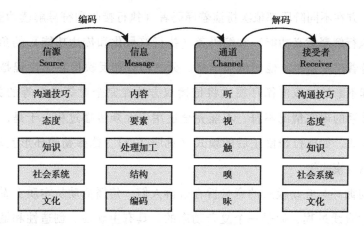

图 2-2 贝罗 SMCR 传播模式

问题，未涉及传播过程和社会过程的联系，并高估了传播的效果。但这种线性传播模式明确列出了传播的基本要素构成，从话语体系的构建来看，有两个重要指导意义：其一，话语体系不能仅局限于话语内容，还要进一步探讨话语表达的主体、话语传播的工具和方式、话语传播达到的效果等；其二，"一带一路"对外传播受众面非常广、受众差异大，话语体系构建应特别重视受众的研究和针对性传播。因此，每一个基本要素中都要考虑受众因素，做到有的放矢、精准传播。

二 双向循环与互动模式

为弥补线性传播模式缺乏反馈的不足，随后一些传播学者陆续开发出双向传播过程模式，引入"反馈"机制。例如，维纳信息控制模式：施控者—控制信息—受控者—反馈信息—施控者。奥斯古德的双行为模式：每一个适合的模式至少要包括两个传播单位，一个是来源单位（说话的人），一个是目的单位（听话的人）。连接两个单位的是信息，在传播活动中，每个人既是信息的发送者又是接收者，既编码又译码，具有双重行为。奥斯古德—施拉姆循环模式是施拉姆在奥斯古德双行为模式的基础上进行调整而得出的，该模式中没有传播者和受众的概念，其重点是分析传播双方的角色功能，每一方在不同阶段都依次扮演着译码者（执行接收和符号解读功能）、释码者（执行解释意义功能）和编码者（执行符号化和传达功能）的角色，并相互交替着这些角色。他们传播信息、分享信息和反映信息的过程是往复循环、持续不断的。双向循环模式将传播双方放在完全对等或平等的关系中，与社会传播的现实情况不符，不能完全适用于大众传播过程。于是，又出现了互动模式，如施拉姆修正后的模式（见图2-3）、德弗勒的环形互动模式、丹斯的螺旋模式等。

双向循环与互动模式的意义旨在告诉人们，传播活动从本质上看不是一个被动的直线过程，而是一个复杂动态的、具有主动性、创造性和继承性的双向互动过程。应综合考虑各种可能因素，强调反馈与互动，强调外部环境的影响。

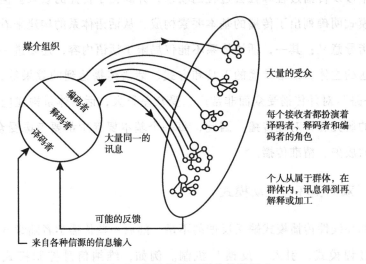

图2-3 施拉姆修正后的传播模式

资料来源：郭庆光.传播学教程（第二版）[M].北京：中国人民大学出版社，2011：57.

三 社会系统模式

现代社会传播往往都是大众传播，因此对传播过程不仅要进行微观的考察，而且必须进行中观的和宏观的综合考察。在线性传播模式和双向传播模式之后，不少学者开始运用系统论的原理和方法来考察社会传播的过程，提出了社会系统模式。典型代表是赖利夫妇的传播系统模式和马莱茨克的大众传播过程模式。

1959 年，美国从事社会学研究的 J. W. 赖利和 M. W. 赖利夫妇提出传播过程的社会系统模式。该模式认为任何一种传播过程都表现为一定的系统的活动，多重结构是社会传播系统的本质特点：①传播的传播者和受众都可被看作一个个体系统，都有内在活动，即人内传播；②个体系统与其他个体系统相互连接，形成人际传播；③个体系统也有属于自己的群体系统，进而形成群体传播；④群体系统又处在更大的社会结构和社会总系统中，与社会政治、经济、文化、意识形态的大背景相互作用。该模式揭示了微观、中观、宏观系统的独立性和相互联系性，但过于简略。

在赖利夫妇传播系统模式的基础上，1963 年德国学者马莱茨克提出了大众传播过程模式。在该模式中，传播结构的四大要素（传播者、信息、受众、媒介）并没有变，但各个要素之间的复杂互动关系被勾画出来（见图 2-4）。

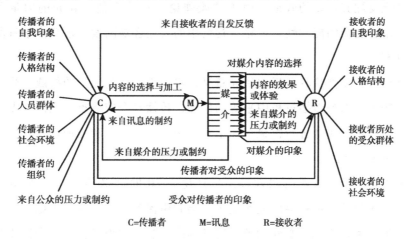

图 2-4 马莱茨克的大众传播过程模式

资料来源：郭庆光. 传播学教程（第二版）［M］. 北京：中国人民大学出版社，2011：60.

社会传播是一个极其复杂的过程，传播学中的社会系统研究理论模式虽多，但具体应用还有待进一步深入。如马莱茨克的大众传播过程模式虽然列举了各种各样的影响因素，但并没有对这些因素的作用强度或影响力的大小差异进行分析。

第二节　研究传播效果的六种模式理论

对外传播话语体系中，传播效果的研究和探讨必不可少。在传播效果的研究中，前人已经形成了一些可资借鉴的传播效果模式或模型，可以为对外传播话语体系建构提供有效的指引和借鉴。

1. 魔弹论

魔弹论实际上是一个已经被抛弃的模型。该论调起源于第一次世界大战中德国的宣传，后来纳粹的宣传又使其被极度放大。该模型认为在手段高明的宣传家那里，传播媒介拥有不可抗拒的强大威力，媒介所传播的信息在受众身上就像子弹击中躯体一样，引起直接速效的反应并达到左右人们态度、意见甚至支配其行动的效果。由于"魔弹论"过分高估了媒介的力量和影响，否定了受众的能动性，忽略了社会中的其他客观因素，被众多学者所抨击和抛弃。

到今天，魔弹论具备反向指导意义，媒介不是至高无上的权威，受众不仅不是靶子，而是传播过程中平等的伙伴，传播媒介应尊重受众的观点、意见，尽量客观真实地进行报道，而不是一味地灌输观点和强加理念。

2. 有限传播论

有限传播论（又称有限效果论）产生于 20 世纪 40 年代末，是由美国哥伦比亚大学的应用社会研究所提出，当时由保罗·拉扎斯菲尔德主持该所工作。该模型认为大众媒介的效果有其局限，制约的因素就是媒介性质及其在社会中的地位。拉扎斯菲尔德认为，在某些条件下，媒介有可能如魔弹论所述产生重大的社会影响，条件包括：①一种观点独霸所有的媒介；②媒介齐心协力"疏导"一种变革，不是完成广泛而普遍的变革，而是完成一种微小而具体的变革；③用面对面的交流来弥补媒介宣传的不足。[①] 有限传播论认为，不管大众传播的效果影响社会全局还是影响个别的人，媒介所起的作用多半是强化现存的情况，而不是导致变革。

3. 使用与满足论

由美国哥伦比亚大学的应用社会研究所提出的另一个研究传播效果的思路是使用与满足论，即考察人们如何使用大众媒介，同时又检视媒介如何满足人的需要。这一思路弥补了魔弹论对受众的忽略和有限传播论的消极认知等不足，突出了媒介的主观能动性。这一效果研究路径将传播关系中的受众作为新的要素，使之成为考虑传播效果的必要前提。在使用与满足论中，受众通常是活跃而主动的，受众使用媒介，而不是媒介使用受众。

4. 采用扩散论

采用扩散论是学者们对公众使用媒介的过程进行系统化整理后总结的一种模式。新墨西哥大学传播学与新闻学系教授埃弗雷特·罗杰斯在前人的研究基础上，将使用媒介的过程整理为"四阶段模型"。①获悉，个人了解到这项创新的存在，对其运行有一些了解；②说服，形成对这个创新赞成或不赞成的态度；③决策，经过进一步思考、讨论和寻求有关信息，作出是否采用新观念的决定；④确定，寻求强化自己决定的信息，但如果得到的信息和劝告与原来信息矛盾，也可能改变原来的决定。随后，这些模型被应用在市场营销过程中，形成了一种名为 AIDA 的推销模式，即获悉商品（Awareness）、产生兴趣（Interest）、形成欲望（Desire）、采取行动（Action）。1962 年，美国学者埃弗雷特·罗杰斯在其著作《创新扩散》中提出了创新扩散理论。其核心思想是创新是不会自主扩散的，首先要让创新事物通过大众媒介引起受众的兴趣并得到认同，然后受众在大众传播的基础上借由人际传播将信息传播扩到更大的规模。创新扩散的传播过程可以用一条 S 曲线来描述，在扩散早期，采用者很少，速度也很慢，当采用者人数扩

[①] 〔美〕威尔伯·施拉姆，威廉·波特著，何道宽译. 传播学概论（第二版）[M]. 北京：中国人民大学出版社，2010.

大到大众的 10%~25%时，曲线迅速上升并保持这一趋势，在接近饱和时，进展又会减慢。罗杰斯认为，创新扩散总是要借助一定的社会网络进行，创新推广的最佳途径是将信息技术支持下的大众传媒和人际传播结合起来应用。人际传播的桥梁就是意见领袖，其作用不容小觑。

5. 说服论模型

说服论模型是从传播对受众的说服力角度进行研究。有不少学者曾提出过说服论模型。早在 2000 多年前，亚里士多德在其《修辞学》中提到"讲演效果要用它对人的影响来判断"。他认为成功说服人的三个条件：一是传播者的信誉，要让听众相信传播者；二是了解听众情感诉求，要使听众动感情；三是论述本身所携的论据，若能以逻辑的或其他适合的手段证明演讲者所论的是真理，论述的说服力就实现了。

如果说亚里士多德的说服论模型将注意力集中在传播者身上，看其如何说服人，那么随后卡特赖特的说服论模型则集中在受众身上。卡特赖特的说服论模型要素包括：①引起注意，信息应引起别人的注意；②受众对信息适合与否的评估，信息是否适合受众自身的知识和信念；③对机会大小的评估，受众接收的信息是否对其有用；④是否行动的决定，最好的状态是受众轻松愉快地采取行动。

以卡尔·霍夫兰为代表的耶鲁大学团队设计的说服论模型，提出几个思考维度。①谁能成为最好的传播者，即传播者在受众心目中的形象，如果传播者与受众具有亲同性，受众就更容易被说服；②什么要素构成最有效的讯息；③结论应当是明明白白的还是让受众去作结论；④应当怎样处理对立的论点；⑤团体的因素有什么影响；⑥团体的决策可用来影响个人决定吗；⑦扮演角色有助于说服吗；⑧个人的决定会随着时间而改变吗；⑨话语者可否先对受众打预防针，使之对"敌对观点"具有免疫力。霍夫兰的模型并未给出任何结论，但提供了思考传播效果的相对丰富的维度。

6. 一致论模型

一致论模型强调考察传播效果，要看讯息在多大程度上与受众内在信念和态度保持和谐，或者对这种和谐一致构成了威胁。在一致论的范围内，若要受众改变态度，根本的要求是不要让受众觉得对方的信息似乎有威胁，或与自己无关，导致他不加考虑就予以拒绝。只有做到了这一点，才有可能去向受众介绍一种他了解不多或抱有强烈成见的观点。

通过对已有传播效果模型的梳理，可以发现，由于传播情况太过多样化和复杂，每一种模型都有其局限性，或者说找不到一种无所不包的模型。施拉姆在其《传播学概论》中也强调"在传播研究中，宛若自然科学中那种普遍适用的模型是找不到的"。① 除魔弹论之外，其他模型都逐步达成了一个共识：受传者是能动的，效果是传送者和受传者都起作用的结果，传播过程中的双方都在试图影响对方。

具体说来，各类模型对本研究的指导意义包括：①要重视受众的研究，他们具有较强的主观能动性，不是随意被新闻资讯和信息所左右，尤其是在其具有固有思维或强烈成见之时；②重视传播者自身信誉的树立，善用意见领袖；③传播内容要发挥作用，得到传播，应尽可能不要与受众固有思维产生强烈冲突或令其感到被威胁，同时要满足其信息需要；④传播的内容要足够"吸引人"，同时具有认同感，在设计内容的时候，要多维度思考可能带来的影响；⑤在对外传播中，传播者应持续、齐心协力地阐述传播一种观点，尽可能发出更多声音，形成有力的"魔弹"；⑥人际传播中，面对面的交流在当前国际传播中依然适用，例如以"一带一路"为主题的各类国际学术研讨会等。

第三节　不断演进完善的议程设置理论

议程设置是大众传播媒介影响社会的重要方式，本身也经历了不断完善的过程。

1.议程设置理论

议程设置理论缘起于 1972 年美国传播学家 M.E 麦库姆斯和 D.L 肖在

---

① 〔美〕威尔伯·施拉姆，威廉·波特著，何道宽译．传播学概论（第二版）［M］．北京：
中国人民大学出版社，2010：188.

《舆论季刊》上发表的《大众媒体的议程设置功能》一文。该理论认为，大众传播具有一种为公众设置"议事日程"的功能，传媒的新闻报道和信息传达活动以赋予各种"议题"不同程度的显著性的方式，影响着公众注目的焦点和对社会环境的认知。媒介议程设置过程，从本质上来说是占统治地位的政治、经济和社会势力对舆论进行操纵和控制的过程。

议程设置理论的基本观点包括：①大众媒介往往不能决定人们对某一事件或意见的具体看法，即"怎么想"，但可以通过提供信息和安排相关议题来左右人们关注哪些事实和意见以及他们谈论话题的先后顺序，即"想什么"；②大众传媒对事物和意见的强调程度与受众的重视程度成正比，大众传媒将之作为"大事"加以报道的问题，同样也作为"大事"反映在公众意识当中；③媒介的接触频率决定着媒介议程和公众议程的匹配程度；④该理论不仅关注媒介强调哪些议题，而且关注这些议题是如何表达的。

议题设置理论的作用机制分三种：第一种是"0/1"效果（或称知觉模式），大众传媒报道或不报道某个"议题"会影响到公众对该"议题"的感知；第二种是"0/1/2"效果（或称显著性模式），即媒介对少数"议题"的突出强调，会引起公众对该议题的突出重视；第三种是"0/1/2/N"效果（或称优先顺序模式），即媒介对一系列"议题"按照一定优先顺序给予不同程度的报道，会影响公众对议题重要性顺序的判断。

2.属性议程设置理论

1997 年，麦库姆斯和肖在此前研究的基础上，提出了"属性议程设置"理论（Attribute Agenda Setting），属于议程设置理论的第二层次，即为报道对象设置属性，达到告诉人们"怎么想"的目的。大众媒体报道的对象具有各种各样的属性，有正面的、负面的、中性的，大众传媒通过对特定的属性进行凸显和淡化处理，使对象事物的"主导属性"传达给受众，也影响到受众对事物性质的认识、判断和态度。对于属性议程设置的研究，在一定程度上使传播效果研究又回到"强效果论"的思考维度上。

3.网络议程设置理论

互联网的飞速发展，使得信息的流动和获取从传统媒体时代的线形模式向网状模式转变，带来传播学的创新变革。麦库姆斯又提出了网络议程设置理论（NetworkedAgenda Setting，NAS），该理论的核心观点是影响公众的不是单个的议题或者属性，而是一系列议题所组成的认知网络；新闻媒体不仅告诉我们"想什么"或者"怎么想"，同时还决定了我们如何将不同的信息碎片联系起来，从而构建出对社会现实的认知和判断。网络议程设置理论的突破体现在三个方面。①引入"共现"概念，强调以关系为核心的议程设置模式，两个概念在文本中经常同时出现，人们就会认为两者是有关联的；②"度中心性"（degree centrality）取代"频率"（frenquency），成为衡量要素显著性的主要标准，度中心性在网络分析中刻画的是一个节点的关系数量总和，度中心性的分值越高，说明这个节点在整个网络中与其他要素之间的联系越紧密；③提供了一个具有统摄性的框架，能够将客体与属性进行整合性的分析。传统议程设置理论与网络议程设置理论的模式差异如图 2-5 所示。

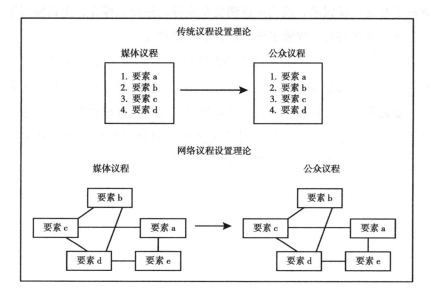

图 2-5　传统议程设置理论与网络议程设置理论的模式差异

资料来源：张伦，邓依林. 网络议程设置理论与方法：计算传播学视角［J］. 中国传媒大学学报（自然科学版），2021，28（01）：50-54.

4.议程融合理论

新媒体时代下，议程设置主体泛化、议题内容多元化，传统大众媒体设置议程的能力开始下降，影响议程设置过程的中介因素正在变得复杂。仅从传播者角度来孤立地研究议程设置是不够的，1999 年，麦库姆斯、肖和韦弗等人提出议程融合理论。该理论认为，现代社会中的个人必须加入某个社会群体以获得安全感和确定性。但为了融入群体，个人必须接触和群体相关的内容，使自己的议程与群体议程保持一致。

议程融合理论假设将传播效果研究的主体定位于受众而非传统议程设置理论的媒体，强调受众在议程设置过程中的议程融合过程，即个体在社会生活中有着群体归属的诉求，为满足这一诉求而要选择加入某一群体，但因无法获得该群体的信息而导致认知上的不和谐，所以个体为了保持认知上的和谐，通过各种途径接触该群体的信息，进而逐步实现议程上的融合。与议程设置理论相比，议程融合理论更强调受众主导议程而非媒介，更适应当下受众本位的新媒体环境，拯救了传统的议程设置理论。

在"一带一路"对外传播话语体系建构中，"一带一路"倡议的提出和全球关注，为中国进入国际舆论场中心、阐述中国思想理念、提供中国智慧方案、塑造负责任的国际形象提供了绝佳话语议程。议程设置理论，通过指导设计一系列有效议题，为加强对外传播效果提供了切实的研究和实施路径，亦是下文研究话语议题设置思路与方法的重要理论依据。

第三章

"一带一路"对外传播话语体系的框架设计

从时间上看，对外话语体系建设和"一带一路"倡议提出时间差不多。2013 年 8 月，习近平总书记在全国宣传思想工作会议上强调，要着力打造融通中外的新概念新范畴新表述，讲好中国故事，传播好中国声音。2013 年 9 月和 10 月，习近平主席出访哈萨克斯坦和印度尼西亚时，先后提出了共建"丝绸之路经济带"和"21 世纪海上丝绸之路"的倡议。2013 年 11 月，党的十八届三中全会发布的《中共中央关于全面深化改革若干重大问题的决定》强调，加强国际传播能力和对外话语体系建设，推动中华文化走向世界。本章笔者尝试厘清"一带一路"对外传播话语体系的基本构成要素和总体框架。

第一节　四个基本概念

对话语体系的理解，可以从三个层面展开。

一　话语

话语最早是一个语言学概念，泛指口头或书面的语言表达形式。当前，语言学领域常使用的（批判）话语分析，即从语言表达层面演变形成的方法体系。随着人类交流活动的不断增多，话语被更多应用于社会学、传播学和新闻学领域，打破了语言学研究的藩篱，从人类社会活动这一更宏大的层面研究话语活动及主客体之间的关系。提到话语，不得不提法国著名学者米歇尔·福柯（Foucault）的话语权力论。福柯认为，在所有社会中，话语的生产是通过一定数量的程序来控制、选择、组织和再分配的，这些程序的作用在于谋取权力和防止危险，控制偶然事件，避免沉重而可怕的犯罪。① 在福柯看来，与日常对话不同，话语是一种渗透了权力关系的语言主体在一定社会文化语境中完成的言语行为，话语即权力，权力即话语，两者不可分离。权力是通过话语发挥作用的东西，因为话语本身是权力关系策略装置中的一个元素。话语是一系列运作于权力普遍机制中的元素。② 由此可见，掌握了权力就意味着掌握了话语权，因为语言和知识可以服务于权力巩固，同时，语言及其富含的知识又可产生权力，因为受众接受的知识决定了其行动。当前，话语已经从一种简单的思维符号、交际工具，转变为新闻传播领域中表达社会意识和思想的一面镜子。笔者认为，就"一带一路"对外传播而言，话语包括言语、报告、文件、政策、新闻等多种形式，以及文字、视频、音频等多种类型。

二 话语权

受福柯话语权力论的影响，近年来，在新闻传播领域，"话语权"被越来越多地认可和使用，尤其在国际传播领域。

对话语权的定义。有学者认为话语权（Power of Discourse）是指话语所包含的或体现的权力，即话语是权力的一种载体和表达方式。通俗地讲，权力是话语的目标，而话语是获得、展示和运用权力的手段。国际话语权的本质，是以非暴力、非强制的方式改变他人的思想和行为，并使一国之地方性的理念和主张成为世界性的理念和主张。③ 有学者认为现实世界的话语权，可以从应然和实然、权利和权力两个角度来理解。话语权就是主体通过说话、发言或表达传播一定信息和思想的权利和权力。权利，意味着资格，体

① 朱振明．福柯的"话语与权力"及其传播学意义［J］．现代传播（中国传媒大学学报），2018（09）：32-37.
② Foucault M. Dits et écrits, 1954-1988, Tome III: 1976-1979 ［M］. Gallimard, 1994.
③ 中央党校课题组，赵柯，左凤荣．中国国际话语权建设的经验、挑战与对策［J］．对外传播，2014（12）：47-49.

现了应然的存在；权力意味着实然的存在，指主体说话、发言的现实影响力即权力的大小。①

国际话语权的定义，有学者认为是一国在国际舞台上说话的权利，包含两个要素：一是权威和合理地"说"，二是这些"话"要有人听并且相信。② 有学者指出，国际话语权是指一国在国际上通过话语表达本国意愿、展示国家形象、影响国际舆论以及主导国际事务、维护本国利益的能力。③ 另有学者认为，国际话语权主要是指对国际事务、国际事件的定义权，对各种国际标准和游戏规则的制定权以及对是非曲直的评议权、裁判权。本质上体现的是一国在国际社会权力结构中的地位和影响力，是国际政治权力关系的现实反映，国际话语权之争实质上即各个国家利益的博弈。④ 有学者进一步将国际话语权归纳为四种：权力关系说，即国际话语权以产生影响力为其追求的目标，反映的是国家间的权力关系；国家利益说，是以国家利益为核心，代表的是对与国际环境密切相关的社会发展事务和国家事务等发表意见的权利；软实力说，认为话语权是国家软实力的重要组成部分，文化是国际话语权的深厚根基，国际话语权的说服力、渗透力和吸引力主要通过文化来展现；国家形象说，话语权是国家通过话语诠释本国的国家形象的重要方式。⑤

三 话语体系

从话语到话语权，再到话语体系的研讨，实际上反映了学术界和实践层

① 胡宗山. 中国国际话语权刍议：现实挑战与能力提升 [J]. 社会主义研究，2014（05）：127-135.
② 袁赛男. 构建"一带一路"战略视域下的新对外话语体系 [J]. 对外传播，2015（06）：13-15.
③ 王寿林. 形成同我国综合国力和国际地位相匹配的国际话语权 [EB/OL]. （2021-12-08）[2022-08-11]. https://m.gmw.cn/baijia/2021-12/08/35366185.html.
④ 梁凯音. 论国际话语权与中国拓展国际话语权的新思路 [J]. 当代世界与社会主义，2009（03）：110-113.
⑤ 赵长峰，吕军. 近年来国内学界关于中国国际话语权研究述评 [J]. 社会主义研究，2018（03）：153-161.

面对话语作用的重视，及不断挖掘其作用的历程。对于话语权和话语体系的关系，学者认为从传播话语到争取国际话语权，话语体系构建是前提和基础。①②

对于话语体系的定义及内涵，学者明确阐述的并不多，已有定义包括：话语体系是思想理论体系和知识体系的外在表达形式，是受思想理论体系和知识体系制约的；有什么样的思想理论体系和知识体系，就有什么样的话语体系。③ 话语体系是一定时代经济社会发展状态和文化传统的综合表达。④ 话语体系是关于思想观念包括概念、范畴、基本原理及相应的表达方式的表达系统。⑤ 现有定义均强调了内部思想、理论和知识的外在表达这一共同特点，具体内涵却仍未达成明确意见。

笔者认为，话语体系是将内在的思想体系和知识体系正确表达给受众，从而产生现实影响力的一整套表达系统。话语体系不仅包含表达什么样的内容（即思想体系和知识体系），还包括如何表达（即表达方式、方法）以及表达效果考核（即话语权、影响力）。当前，在国内对话语体系的研究已经超越了学术范畴，话语体系成为国家战略层面的重要考量，它代表着一种文明的延续、文化的传承，在当今社会被视为国家软实力的重要组成部分和掌握全球话语权的基础。

四　对外传播

传播译自英语 Communication，源自拉丁语 Communis（community）。关于传播的定义国内外有很多种，中外不同学者从不同角度对传播做过定义。

---

① 陈以定．当代中国外交中意识形态建设与国际话语权建构——基于中国外交话语分析视角 [J]．学术界，2012（07）：79-87.
② 杨鲜兰．构建当代中国话语体系的难点与对策 [J]．马克思主义研究，2015（02）：59-65.
③ 张国祚．中国话语体系应如何打造 [N]．人民日报，2012-7-11.
④ 王莉．中国话语体系构建的基本维度 [N]．光明日报，2017-9-25.
⑤ 王海霞．中国特色话语体系的构成要素及构建途径 [J]．云南行政学院学报，2018，（02）：62-66.

国外学者的定义主要代表有：美国社会学家和社会心理学家查尔斯·霍顿·库利从社会学角度下定义，认为传播是人类关系赖以存在和发展的机制，是一切心灵符号及其在空间上传递、在时间上保存的手段；[1] 美国哲学家查尔斯·桑德斯·皮尔士从语义学角度定义，认为传播是观念或意义（精神内容）的传递过程；亚历山大·戈德认为，传播是使一个人或数人所独有的信息，化为两个人或更多人共有的过程；格伯纳从互动关系角度定义，认为传播可以定义为通过讯息进行的社会的相互作用；贝雷尔森和塞纳从符号角度定义传播为运用符号（如词语、画片、数字、图表等）传递信息、思想、感情、技术等，这种传递的行为或过程通常称为传播；卡尔·霍夫兰认为，传播是某个人（传递者）传递刺激（通常是语言的）以影响他人（接受者）行为的过程，传播包括大众传播、人际传播、组织传播等形式；[2] "传播学之父"威尔伯·施拉姆认为，传播至少有三要素——信源、讯息和信宿。研究传播时，要研究人，研究人的关系，人与群体、组织和社会的关系，研究他们怎样相互影响；怎样接受影响，怎样提供信息和接受信息；怎样传授知识和接受知识，怎样愉悦别人和被人愉悦。

国内学者亦对传播进行了定义。其中，中国人民大学新闻学院郭庆光教授认为，传播是社会信息的传递或社会信息系统的运行。[3] 浙江大学邵培仁教授认为，传播是人类通过符号和媒介交流信息以期发生相应变化的活动。曾任中国传媒大学校长的胡正荣教授认为，传播是信息流动的过程，包含两个要素——信息（传播的材料）、流动。上海交通大学张国良教授认为，传播即传授信息的行为（或过程）。

综合来看，国内外学者从社会关系、语义符号、社会过程等不同角度对传播进行了阐述，强调传播是信息的共享；强调传播是有意图地施加影响；强调传播是信息交流的互动过程；强调传播是社会信息系统的运行；强调传

---

① 威尔伯·施拉姆. 传播学概论 [M]. 北京：中国人民大学出版社，2010.
② 陶倩，刘华蓉. 论大众传播 [J]. 中华女子学院学报，1995（04）：60-62.
③ 郭庆光. 传播学教程（第二版）[M]. 北京：中国人民大学出版社，2011.

播是社会关系的体现。① 但无论是从哪个角度对传播下定义，传播活动的根本目的在于最终实现信息的交流与沟通以达成统一认识。需要注意的是，国内与传播相近的词语是"宣传"。但在海外，尤其是英、法语系的西方国家，宣传（propaganda）通常是负面用词，而传播（communication）是中性词。在对外传播过程中，应注意尽量避免使用"宣传"这一词汇。

人类学家爱德华·萨丕尔认为，社会是由传播关系构成的网络，主要靠传播来维持。② 施拉姆认为社会之所以称其为社会全赖传播，并将传播功能总结为：雷达功能（传递信息）、控制功能（引导舆论）、传授功能（教育功能）、娱乐功能（提供娱乐）。传播是一项必须履行一定功能的社会活动，无论其是自我的内向传播，还是直接的人际交流，抑或是借助媒介的大众传播甚至跨国传播。

对外传播是偏中式的一个词，对"外"的理解不同，研究范围亦不同。如果将"外"理解为相对于传播主体的概念，是传播主体"向外"发出信息，那么"对外传播"仅区别于自我的内向传播，指的是国内传播和跨国传播。如果将"外"理解为国家地域概念，那么"对外传播"可以理解为跨国传播，要考虑受众对象、文化背景、媒介渠道等存在明显差异。

"一带一路"是一个国际合作倡议，面向全球开放。在此背景下，本书中"一带一路"对外传播，特指中国向国外传递"一带一路"信息并旨在获得共识的过程。此过程是一个高度复杂的过程，面向的传播对象至少包括100余个"一带一路"共建国家的政府官员、智库学者、企业界人士，乃至公众，不同对象的意识形态、偏好习俗、文化和知识背景、信息诉求不同；可依赖的传播媒介覆盖报纸、期刊、图书、广电影视，以及政府和媒体网站、社交平台等数字产品，不同国家的媒介数量和影响力又各异；可传播的内容话题丰富，需要结合各种社会因素配置合理议题并选择适当形式。

---

① 传播 [EB/OL]．(2018-06-12) [2022-07-20]．https：//baike. baidu. com/item/传播/1261279? fr=aladdin.

② E. Sapir. "Communication" In Encyclopedia of the Social Sciences, 1st ed [M]．New York：Macmillan, 1935：78.

第二节 五个构成要素

什么是构成对外传播话语体系的基本要素？从本书第一章已梳理的各学者的研究来看，学者现有观点虽有差异但都带有传播学与语言学融合的趋势，不仅包含话语本身，还包括话语传递的外部环境、对象等。

针对目前"一带一路"所面临的复杂的国际舆论环境，借鉴传播学中最经典的拉斯韦尔"5W"模式（传播者、受众、传播内容、媒介和效果）及随后理查德·布雷多克补充完善的"7W"模式（传播者、受众、传播内容、媒介、目的、环境、效果），围绕"一带一路"对外传播"谁来说""说什么""在什么语境下说""通过什么渠道说""取得什么效果"等问题，笔者认为话语体系应包含话语权、话语要义、话语传播媒介、话语传播方式、话语影响力五个核心要素（见图3-1）。

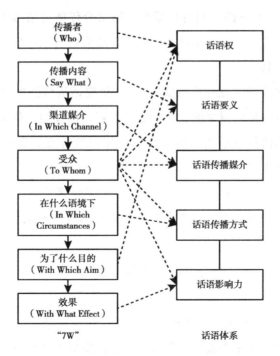

图3-1 基于"7W"模式的"一带一路"话语体系的基本要素

话语权包括"谁来说、为什么说、对谁说",代表话语传播的初衷和目的。"一带一路"对外传播话语权既代表对外发声的一种权利,也代表所说话语权威性、引导舆论掌控力的权力。相关研究应包括研究"一带一路"倡议传播主体——施语者的类型与特征,分析话语传播的对象——不同国家的政府、智库、企业和社会公众的典型话语接受特点。

话语要义指"说什么",是话语体系的内容基石与指引。话语要义是想要向海外传播的"一带一路"倡议核心内容,需要重点厘清"一带一路"内涵外延、核心理念、发展目标、建设内容、品牌概念等内容,在厘清对外传播核心内容后,需结合话语权中主客体特征进行议题设置,明确国际发声的原则以及话题设置的思路和方法。目前,尽管我国政府已经发布了"一带一路"的相关行动方案与白皮书,但依然存在国外受众对"一带一路"认知不足、理解有偏差甚至妄猜意图的现象。

话语传播媒介是"通过什么渠道/媒介说",需要研究促进话语更广泛传播的媒介。"一带一路"对外传播时,需结合传播对象国的经济社会发展状况和媒介应用实际,以及不同受众对媒介的喜好与认可度,来合理选择话语传播媒介和工具。

话语传播方式指"在什么语境下说",研究话语传播的路径、形式与时机。及时捕捉不同话语对象的关注重点、喜好,以及舆论传播路径等,进而提出不同主客体情景下适用的传播路径,如党政外交、智库交流、媒体传播、民间文旅交流等。

话语影响力指"取得什么效果",是用来综合评价话语传播是否成功的重要标尺,为"一带一路"对外传播建立有效的反馈机制。

第三节　总体框架设计

针对"7W"模式线性传播缺乏反馈和互动的问题,不少学者开始运用系统论的原理和方法来考察社会传播的过程,提出了社会系统模式,如美国赖利夫妇的传播系统模式①和德国学者马莱茨克的大众传播过程模式。② 这种社会系统模式认为每一个传播过程，除了受到其内部机制的制约之外，还受到外部环境和条件的广泛影响。"一带一路"对外传播是一个复杂的过程，话语体系各要素之间并非相互独立，而是处于普遍联系和相互作用之中（见图3-2）。话语主体——施语者基于自身的话语权，在对"一带一路"倡议核心要义的理解之上，设置包含话语要义的议题和话语内容，并通过合适的传播媒介和传播方式对话语对象——受语者进行讲述与传播。话语传播的效果通过话语影响力来体现，施语者评估受语者对话语的体验、感受，以及对"一带一路"建设实际工作的推进效果，进而不断反馈、修正话语体系各个环节，形成闭环。

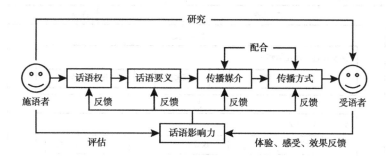

图 3-2　"一带一路"对外传播话语体系要素间作用机理

为进一步指导实践工作中不同话语施行者面向不同话语对象在特定的环境下应该设定何种议题、采用什么话语传播方式、使用什么话语传播媒介，在充分借鉴传播学相关模型的基础上，本研究构建了"一带一路"对外传播话语体系的总体架构（见图3-3）。

一　话语权

话语权是对外发声的一种权利，也代表掌握话语、引导舆论的权力。

---

① 李婧．网络对研究生跨文化交往的影响［J］．新闻世界，2009（03）：78-80.
② 李跃华．马莱茨克大众传播理论的区域价值观研究［J］．学理论，2016（01）：151-153.

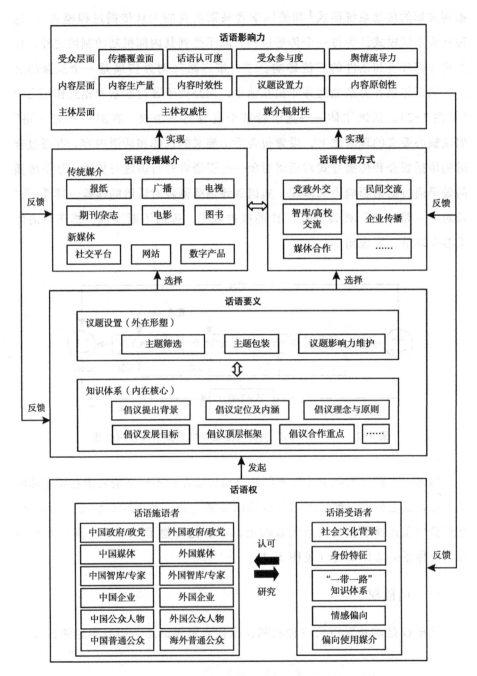

图 3-3 "一带一路" 对外传播话语体系总体架构

2017年5月，习近平总书记在首届"一带一路"国际合作高峰论坛圆桌峰会上致开幕辞时指出，"'一带一路'源自中国，但属于世界"。"一带一路"是一个开放包容的合作平台，是各方共同打造的全球公共产品，向所有志同道合的朋友开放。因此，在"一带一路"对外传播中，有权利发声的施语者应是多元的，不仅需要国家外交、政府外宣、主流媒体的努力，也需要参与其中的各类实体，包括"走出去"的企业、民间团体、智库与专家、公民个人的共同努力，更需要所在国政府、媒体、企业、智库、公众的认可与传播。

话语权由权利进一步形成权力，产生权威性、认可度和舆论掌控力，还需要在发起话语前了解、分析话语传播的对象——不同国家、不同受众（如政府官员、媒体人、专家、企业和社会公众）的话语接受特点，如自身的知识体系、情感偏向、所处行业或领域，对"一带一路"倡议认识程度、认知需求，偏向使用的信息媒介等。话语权在一定程度上是受众赋予的，对施语者与受语者的研究和合理选择，是实现精细化传播、有效传播的基础前提。

二 话语要义

"一带一路"对外传播话语要义包含最基础、最核心的"一带一路"知识体系和针对不同施语者、不同场合、不同受语者而做的议题设置。在对外传播交流中，施语者先要厘清"一带一路"倡议的背景、目的、意义、内涵外延、核心理念、建设内容、合作机制、进展成效等内容，建立准确、清晰的知识体系，才能在话语讲述中真正传递"一带一路"倡议的主旨精神，也才能更好地将之与实际工作紧密结合。

传播是一个复杂的过程，场景不同、对象不同，话语所讲述的内容不同。因此，在知识体系之外，还要结合实际需求设置针对性的议题，议题设置需要考虑发声场合，明确发声原则，选取话语主题，进行话语包装，明确核心观点，从而使话语内容更具化，更易被理解与接受。

三 话语传播媒介

话语传播媒介是话语所依托的载体。截至 2023 年 6 月，共建"一带一路"的国家进一步扩大至 150 余个，覆盖五大洲。这些国家因经济发展水平、基础设施条件不同，公众接收信息的媒介也面临巨大差异。话语传播媒介既包含传统媒介，如报纸、广播、电视、图书、期刊/杂志、影视作品，甚至公众口碑传播，也包含新媒体，如互联网网站、社交平台等各种类型的数字化产品。不同媒介特点不同，需要紧密结合话语传播方式和受众特点来使用。

四 话语传播方式

"一带一路"话语传播方式强调需结合"一带一路"不同受语者所在社会场域、关注重点和喜好，提出不同主客体情景下适用的输出方式，如党政外交、智库交流、媒体合作、企业合作以及各种民间文旅交流等。近年来，党政外交在"一带一路"对外传播中起到重要推动作用，国家领导人及高层领导间高频互访，以"一带一路"国际合作高峰论坛为代表的系列主场外交活动举办，"一带一路"倡议载入国际组织重要文件，以及中国与有关国家签署的"一带一路"政府间合作文件不断增多，都在传递"一带一路"理念，增强倡议的国际认同感，为倡议构建良好国际舆论环境。媒体交流方面，我国主流媒体与海外媒体组成的多边媒体合作联盟相继成立，以"一带一路"媒体合作论坛为代表的国际性媒体合作论坛蓬勃兴起，媒体间参访学习与稿件交流不断增多，"一带一路"海外宣传片相继产生。此外，中外智库间"一带一路"国际交流、课题合作、图书出版日益普遍，在传递中国声音、增信释疑、扩大共识方面发挥了独特作用。民间围绕"一带一路"的展览展会艺术交流、旅游线路开发，以及企业海外宣传，都成为"一带一路"对外传播、国际交流的有效形式。

五　话语影响力

话语影响力是话语传播效果的衡量标准。当前，"一带一路"对外传播效果不佳，与缺乏话语影响力评价不无关系。没有有效的评价反馈，传播就成了单向"灌输"。话语影响力的发挥，既受制于不同施语者、不同受语者，所选择的议题和表述方式，采用的传播工具和传播方式，又反向不断完善话语传播工具、话语传播方式以及施语者的话语议题设置。因此，在话语体系总体架构中，话语影响力旨在建立一种传播成效评价体系，形成有效的话语反馈机制。评价可从主体、话语内容、受众反响三个维度开展。主体维度考核权威性和对媒介的应用辐射能力；话语内容维度考核内容生产量、内容原创性、议题设置合理性、时效性等；受众反响维度考核传播覆盖面、受众话语认可度、话语二次或多次传播力、对负面舆情的疏导力等。施语者评估受语者对话语的理解、感受、评价乃至话语传播所营造的舆论氛围对"一带一路"实际工作的推进效果，进而不断反馈、修正话语体系各个环节，形成闭环。

第四章
"一带一路"对外传播话语权

话语权是对外发声的一种权利与权力。权利意味着话语施语者有能够表达的资格。权力指施语者说话、发言的现实影响力即权力的大小，影响权力大小的主要有两个方面：一是权威和合理地"说"，这就需要培养一批有强大语言能力和政治文化素养的海外传播人才；二是这些"话"要有人听并且相信。要提升话语权不仅要明确各类话语环境中适用的话语主体，也需要在发起话语前了解、分析话语传播的对象特征，才能真正做到精细化传播，达到入脑入心的传播效果。

第一节 "一带一路"话语传播的多元化主体

随着中国与世界在政治、经济、文化、科技、环境等各个领域的联系不断加深，半官方机构、企业、社会活动家、非政府组织、民间团体、基金、商会、智库及研究机构、个人等多样化的力量，成为代表中国形象和文化的流动传播者，逐步成为对外传播的重要组成部分。多元化的传播主体是支撑精准传播的有效力量。西方人比起中国人要更"个人主义"，并且他们常常受到本国媒体对中国形象构建的影响，有时候以个人为主的"传播"相比以中国官媒为主的"宣传"效果要好很多。[①]

从话语权的权利层面考虑，习近平总书记曾指出："一带一路"建设不是中国一家的独奏，而是共建国家的合唱。"一带一路"共建国家的政府、

---

① 郑若麟. 中国对外传播如何提升五大"力"，打造三大"新"［EB/OL］.（2021-06-09）［2022-06-15］https：//baijiahao. baidu. com/s？id=17020919924517698398&wfr=spider&for=pc.

媒体、学者、民众等都拥有"一带一路"话语施语者的身份，同时应然拥有话语传播的权利。在这种权利的基础上，应当考虑的是话语目的与初衷，即"为什么说"。

从话语权的权力层面考虑，想要最大化话语的现实影响力，需要根据不同传播背景及目的特性，以及话语施语者在受语者心中的既有形象选择合适的话语施语者。受语者心中的既有形象又可分为侧重于体现话语的"权威性/专业性"和"亲民性/号召力"。权威性、专业性体现的是话语"不容置疑"的属性，是施语者下定义、定规则的能力；亲民性、号召力体现的是话语"喜闻乐见"的属性，是话语对受语者的感染力。

一 政府

政府是国家进行统治和社会管理的机关，是国家表示意志、发布命令和处理事务的机关，实际上是国家代理组织和官吏的总称。政府的概念一般有广义和狭义之分，广义的政府是指行使国家权力的所有机关，包括立法、行政和司法机关；狭义的政府是指国家权力的执行机关，即国家行政机关。在"一带一路"对外传播话语体系背景下，本书是指广义上的政府。

1. 中国政府

"一带一路"是中国发起的全球性合作倡议。中国是发起国和核心参与者，中国政府对"一带一路"倡议的阐释先天地拥有更多话语权。基于实践梳理和国际惯例，中国政府作为传播主体的情况可以细分为以下几种典型。

（1）党和国家领导人

党和国家领导人为我国政治中的特有术语，一般为中央层面的高级领导人的统称，包括中共中央、国家机构、全国政协的主要领导人。一般而言，一个国家的领导人的话语，在本国拥有非常高的权威和影响力。在国际上，领导人代表了本国形象，拥有较高的国际关注度，其话语对于海外公众了解本国政府态度、观点具有直接指引意义。领导人级别越高，对话语议题的强调次数越多、阐述越清晰，其话语影响力越大。

我国国家主席习近平提出"一带一路"倡议，并在高层会面、国事访问、国际会议等多个重要国际场合强调和进一步阐述，这无论是对推进倡议全球知晓，表明中国推进"一带一路"建设的决心，还是对达成双边、多边共识，都起到积极作用。笔者通过大数据分析技术检索发现，自 2013 年"一带一路"倡议提出以来至 2023 年底，十年间习近平主席在高层会面、国际会议、出席活动等场合共提及"一带一路"942 次。

（2）中央人民政府

中央人民政府是我国最高国家行政机关。中央人民政府对"一带一路"倡议所发布的文件、召开的重要会议构成"一带一路"最权威的对外传播话语内容。

2015 年初，为统筹推动共建"一带一路"，中国政府成立了推进"一带一路"建设工作领导小组，指导和协调推进"一带一路"建设。推进"一带一路"建设工作领导小组办公室设在国家发展改革委，具体承担领导小组日常工作。2015 年 2 月 1 日，时任中共中央政治局常委、国务院副总理张高丽主持召开推进"一带一路"建设工作会议，部署今后一段时期推进"一带一路"建设的重大事项和重点工作，这次会议被认为是领导小组组长和副组长的首次公开亮相。2018 年 5 月，时任中共中央政治局常委、国务院副总理、推进"一带一路"建设工作领导小组组长韩正主持召开推进"一带一路"建设工作领导小组会议并讲话。

自推进"一带一路"建设工作领导小组成立以来，每年召开两次推进"一带一路"建设工作会，总结推进"一带一路"建设工作进展情况，审议有关文件，部署下一阶段重点工作，积极向外界传递推进"一带一路"建设的信息，推进"一带一路"建设工作领导小组办公室发布的相关政策文件如表 4-1 所示。

表 4-1　推进"一带一路"建设工作领导小组办公室发布的相关政策文件

序号	政策/文件名	发布机构	发布时间
1	《中欧班列建设发展规划（2016—2020 年）》	推进"一带一路"建设工作领导小组办公室	2016 年 10 月 24 日
2	《共建"一带一路"：理念、实践与中国的贡献》	推进"一带一路"建设工作领导小组办公室	2017 年 5 月 10 日

续表

序号	政策/文件名	发布机构	发布时间
3	《标准联通共建"一带一路"行动计划(2018—2020年)》	推进"一带一路"建设工作领导小组办公室	2018年1月11日
4	《共建"一带一路"倡议:进展、贡献与展望》	推进"一带一路"建设工作领导小组办公室	2019年4月22日
5	《推进中医药高质量融入共建"一带一路"发展规划(2021—2025年)》	国家中医药管理局 推进"一带一路"建设工作领导小组办公室	2021年12月31日
6	《坚定不移推进共建"一带一路"高质量发展走深走实的愿景与行动——共建"一带一路"未来十年发展展望》	推进"一带一路"建设工作领导小组办公室	2023年11月24日

（3）中央部委

"一带一路"涵盖的合作范围广泛，除成立中央层面推进"一带一路"建设工作领导小组及办公室之外，各有关部委作为推进"一带一路"建设工作领导小组成员单位，是"一带一路"倡议的重要参与方和发声的话语主体。

中央部委在"一带一路"倡议对外传播方面的话语职责包括：发布主管领域的"一带一路"重要政策、信息和数据，跟进介绍有关建设成效，答疑释惑、澄清误解与质疑等。各中央部委发布的"一带一路"相关政策文件一览如表4-2所示。

表4-2 各中央部委发布的"一带一路"相关政策文件一览

序号	政策/文件名	发布机构	发布时间
1	《推动共建丝绸之路经济带和21世纪海上丝绸之路的愿景与行动》	国家发展改革委、外交部、商务部	2015年3月28日
2	《推进共建"一带一路"教育行动》	教育部	2016年7月13日
3	《文化部"一带一路"文化发展行动计划(2016—2020年)》	文化部	2017年3月1日
4	《关于推进绿色"一带一路"建设的指导意见》	环境保护部、外交部、国家发展改革委、商务部	2017年5月8日

序号	政策/文件名	发布机构	发布时间
5	《共同推进"一带一路"建设农业合作的愿景与行动》	农业部、国家发展改革委、商务部、外交部	2017 年 5 月 12 日
6	《"一带一路"融资指导原则》	中国财政部与阿根廷、白俄罗斯、柬埔寨、智利、捷克、埃塞俄比亚、斐济、格鲁吉亚、希腊、匈牙利、印度尼西亚、伊朗、肯尼亚、老挝、马来西亚、蒙古国、缅甸、巴基斯坦、卡塔尔、俄罗斯、塞尔维亚、苏丹、瑞士、泰国、土耳其、英国等 26 国财政部共同核准	2017 年 5 月 16 日
7	《推动丝绸之路经济带和 21 世纪海上丝绸之路能源合作愿景与行动》	国家发展改革委、国家能源局	2017 年 5 月 16 日
8	《"一带一路"建设海上合作设想》	国家发展改革委、国家海洋局	2017 年 6 月 20 日
9	《国家发展和改革委员会与香港特别行政区政府关于支持香港全面参与和助力"一带一路"建设的安排》	国家发展改革委、香港特别行政区政府（经国务院审批）	2018 年 3 月 29 日
10	《国家发展和改革委员会与澳门特别行政区政府关于支持澳门全面参与和助力"一带一路"建设的安排》	国家发展改革委、澳门特别行政区政府（经国务院审批）	2018 年 12 月 6 日
11	《西部陆海新通道总体规划》	国家发展改革委	2019 年 8 月 22 日
12	《"十四五""一带一路"文化和旅游发展行动计划》	文化和旅游部	2021 年 7 月
13	《关于推进共建"一带一路"绿色发展的意见》	国家发展改革委、外交部、生态环境部、商务部	2022 年 3 月 16 日
14	《"十四五"时期推进"空中丝绸之路"建设高质量发展实施方案》	民航局、国家发展改革委	2022 年 5 月 7 日
15	《共建"一带一路"：构建人类命运共同体的重大实践》	国务院新闻办公室	2023 年 10 月 10 日

（4）地方政府

《推动共建丝绸之路经济带和 21 世纪海上丝绸之路的愿景与行动》指出，推进"一带一路"建设，中国将充分发挥国内各地区比较优势，实行更加积极主动的开放战略，加强东中西互动合作，全面提升开放型经济水平。地方政府是国内各地区推进"一带一路"建设落地和国际合作的重要力量，也是做好"一带一路"对外传播的重要力量。

目前，以省级政府为主体，各地均建立了推进"一带一路"建设工作领导小组及办公室，统筹推进地方"一带一路"建设工作。地方政府在发布地区性"一带一路"政策文件、组织承办"一带一路"重要国际会议活动、建设成果宣传推广等方面可以发挥的作用不容小觑。例如，沿边的广西、云南、新疆、内蒙古等积极面向周边国家通过多语广播、文化交流、共办会议、经济合作等方式加强"一带一路"对外沟通和话语传播。外向型经济强省江苏积极加强"一带一路"倡议对外传播交流，江苏省网信办联合中国公共外交协会、国务院国资委新闻中心、环球网等连续四年举办"一带一路"百国印记短视频大赛，不断收到来自近百个国家和地区的"一带一路"精美短视频作品。

2. 共建国政府

加强政策沟通是"一带一路"建设的重要保障。加强政府间沟通交流，旨在增强彼此间信任，协商解决合作中存在的问题。"一带一路"共建国家政府理解、认同"一带一路"的合作理念，可以成为"一带一路"对外传播的最佳话语施语者。一方面，共建国家政府话语（领导人讲话、文件、政策、战略规划等）在本国具有较强权威性、公信力，并具备在该国传播的媒体渠道优势；另一方面，共建国家真正受益于"一带一路"建设，政府所做出的决策和对外讲述的话语必然具备较强的信服力、感召力，不仅为本国智库、企业、媒体指明发展方向，也能为其他国家提供借鉴，带来鼓舞。

共建国政府作为"一带一路"对外传播话语主体，其话语发声原则有别于我国政府，出发点必然立足于本国利益。因此，注重消除误解误会，真正让共建国有受益感，是使其成为话语传播主体的最根本前提。例如，2018 年 10 月底，美国主流媒体 CNN 知名主播奎斯特采访肯尼亚总统肯雅塔的一段视频火爆网络。视频中，奎斯特拼命想诱导肯雅塔承认肯尼亚的政府债务压力是由中国造成的，抹黑中国在非洲的投资。但肯雅塔表示肯尼亚也有来自美国、法国等发达国家的债务，他们拥有健康的债务组合。如果债务仅仅是用来支付工资和电费之类的开销，才是他最担心的。但这些债务是用来缩小肯尼亚的基础设施差距，令肯尼亚未来从新道路、新铁路和新的基础设施中受益，增加青年男女就业机会，肯尼亚愿意与帮助他们的国家合作。

此外，共建国家政府对"一带一路"的态度和话语，直接引导和影响本国媒体、智库、企业、公众对"一带一路"的看法。

二　政党

政党是以执政，或促进和保障特定政治思想、政治利益为目标的团体。除政府外，政党也是"一带一路"对外传播的参与主体。"一带一路"共建国家众多，各国存在不同的政党组织。加强政党间对话和话语传播，对于达成更广泛合作共识具有重要意义。

2017 年 10 月，党的十九大关于《中国共产党章程（修正案）》的决议明确提出，将推进"一带一路"建设等内容写入党章，充分体现了在中国共产党领导下，中国高度重视"一带一路"建设、坚定推进"一带一路"国际合作的决心和信心。

政党间沟通交流，加强"一带一路"话语传播有利于获取更多方的理解和支持。2017 年 11 月 30 日至 12 月 3 日，中国共产党与世界政党高层对话会在北京成功召开。这是中国共产党首次与全球各类政党举行高层对话，也是出席人数最多的全球政党领导人对话会，来自世界上 120 余个国家近 300 个政党和政治组织的 600 余名代表应邀出席高层对话会。习近平在开幕式上发表主旨讲话，全面阐述了中国共产党关于构建人类命运共同体、建设更加美好世界的主张。

2019 年 3 月，中国与巴基斯坦主要政党建立中巴经济走廊政党共商机制。2020 年以来，中国共产党先后同斯里兰卡、菲律宾、泰国、印度尼西亚等国主要政党成立了"一带一路"政党共商机制。2022 年 1 月 24 日，中共中央对外联络部以视频方式举行中国同东南亚、南亚国家"一带一路"政党共商会议。2023 年 11 月 10 日，以"共享'一带一路'国际合作高峰论坛成果"为主题的中国共产党同东南亚、南亚国家政党对话会在昆明举行，18 个国家的 50 余个政党、政治组织代表参会，通过"政党+"等机制，促进绿色丝路、数字丝路、廉洁丝路建设，深化人文交流和民心相通，为高质量共建"一带一路"注入政党力量。2021 年 5 月、2022 年 7 月和 2023 年 4 月，中共中央对外联络部先后召开三届中国—太平洋岛国政党对话会，加强与基里巴斯、密克罗尼西亚、斐济、瓦努阿图等岛国政党沟通对话，推动"一带一路"倡议和本国发展战略对接。2023 年 6 月 12 日，中国—中亚政党对话会首次会议在北京举行，哈萨克斯坦、吉尔吉斯斯坦等中亚五国 26 个主要政党领导人参会。这些政党机制的建立，有利于发挥政党的沟通协商作用，积极宣传"一带一路"宗旨，进一步推进"一带一路"框架下的务实合作。

同时，在中外政党沟通机制下，国外一些政党发挥社会舆论源的作用，通过政策宣示、交流对话、舆论引导等方式协助宣介"一带一路"倡议的理念、实践及贡献。如不少政党依法利用发表选举政见、开展朝野政策辩论、在媒体刊发文稿等时机，积极传播"一带一路"知识，鼓励本国企业界、学术界、媒体等弄清"一带一路"实质，呼吁更快更好搭乘中国发展便车，为本国参与"一带一路"创造更好的舆论环境。①

案例：政党交流增强"一带一路"合作共识

2021 年 5 月 27 日，世界马克思主义政党理论研讨会召开之际，参会的多国政要领导人均对中国共产党及"一带一路"倡议表示支持和拥

---

① 石晓虎. 国外政党积极助力"一带一路"建设［EB/OL］.（2019-05-22）［2022-09-23］. http：//www.beijingreview.com.cn/shishi/201905/t20190522_ 800168775.html.

护。① 巴勒斯坦人民党总书记巴萨姆·萨利希表示，与西方发达资本主义国家一直垄断世界经济和资源的发展模式不同，中国通过共建"一带一路"给共建国家提供了发展机会。中国的经济发展方式给世界各国带来了发展新思路，这在人类历史上也是前所未有的。他希望中国能把治国理政的新理念以及各个领域的发展成绩通过翻译成各种语言的书籍传播到世界各地，让更多的国家学习借鉴。斯里兰卡共产党总书记吉甘纳格·维拉辛哈表示，我们是"一带一路"共建国家，一直从中受益，西方媒体一直宣称"一带一路"让斯里兰卡陷入债务陷阱，这并非事实，我们绝大部分的债务都跟"一带一路"项目无任何关系，这是西方媒体恶意抹黑中国。

三 媒体

媒体是推进"一带一路"舆论宣传和引导工作、加强国际传播能力建设的重要力量，是促进各国民心相通、深化互相理解的重要桥梁和文化纽带。此章节讨论的媒体是具有话语传播能力的实体组织，如《人民日报》、中央人民广播电台、中国国际电视台等，区分于第七章所讨论的话语传播媒介渠道，如报纸、广播及电视台等。作为传播主体，媒体可以依托自身所掌握的各类传播媒介进行"一带一路"话语传播。

媒体天然具有对外传播的职能，在大众传播和网络传播方面的作用不容小觑：一是政府、政党、智库关于"一带一路"的话语内容均通过媒体进行广泛传播；二是媒体具有专业团队和较强的话语议题设置和生产能力，可以制作更加丰富多彩的"一带一路"话语内容；三是重要的、影响力大的媒体在公众心目中具有较高的权威性，甚至在亲民性方面优于政府。按照参与"一带一路"国家角色不同，本研究将媒体分为三类。

---

① 今日中国. 外国政党领导人看中共：中国为世界各国发展提供新思路（2021-5-31）［2023-7-3］. http：//www.bjinforma.com/zw2018/ss/202105/t20210531_ 800247992.html.

1.中国媒体

本研究中,将我国媒体分为三大类:传统媒体、网络媒体、自媒体。所有媒体都拥有对外讲好"一带一路"故事、正确传递"一带一路"声音、营造良好国际舆论氛围的职责和权利。但是不同类型媒体和不同级别媒体之间,在国际话语权方面确实存在差异。

传统媒体发展最完善,包括报纸媒体、期刊媒体、电视台、广播电台、图书出版社。同时,按照行政级别,又可以细分为国家级媒体、省级媒体和地市级媒体。但传统媒体受发行范围和海外进入门槛的限制,在"一带一路"对外国际传播中所发挥的作用还有一定的局限性。中国具有对外传播影响力的传统媒体列举如表4-3所示。

表4-3 具有对外传播影响力的中国传统媒体代表

序号	媒体类型	媒体名	海外发行范围
1	报纸媒体	Chinadaily	全球期均发行90余万份,定位于国内外高端人士
2		《人民日报》(海外版)	国外印刷点有纽约、旧金山、东京、巴黎、多伦多、约翰内斯堡、雅加达等地。发行到世界80余个国家和地区,主要读者对象是海外华人、华侨、港澳台同胞、中国在各国的留学生和工作人员,关心中国情况的各国朋友以及来华旅游、探亲、学术交流、从事经贸活动的各界人士
3	电视媒体	CGTN	6个电视频道(英语、纪录、西语、法语、阿拉伯语、俄语)、3个海外分台(欧洲、北美、非洲)、1个视频通讯社和新媒体集群
4	图书出版社	新世界出版社	成立于1951年,是中国外文局(中国国际出版集团)旗下出版多语种社科文学类图书及对外传播类图书的最主要的综合性出版社,其率先在印度、埃及、美国、土耳其、韩国、英国、波兰等国家成立了海外中国图书编辑部
		五洲传播出版社	我国唯一专注对外出版的出版社,多年来被评为国家文化出口重点企业。近些年确定了优先开拓西语和阿语地区市场,进而再进军英语地区的对外出版战略

续表

序号	媒体类型	媒体名	海外发行范围
4	图书出版社	外文出版社	成立于1952年,是一家专门从事对外译介、出版中国国情及中国文化类图书的大型综合国际出版机构。中国出版界最早开始版权贸易和对外合作出版的机构,版权贸易输出量在中国出版界一直居领先地位
		中国社会科学出版社	主要编辑出版中国社会科学院和全国哲学社会科学界、文化界学者的优秀成果;出版国外重要人文社会科学著作的中译本及普及读物。在中国文化走出去效果评估中心发布的《中国图书海外馆藏影响力研究报告》中,海外馆藏影响力位列第一
		社会科学文献出版社	与全球50余个国家和地区的学术出版机构建立了制度化的合作关系,共同策划、合作出版图书超过900种,连续多年被五部委认定为"国家文化出口重点企业"。在中国文化走出去效果评估中心发布的《中国图书海外馆藏影响力研究报告》中,海外馆藏影响力位列第二

资料来源：根据互联网公开资料整理。

　　网络媒体是随着互联网发展逐渐产生并壮大的媒体形式。很多有影响力的网络媒体亦是由传统媒体延伸发展而来。网络媒体作为"一带一路"话语传播主体,借助于无国界的互联网平台,往往具有更广阔的国际传播范围。具有多语种内容运维和国际传播能力的网络媒体代表有：人民网（www.people.com.cn）、新华网（www.xinhuanet.com）、中国网（www.china.com.cn）、国际在线（www.cri.cn）、环球网（www.huanqiu.com）、CGTN（www.cgtn.com）等。后续第七章将结合传播媒介进行重点介绍。

　　自媒体是指普通大众通过网络等途径向外发布他们本身的事实和新闻的传播方式。自媒体具有个性化、碎片化、交互性、群体性、传播性等特点,是网络环境下,意见领袖发挥作用的最佳平台。在互联网实现"去中心化"

的时代，以个体为主体、以人际传播为手段的跨国文化交流更加不容忽视。我国比较典型的自媒体平台包括新浪微博、微信公众号、今日头条、抖音等。但这些平台受众主要是国内市场和用户，对外传播中国声音、讲好中国故事的自媒体还主要是依托我国主流外宣媒体在海外社交平台开设账号的方式传播。近年来，通过自媒体讲述中国故事也出现了一些现象级传播。例如，美食博主李子柒在海外的爆红。2020年12月底，李子柒个人频道在Youtube上订户量达1390万，超过美国著名媒体CNN在该平台的订户量（1170万）。李子柒精准切入"田园美食"这一垂直细分领域，记录中国传统生活方式和田园文化，包括视频中美食的制作过程，中国古代传统文书工具、服饰的制作，饮食、农耕与节气的对应，以及视频中对奶奶的照拂，一方面多角度、细节化地展现了中国文化，另一方面用美食、亲情、惬意的田园生活等人类共性情感诉求搭建了民心相通的桥梁。值得国际传播界深入研究学习。

"一带一路"由中国提出，中国媒体对"一带一路"对外话语的阐述具有重要职责。

2. 共建国媒体

部分海外受语者存在"中国媒体都是由中国政府操纵"等刻板印象，对中国媒体发布的话语资源持有质疑等负面情绪；且中国媒体在当地知名度及权威性有可能不够，话语权相对较弱。"一带一路"秉持共商、共建、共享的原则，共建国家的媒体自然有权利对"一带一路"发声，同时其在所在国民众心目中的权威性、认可度，以及舆论掌控力均优于我国媒体。以俄罗斯为例，在道琼斯Factiva新闻数据库中进行新闻标题检索，显示自"一带一路"倡议提出以来，俄罗斯媒体国际文传电讯社、俄罗斯卫星通讯社、塔斯社、俄罗斯SKRIN newswire service和SeeNews五大媒体共发布190篇标题中含有"一带一路"关键词的俄文新闻报道，内容涵盖经济合作、交通基础设施建设、中俄发展规划等。

3. 第三方国家媒体

作为一个国际性议题，"一带一路"的诸多新闻在海外是由英、美、法等西方发达国家媒体所生产和传播的。有些内容报道科学、客观，但有些媒体对"一带一路"倡议存在负面的心理预设，其基于负面心理预设发布的一些貌似客观中立的新闻报道，名为"揭露事实"，实为"刻意抹黑"。各种关于"一带一路"倡议的负面论调，大多经由媒体加工、传播而迅速扩散，给"一带一路"建设带来舆论压力和负面影响。CGTN 在 2021 年 3 月推出名为《谎言一网打尽》的系列报道，直面西方对于中国发展和"一带一路"倡议的质疑与猜测，通过展示事实、案例等方式，揭示西方媒体和政客散布有关中国的谎言和虚假歪曲的信息，争向世界展现一个真实的中国。该系列报道共分为 4 期，分别为《拆穿"中国称霸"的谎言》《"一带一路"是缔造繁荣还是攫取权力》《质疑中国经济 不如让事实说话》《许多人害怕的中国科技增长背后是什么?》。

在当前西方主流媒体国际话语权仍较高的情况下，对于正面报道，应积极引用并辅助二次传播，对于负面报道，应借着"热度"及时回应与澄清。

笔者认为，中外媒体加强互动（无论是积极互动，还是争辩式互动），既能在一定程度上提升中国媒体的话语权，又能借靠话语权强的外国媒体设置议题，引起国际社会关注，进一步加大"一带一路"话语国际传播力度。

四 智库及专家

智库又称"思想库"，《世界知识大辞典》将"思想库"定义为："一种为政府机关、企业、公司、社团提供研究咨询的智力劳动集团，一般由多学科、多专业的专家组成。"保罗·迪克森在 1971 年出版的第一部介绍美国智库形成与发展的专著《智库》中提出：智库是"独立的、非营利的政策研究机构"，它是一个永久性的实体，而非临时为解决问题而组成的研究小组或委员会，其目的是为政策而非技术服务。耶鲁大学政治学博士安德鲁·里奇认为：智库是"独立的、没有利益倾向的非营利性组织，它们提供专业知识或建议，并以此获得支持，影响决策过程"。① 在中国特色社会主义发展的具体语境下，智库主要是指以公共政策为研究对象、以影响政府决策为研究目标、以公共利益为研究导向、以社会责任为研究准则的专业研究机构。本研究中智库采用广义智库概念，包括独立的社会研究机构和政府部门所属的研究机构等。

当前，国内外研究"一带一路"的智库众多，对内形成的决策报告和对外发布的研究报告、文稿文章以及言论观点都很丰富，智库及专家越来越成为"一带一路"方面积极活跃的话语主体。

智库作为话语传播主体，自带属性包括：①专业性强，智库及专家在其专业领域拥有丰富的知识及学术见解，自带的研究属性，使其对外话语（研究成果、观点等）具备较强的专业性；②议题设置能力强，尤其是知名智库和知名学者，依托于自身专业知识，通过发布研究报告、举办论坛讲座等方式对外传播"一带一路"话语，进而成为政府决策参考、媒体争相引用和报道的话语源；③受众群体稳定且高质量，智库话语的输出具备稳定的受众群体，并且这些群体往往在业内具备一定的影响力，如政府机构、精英群体、实践从业者等。

"一带一路"涵盖范围广泛，很多建设领域是具备一定门槛和专业性的。智库与专家对"一带一路"倡议的阐释、解读、传播乃至态度能够影响最核心的一批受众，具备人际传播的精准性和说服力，同时其研究成果和观点通过大众传播方式进行扩散，又可以影响更多人对"一带一路"倡议的理解。

从国内层面看，中国科研机构和高等院校相继成立的"一带一路"研究平台已经达到300余家，中国高校成立的"一带一路"研究平台如表4-4所示。这些智库的研究成果对内形成了有效的决策支撑，同时积极面向社会发布研究报告、数据，这些均成为海外智库学者研究"一带一路"、海外媒

① Rich A. US think tanks and the intersection of ideology, advocacy and influence [J]. Nira Review, 2001, 8 (1): 54-59.

体采编"一带一路"新闻的重要素材。但与此同时，与欧美及日、韩等周边国家相比，中国仍然缺少理论界的"国际活动家"（International Activist）。①

表 4-4   中国高校成立的"一带一路"研究平台

序号	机构名称	发起单位	成立时间	所在地
1	中国人民大学重阳金融研究院	中国人民大学	2013 年 1 月	北京
2	丝绸之路研究院	西北大学	2014 年 1 月	陕西西安
3	海上丝绸之路研究院	华侨大学	2014 年 9 月	福建泉州
4	中国"一带一路"战略研究院	北京第二外国语学院	2015 年 2 月	北京
5	丝路战略研究所	上海外国语大学	2015 年 9 月	上海
6	一带一路研究院	北京语言大学	2015 年 9 月	云南临沧
7	"一带一路"研究院	云南大学	2016 年 1 月	云南昆明
8	"一带一路"战略研究院	清华大学	2016 年 11 月	北京
9	"一带一路"学院	江苏大学	2016 年 12 月	江苏镇江
10	一带一路研究中心	兰州大学	2017 年 7 月	兰州
11	一带一路研究院	厦门大学	2017 年 7 月	福建厦门
12	一带一路及全球治理研究院	复旦大学	2017 年 11 月	上海
13	"一带一路"研究院	中山大学	2018 年 11 月	广东珠海

数据来源：根据公开资料整理。

从国际层面看，海外研究"一带一路"的智库机构越来越多。这些"一带一路"共建国的智库或具备国际影响力的智库关于"一带一路"的研究成果在所在国公众心目中相对更具"可信性"和话语影响力。因此，在"一带一路"对外传播中应十分注重加强智库国际合作，深化相互理解，利用好"外脑""外笔"的话语影响力。

2020 年 8 月，英国皇家国际事务研究所发布《揭穿"债务陷阱外交"

迷思——共建国家如何塑造中国"一带一路"倡议》①，报告指出几乎所有的"一带一路"项目都是由东道国出于本国政治和经济的需要而发起，通过中国与130余个伙伴进行双边谈判逐步发展，经过无数次互动后共同创造。中国的"一带一路"倡议不是债务陷阱。报告最后总结"'一带一路'项目遵循的是经济逻辑，而非地缘政治逻辑"。2023年9月2日，瑞典"一带一路"研究所发表专题文章《债务陷阱2.0与福山论调的终结》②，该文章以美国政治学家弗朗西斯·福山发表的关于"一带一路"债务陷阱的文章为引子，系统驳斥了西方的"一带一路"造成债务陷阱的谬论，研究发现中国债务仅占斯里兰卡外债的10%，90%的债务来自西方和亲西方机构。该文章认为国际金融机构向斯里兰卡提供援助的目的之一是救助西方债券持有者，炒作债务陷阱是破坏中国与发展中国家"一带一路"倡议下的发展与合作。该文章总结认为：就债务的性质而言，西方的贷款往往是短期、高利率，导致不可持续的债务周期，中国对发展中国家的贷款则是长期、低息贷款，有助于改善基础设施，进而提高生产力和经济增长，从而增加这些国家的财富和收入，使它们能够轻松地偿还债务。

五 企业

企业作为"一带一路"项目的直接参与者，对"一带一路"的建设及发展有最直观的了解，在对外传播中有"一手"的话语材料。

企业作为话语传播主体，所具备的属性包括：①亲民性，企业项目在海外，无论是基建类项目造福当地经济发展、增进民生福祉，还是产业落地类项目带动当地产业发展和人员就业，抑或是企业社会公益或社会责任履行，都是民众可见可感的成效，传播方法得当，很容易拉近民众距离，同时企业

① Lee Jones, Shahar Hameiri. Debunking the Myth of 'Debt-trap Diplomacy': How Recipient Countries Shape China's Belt and Road Initiative [EB/OL]. (2020-08-19) [2022-09-23]. https://www.chathamhouse.org/2020/08/debunking-myth-debt-trap-diplomacy.
② Michael Billington, Hussein Askary. Debt Trap 2.0 and The End of Fukuyama [EB/OL]. (2023-09-2) [2023-09-18]. https://www.brixsweden.org/debt-trap-2-0-and-the-end-of-fukuyama/.

项目所在国当地员工通过参与项目建设和感受企业文化，有利于在当地社群范围内不断形成对"一带一路"的正确认识和积极的传播链条；②示范性，企业参与"一带一路"的经验、教训、受益等，可以为其他参与"一带一路"建设的企业提供参考、借鉴，企业实践也可以作为"一带一路"对外传播的话语素材源；③说服力，工程项目往往是海外一些媒体负面报道甚至攻击的主要对象，企业作为项目参与主体积极发声、澄清事实最有说服力。此外，参与"一带一路"建设的海外企业的正面发声也是对"一带一路"共商、共建、共享原则的最好诠释。

中国"走出去"企业在"一带一路"对外传播中应摒弃"只做不说"的思想，掌握"边做边说"的技能，争取更多"一带一路"对外传播话语权。同时，实现同海外企业的合作共赢，调动海外伙伴企业积极为"一带一路"发声，营造良好的国内外舆论氛围。

六 公众人物/意见领袖

公众人物亦称公共人物，是指一定范围内具有重要影响，为人们所广泛知晓和关注，并与社会公众利益密切相关的人物。公共人物是民法的概念，同时也是新闻学的概念，公众人物有更大的话语权和影响力。意见领袖是在团队中形成信息和影响的重要来源，并能左右多数人态度倾向的少数人。意见领袖是两级传播中的重要角色，是人群中首先或较多接触大众传媒信息，并将经过自己再加工的信息传播给其他人的人，具有影响他人态度的能力，他们介入大众传播，加快了传播速度并扩大了影响。

在笔者看来，"公众人物/意见领袖"与"智库专家"的差异："智库专家"是在某专业领域拥有一定成就或在学术界拥有一定地位的自然人，作为话语施语者强调的是其观点的价值，重点突出话语的专业性；"公众人物/意见领袖"强调的是其在其粉丝群内的号召力，重点突出话语在特定受语者群体中的影响力。当然，一部分专家在其研究和社会活动中，逐步积累了较高社会关注度和较大的粉丝群体，也具有公众人物和意见领袖属性。

上述政府、政党、媒体、智库、企业作为话语施语者，代表的是一个机构或团体，权威性、公信力较高，但可能"缺少人情味"。笔者总结现有优秀传播规律，发现很多优质传播内容基本都集中或沉淀在某个人或某群人身上。因为人，往往形象、具体、有特点、易记忆，能拉近与公众的情感距离。李子柒在国内外的走红，一方面是其视频内容迎合了海外受语者对中国田园牧歌式生活的想象，另一方面也是其勤劳、能干、对生活的热爱、美好的形象等个人魅力，收获了一众粉丝。

目前就"一带一路"传播而言，由于其涉及范围广泛，且偏重国际合作、经济合作，生活化、娱乐化不强，借助公众人物、意见领袖作为传播主体的典型案例还不多。未来在民心相通、文化交流等方面，可以更多借助国内外公众人物、意见领袖，挖掘、讲述和传播更多"一带一路"故事。

七　普通公众

"民心相通"是"一带一路"建设的社会根基。普通公众作为参与者、受益者，同样有权利作为"一带一路"话语传播的施语者，发表自己观点，做出自己贡献。

在没有大众媒体进行传播扩散的情况下，普通公众作为施语者话语影响范围有限，主要通过人际传播方式进行。人际传播又分为两种：面对面的直接传播和借助通信工具、传播媒介的间接传播。公众作为"一带一路"传播主体，其特点包括：①话语沟通的直接性，公众通过人际传播方式将话语传递给其受语者（可以是朋友、亲人，甚至是意见相左的人），一方面信息精准送达，另一方面能迅速、直接地得到反馈信息，促进话语的及时调整和改善；②话语内容的具体性，公众作为话语施语者，话语内容一般与其知识体系相呼应，偏重具体领域或具体事务，易于理解；③亲民性，普通公众的形象就自带亲民性，作为施语者讲述故事、阐述观点，更容易引起情感共鸣。

具体到"一带一路"对外传播，普通公众中最具代表性的主要是留学生群体、海外华侨华人和参与"一带一路"建设的具体中外工作人员，如项目施工人员、商务往来人员等。从传播方式看，普通公众可以通过利用私人海外新媒体账号发布相关内容或者观点，讲述"一带一路"故事，也可以在海外生活工作中通过人际交往不断输出"一带一路"正面话语。

以中国海外留学生为例。留学生在国外学习过程中，可以结合"一带一路"与其所学领域选择研究方向、撰写论文与报告、进行课业展示与交流，还可以利用课下时间与老师、同学深入沟通，加强"一带一路"的正面阐述并积极发声。2019年9月，一群在德国生活的中国青年组织了一个以"一带一路"为主题的骑行活动，从中欧班列的重要节点杜伊斯堡启程，抵达另一个航运枢纽荷兰鹿特丹，沿途为源自中国的这一倡议进行宣传和推广。骑手们沿途参观了杜伊斯堡港和鹿特丹港，访问了连接海陆运输的物流基地，与杜伊斯堡市政府和一些企业座谈，了解当地发展情况，还与沿途当地民众交流，向他们介绍"一带一路"倡议。

此外，还可通过在华的外国留学生传播"一带一路"话语，当外国留学生真正理解、认可中国发展成就和共建"一带一路"为本国所带来的福祉后，会成为"一带一路"正面的发声主体之一。2017年，北京师范大学新兴市场研究院承办的商务部援助发展中国家学历学位教育项目的发展中国家硕士项目，通过对留学生的问卷访谈发现，绝大多数的留学生对"一带一路"倡议的理解较为积极，但仍有少数留学生认为"一带一路""阻止全球贸易自由化"。通过对来自60余个国家近200名政府官员和企业中层的培养授课，开设"一带一路"相关系列讲座，不仅提升了他们对中国政策的理解，还增加了他们对中国的好感，并表示愿意传播在华的所学和见闻，发挥桥梁作用，加强"一带一路"国际传播。①

普通公众作为话语施语者，传播范围小且传播速度慢，但久久为功，其作用也不容小觑。

---

① 刘倩，于蓉蓉，廖舟."一带一路"对外话语体系构建与传播——基于对北京师范大学发展中国家硕士项目留学生的问卷调查和访谈［J］.对外传播，2019（03）：15-18.

第二节 "一带一路"话语传播的对象特征

要提升话语权不仅仅要明确各话语施语者的属性和特征,也需要在发起话语前了解、分析话语传播的受语者——不同国家不同受语者(如政府官员、媒体人、专家、企业和社会公众)的话语接受特点,如自身的知识体系、情感偏向、所处行业或领域,对"一带一路"倡议认识程度、认知需求,偏向使用的信息媒介等。只有研究受语者特征,形成差异化传播的分类机制,才能真正做到精细化传播,达到入耳入脑入心的传播效果。

有学者认为,目前,我国对于"一带一路"共建国家的对外传播,还未形成差异化信息传播环境下的分类传播,也影响了这些国家民众对"一带一路"倡议的理解和接受。① 提高对外话语权,应对中外的知识结构、语言体系、理论框架、思维方式、立场观点等差异加强研究,充分针对受语者的立场、观点、需求、对中国的认知程度等开展有效的沟通。②

一般而言,对外传播受众具有以下特点③:①广泛性,对外传播是全球性、开放性的传播,其传播对象遍布世界各地,比国内传播更广泛;②复杂性,各国政治制度、法律体系、宗教信仰、文化习俗等存在较大差异,使得受众群体具有复杂性特点;③多样性,主要指受众群体和传播环境的多样性。鉴于此,传播学对受众的研究未形成较为统一的分析框架或模型。

1960 年,贝罗在拉斯韦尔研究的基础上,提出了 SMCR(Source Message Channel Receiver)模式,这一模式把传播过程分解为四个基本要素:信源、信息、通道和接受者。其中,信源和接受者在发送和接受信息的过程中均受到五个因素的影响:一是沟通技巧,如读、听、说等;二是态

① 黄俊,董小玉."一带一路"国家战略的传播困境及突围策略 [J]. 马克思主义研究,2015(12):121-127.

② 张占斌,董青,卢晓玲. 从讲好中国故事看构建对外话语体系和提高我国的国际话语权 [J]. 文化软实力,2016(04):53-56.

③ 程曼丽. 国际传播学教程 [M]. 北京:北京大学出版社,2006:175-178.

度，对对象和话语主题的态度影响着信息的含义和重要顺序；三是知识，对所传递信息很熟悉会使得传播更有效；四是社会系统，价值观、信仰、宗教、社会规则以及定位和所处环境，会影响信源传达信息或接受者接受信息的方式；五是文化，文化差异可能会导致对信息的理解不同。

施拉姆在《传播学概论》中，对信息"接收者"的研究提到了三个主要方面：一是各年龄段使用媒介的模式；二是受众偏好的模式；三是教育程度与媒介的使用。

本书参考贝罗、施拉姆等学者对信息接受者的研究维度，梳理出"一带一路"对外传播中适用的受语者分析维度。一般而言，人的属性划分为自然属性和社会属性。对于传播对象——受语者而言，我们从个体属性和社会属性两个角度来考虑其特点。社会属性，包括受语者所处的社会文化背景和身份特征。个体属性，包括受语者的知识体系、情感偏向、媒介偏好（见图4-1）。

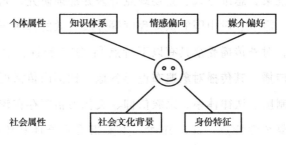

图4-1 "一带一路"话语传播对象分析维度

一 社会文化背景

"一带一路"国家和地区经济发展水平参差不齐，自然条件、种族、宗教、语言和政治制度大不相同，对外来传播的接受条件、接受习惯也不尽相同。卡尔·霍夫兰的说服论模型中，第一个思考维度即提出"如果传播者与受众具有亲同性，受众就更容易被说服"。这种亲同性首先要考虑影响受语者底层思维方式的文化背景和所在国家发展背景（见图4-2）。

根据受语者的文化背景，可以从文化谱系、语言谱系、宗教信仰、社会

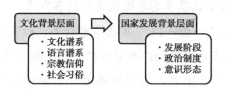

图 4-2 受语者所处社会文化背景

习俗方面来对受语者进行分类，比如同为伊斯兰国家或者同为东方文化背景的国家可能在文化本源上相近，可以融合其文化特征与要素制作内容，或通过同文化背景的话语施语者进行传播。中国社交软件 TikTok 在海外的迅速扩展，其中一个十分重要的原因就是与当地文化深度融合，深谙当地文化和公众兴趣爱好，并配合其强大的用户数据分析和算法分发推荐能力进一步向目标受众推荐其喜爱的内容。

受语者所在国家发展背景，包括所在国发展阶段、政治制度、意识形态。"一带一路"倡议欢迎各个发展进程的国家参与，但是不同发展阶段的国家受语者关注"一带一路"倡议的领域不同。例如，发达国家受语者可能对"一带一路"倡议在绿色发展、人权保护等方面做出的贡献更感兴趣，发展中国家受语者更在意"一带一路"倡议在经济发展、基础设施建设及民生就业方面的进展。此外，所在国主流意识形态和主要的政治制度，尤其是政府及高层领导对"一带一路"倡议的态度，主流媒体传递的意识形态，均是对外传播中需要着力关注和研究的内容。

二 身份特征

社会文化背景是从国家、民族等宏观层面分析受语者，身份特征则是从相对中观的社会群体层面分析受语者，即受语者参与"一带一路"的社会身份及方式。参照话语传播主体的分类，话语传播对象——受语者的身份也可以分为以下几类。

（1）政府官员。政府官员往往代表了所在机构的根本利益，需要明晰其所在国家、所在机构的根本诉求、对华态度、对"一带一路"倡议的态度等，身份特征代表了其基本的思维模式和处事方式。

（2）政党代表。"一带一路"共建国家众多，政党交替执政现象普遍。"一带一路"建设不仅需要得到执政党支持，也需要所在国其他政党的理解和认可。政党代表是受语者，需要厘清其所在政党的核心宗旨，以及对"一带一路"倡议的了解和核心态度。

（3）媒体人。媒体是一国大众传播的生力军，是社会的喉舌。国外媒体既是"一带一路"的传播主体，又是"一带一路"对外传播的受语者。其对"一带一路"倡议的认知和新闻素材，大多也来自政府、智库、企业等。媒体人有媒体人的素养，也有追求新闻热点的热情，在对外传播中应有针对性地提供更有价值的信息素材。

（4）智库专家。智库专家具有较强的专业性，更严谨，对这类群体进行传播，需要更加有理有据的数据和论据供给。

（5）企业界人士。企业界人士的根本诉求是获得经济效益，同时提升其个人及企业的社会正面形象。对这类人群的传播，要更多强调"一带一路"的参与机会、商业价值等。

（6）公众人物/意见领袖。公众人物或意见领袖，有其所擅长的活动领域、相对清晰独立的价值观，并且十分注重自身形象的维护。

（7）普通公众。对"一带一路"对外传播而言，公众是数量最庞大、结构最复杂、观点最多的一类群体。同时，这类人群在"一带一路"这一宏大主题下更加关注的是倡议对自身生活的影响，也是民心相通重要的沟通对象。但其专业性较低，权威性、影响力都较小，本身极易受到外界观点的影响和左右，因此应更加注重从民生角度发掘故事。

有针对性、精准的传播，需要在话语传播前，明确主要的话语受语者，并研究其所属群体和所处身份的主要特征。这无论是对于选择更合适的话语主体，还是设计更有效的话语内容而言，都非常重要。

三　知识体系

在贝罗的 SMCR 模式中，知识是受传者接受信息的一个基本要素，他认为受传者对所传递信息很熟悉会使得传播更有效。对于"一带一路"对外传播受语者而言，其自身所拥有的知识体系影响着其对"一带一路"话语的接受意愿和接受效果，乃至价值判断。

按照由浅入深、由被动到主动的逻辑，本书将受语者的知识体系分为三个层次：基础知识水平、倡议认知程度、倡议认知需求（见图4-3）。

图4-3 受语者"一带一路"知识体系分析流程

知识体系旨在分析受语者获取"一带一路"话语的基础或偏向。受语者的基础认知水平，包括其文化程度、所在的专业领域、自身的学习能力等，是受语者接受信息的基础能力，决定了其对"一带一路"倡议的理解能力。受语者对"一带一路"倡议的认知，即受语者已有关于"一带一路"的相关知识，是其理解施语者话语内容，甚至进行二次传播的有效前提，这种认知程度包括：没听说；听说过但不了解；只知道简单概念和大体内容的浅认识；对倡议了解较深入或对某一领域有深入认知等。受语者对"一带一路"倡议的认知需求，包括受语者是否有进一步了解的认知意愿和动力，希望了解倡议的哪些方面等。

诚然，在实际话语传播过程中，受语者的知识体系分析并不一定能精准实现，但其作为方向指引，对实现话语传播有人听且相信具有十分重要的指导意义。

四 情感偏向

受语者对"一带一路"相关主题或话语施语者的情感分析是需要考虑的又一个重要因素。一方面，了解受语者情绪特征，能有效避免话语触及受语者情绪敏感点；另一方面，梳理受语者已有核心观点及态度，能取长补短，有效充实话语内容设计。

受语者情绪特征大致分为三类：正面情绪——向往、期许及追求等；负面情绪——质疑、害怕与厌恶；中性情绪——好奇及惊讶。

首先，要了解受语者情绪特征，受语者有相对负面的情绪要选择亲和力、号召力强的话语施语者进行传播。其次，明确受语者对"一带一路"不同领域是否存在不同的情感偏向，重点关注质疑"什么"，比如存在某些受语者肯定"一带一路"倡议在基础设施建设及经济发展等领域做出的贡献，同时也质疑"一带一路"倡议是否存在忽视了绿色环保或者挤压当地人就业机会等问题，需针对质疑做到有理有据的回应。

在分析受语者情感偏向过程中，可以运用批判性话语分析理论，充分借助数据挖掘、自然语言处理技术（NLP）等进行文本情感分析，当前多数学者已进行了相关模型和算法的研究测试。

五 媒介偏好

传播媒介是受语者接收信息的渠道，不同受语者平常使用话语传播媒介的习惯不尽相同。不同传播媒介所刺激的感官不同。面对面的人际传播，所有感官都可能受到刺激，话语交流与反馈更加直接；广播和电话只能通达听觉，印刷品只能通达视觉，电视和电影同时通达视觉和听觉（当代大众传播中，各媒介的特点及应用具体见本书第七章）。

在精准传播中，如果施语者能够准确掌握目标对象——受语者所偏好使用的媒介，并予以话语投送，那么在信息通达性方面容易事半功倍，有助于话语权的提升。在形成良好的受语者反馈基础上，结合传播内容的适用性予以更多媒介资源的投放，效果更优。

"一带一路"对外传播中，各个国家经济发展程度、社会习俗、大众媒介发展各不相同，民众选择的信息接收媒介也存在广泛差异，只有对受语者媒介偏好的深入研究，才能使相对有限的媒介资源的价值得以更好发挥，服务于话语权的提升。

第三节 传播主体和对象之间的话语权生成机制

第四章提及，以卡尔·霍夫兰为代表的耶鲁大学团队设计的说服论模型中第一个思考维度是谁能成为最好的传播者？即传播者在受众心目中的形象。笔者认为，话语权是施语者与受语者彼此间的一种互动信任关系。

在"一带一路"对外传播中，主体多样，受众多样。有些施语者（如政府、媒体）相对于其他施语者（如企业、公众）具备较高、较普遍的话语权，但并不适用于所有话语语境。笔者认为，就主客体关系而言，话语权的生成应遵循基本的逻辑路径，即生成机制。在暂不考虑传播方式和媒介因素的情况下（笔者认为方式与媒介的作用是赋能传播效果，将在第六、七章重点阐述），话语权的生成机制分为三条路径，分别是内容驱动型、主体驱动型和对象驱动型。

1.内容驱动型路径：话语确定—对象研究—选择主体

当需要对外传递的"一带一路"话语内容基本确定时，需要明晰话语对象受语者都有哪些，并对其社会文化背景、身份特征、知识体系、情感偏向、媒介偏好进行调查研究，进而划分出受语者类型（可能为多类，可能集中为一类）。随后，根据受语者类型，选择合适的施语者进行话语讲述和传播。

这种路径，一般适用于统筹"一带一路"建设和对外传播工作的政府部门。例如，政府发布"一带一路"相关政策文件需要进行解读和推广（话语内容非常明确）或需要对外讲述"一带一路"正面声音（话语目的非常明确），要达到精准传播，需要明确受语者群体，如所在国政府官员、所在国公众、特定智库机构等，随后选择受语者认可、信任的施语者进行分类传播。

2.主体驱动型路径：主体确定—对象研究—规划内容

当对外传递"一带一路"话语的主体确定时，施语者需要明确自己传播场域内可触及的受语者特点，结合受语者关注重点，规划设计话语内容。

这种路径一般适用于具有话语传播职责的媒体和智库。对具有国际传播职责和能力的重点媒体而言，其可传递的"一带一路"议题、主题多样，加之全媒体矩阵下覆盖的受众广泛，为实现有效的话语权，要根据不同受语者，形成差异化信息传播环境下的分众传播。对专项研究"一带一路"的智库而言，需要在其可触及的对象范围内，研究受语者的关注重点、核心观点、主要情绪等，有针对性地设计策划话语内容。

3.对象驱动型路径：对象确定—选择主体+规划内容

当话语的受语者基本确定时，例如，一场学术论坛的观众、所在国对"一带一路"有误解甚至敌意的公众、所在国企业界人士，活动策划者则需要综合考虑选择谁来作为施语者，更能获取受语者信任，以及针对受语者诉求交流什么样的话语内容。

在实际传播过程中，主体、对象、话语内容等变量因素可谓千变万化。好莱坞编剧教父罗伯特·麦基曾在其专著《故事》中指出："规则是：'你必须以这种方式做。'原理是：'这种方式有效……而且经过了时间的验证。'两者有着本质的区别。"笔者认为，话语权生成机制重在从内容驱动、主体驱动、受众驱动三个思考维度，考量施语者与受语者之间话语权力的生成机理和匹配原理，从而使得话语在发出前就具备较好的影响力基础。因此，上述三条生成机制下的具体应用场景，是可以灵活创新的，但笔者认为传播对象研究应该尽量放在相对靠前的传播环节中。

第五章

第五章
"一带一路"对外传播话语要义

　　"一带一路"对外传播话语要义包含最基础也最核心的"一带一路"知识体系和针对不同传播背景及场合、不同施语者、不同受语者而做的议题设置，即话语形塑。中国领导人在重要国际会议上的讲话，中国政府关于"一带一路"倡议的政策、文件阐述，是理解"一带一路"话语要义的核心参考。传播者掌握并了解"一带一路"的核心知识体系，做到"心中有数"，是做好"一带一路"对外传播的基础；传播者结合"一带一路"议题设置思路对核心知识体系进行科学系统的筛选、包装及呈现维护，是做好"一带一路"对外传播话语素材的关键。

第一节　"一带一路"核心知识体系梳理

　　"一带一路"倡议是由习近平总书记亲自谋划、亲自部署、亲自推动的，总书记在多个国际会议和外交场合发表的"一带一路"倡议的重要讲话，是对"一带一路"倡议的最精辟阐释。国家发布的《推动共建丝绸之路经济带和 21 世纪海上丝绸之路的愿景与行动》，连续两届"一带一路"国际合作高峰论坛期间发布的白皮书，以及有关部委发布的"一带一路"专项规划、行动方案等文件，是对"一带一路"发展目标、建设原则、合作重点、建设成果的最好诠释。领导人讲话和重要政策文件，是"一带一路"对外话语体系的话语核心。"一带一路"建设内容丰富，参与主体众多，多元声音并存，有必要厘清核心要义，以便在传播过程中准确传递"一带一路"的主旨。本章节试图在现有文献基础上，重点厘清"一带一路"的内涵外延、品牌概念、核心理念、发展目标等内容。

一 "一带一路"倡议提出背景

2013 年 9 月 7 日，中国国家主席习近平在哈萨克斯坦纳扎尔巴耶夫大学作题为《弘扬人民友谊 共创美好未来》的演讲，提出共同建设"丝绸之路经济带"。10 月 3 日，习近平主席在印度尼西亚国会发表题为《携手建设中国—东盟命运共同体》的演讲，提出共同建设"21 世纪海上丝绸之路"。"丝绸之路经济带"和"21 世纪海上丝绸之路"合并简称为"一带一路"。"一带一路"缘起于古代"丝绸之路"，既延续和继承了千百年来"和平合作、开放包容、互学互鉴、互利共赢"的丝绸之路精神，又极大丰富了古代"丝绸之路"的内容，赋予其新时代的新内涵。"一带一路"倡议的提出是由国内外宏观大局势和全球寻求发展的切实需求决定的。2014 年 11 月 4 日，习近平总书记在中央财经领导小组第八次会议上指出，"一带一路"倡议顺应了时代要求和各国加快发展的愿望，提供了一个包容性巨大的发展平台。

1. 外部环境：势不可当的经济全球化趋势

自 20 世纪 80 年代开始，经济全球化逐渐成为一个流行的词汇，乃至很多人相信这是历史的一个必然趋势。彼得·迪肯在《全球性转变》的开篇就提到"当我们谈及全球化时，必须牢记它是一种趋势，而不是某种最终状态。无论在地理空间上还是组织机构上，这些趋势都是不均衡的。既不存在既定的路径，也没有确定的终点"。① 2008 年美国次贷危机和 2009 年欧债危机，世界经济遭受重创，金融危机所表现出的强大传导力恰恰反映了全球经济相互依存和一体化程度很高，让人们切实感受到了人类经济发展已经联合成为一体，"你中有我，我中有你"。

在随后全球经济缓慢复苏的大背景下，以中国、印度、东盟诸国等为代

---

① 彼得·迪肯著，刘卫东等译. 全球性转变：重塑 21 世纪的全球经济地图［M］. 北京：商务印书馆，2007.

表的新兴市场成为全球经济增长的重要动力。据 IMF 统计，2008 年新兴市场与发展中国家作为一个整体，首次在经济总量上实现了对发达经济体的超越。2009 年，中国、印度的 GDP 增速达 8% 以上，明显优于发达经济体负增长的状况。更为重要的是，2008 年国际金融危机后，随着世界经济发展失衡、国际金融市场持续动荡、全球多边贸易谈判停滞等负面效应凸显，由发达国家主导的全球治理理念、模式和角色面临重大挑战，新兴经济体在全球经济治理中开始由原先适应被动式参与转向积极主动参与和引导。其中，加强区域合作成为参与的主要方式。例如，2012 年中国与中东欧 16 个国家建立 "16+1" 合作机制。再如，2012 年，东盟发起《区域全面经济伙伴关系协定》（RCEP），成员包括东盟 10 国、中国、日本、韩国、澳大利亚和新西兰共 15 方成员。2022 年 1 月 1 日，RCEP 正式生效，成为世界上涵盖人口最多、成员构成最多元、发展最具活力的自由贸易区。

新冠疫情全球流行被认为是第二次世界大战以来世界面临的最大危机。新冠病毒给人类生命健康带来直接威胁。2023 年 5 月，世界卫生组织（WHO）数据显示，全球累计报告确诊病例逾 7.6 亿，死亡病例超过 690 万。实际上，早在 2022 年 5 月 5 日，WHO 发布了最新的全球新冠疫情相关超额死亡人数评估数据，WHO 认为，全球由新冠疫情造成的死亡人数被严重低估了，2020 年和 2021 年全球新冠疫情导致的直接和间接死亡人数约为 1500 万，这是世界各国报告的死亡人数的近 3 倍。新冠病毒也因其超强的传播性，迫使各国不得不进入 "经济寂静期"，为控制病毒扩散而采取保持社交距离、停工停产、封锁边境、限制人员流动等措施，虽有效遏制了疫情的蔓延，但也让很多国家的经济停摆、打乱了全球供应链，有些经济体 GDP 增速甚至低于 2009 年欧债危机时期（见表 5-1）。WHO 也曾明确表示新冠病毒可能无法消灭，要与人类长期共存。一时间，全球舆论中不乏经济全球化将终结、全球供应链将大规模调整的言论，给全球化带来前所未有的挑战。但随着医疗技术提升、疫苗普及、病毒毒性降低、人群免疫力提升等，各国开始陆续调整疫情防控措施，恢复生产生活和国际交流。2023 年 5 月 5 日，WHO 宣布，新冠疫情不再构成 "国际关注的突发公共卫生事件"，

表 5-1 2009~2022 年世界主要经济体 GDP 增速

单位：%

经济体	2009年	2010年	2011年	2012年	2013年	2014年	2015年	2016年	2017年	2018年	2019年	2020年	2021年	2022年
全球	-1.34	4.54	3.32	2.71	2.81	3.07	3.08	2.81	3.39	3.29	2.59	-3.07	6.02	3.08
美国	-2.60	2.71	1.55	2.28	1.84	2.29	2.71	1.67	2.24	2.95	2.29	-2.77	5.95	2.06
中国	9.40	10.64	9.55	7.86	7.77	7.43	7.04	6.85	6.95	6.75	5.95	2.24	8.45	2.99
日本	-5.69	4.10	0.02	1.37	2.01	0.30	1.56	0.75	1.68	0.64	-0.40	-4.28	2.14	1.03
德国	-5.69	4.18	3.93	0.42	0.44	2.21	1.49	2.23	2.68	0.98	1.06	-3.70	2.63	1.79
印度	7.86	8.50	5.24	5.46	6.39	7.41	8.00	8.26	6.80	6.45	3.87	-5.83	9.05	7.00
法国	-2.87	1.95	2.19	0.31	0.58	0.96	1.11	1.10	2.29	1.87	1.84	-7.78	6.82	2.56
英国	-4.51	2.43	1.07	1.45	1.82	3.20	2.39	2.17	2.44	1.71	1.60	-11.03	7.60	4.10
意大利	-5.28	1.71	0.71	-2.98	-1.84	0.00	0.78	1.29	1.67	0.93	0.48	-8.98	6.99	3.67
巴西	-0.13	7.53	3.97	1.92	3.00	0.50	-3.55	-3.28	1.32	1.78	1.22	-3.28	4.99	2.90
加拿大	-2.93	3.09	3.15	1.76	2.33	2.87	0.66	1.00	3.04	2.78	1.89	-5.07	5.01	3.40
澳大利亚	1.87	2.21	2.39	3.90	2.58	2.58	2.15	2.73	2.28	2.88	2.17	-0.05	2.24	3.62
韩国	0.79	6.80	3.69	2.40	3.16	3.20	2.81	2.95	3.16	2.91	2.24	-0.71	4.15	2.56
俄罗斯	-7.80	4.50	4.30	4.02	1.76	0.74	-1.97	0.19	1.83	2.81	2.20	-2.65	5.61	-2.07

数据来源：世界银行，2023 年 8 月。

解除 2020 年 1 月 30 日拉响的最高级别警报。被疫情中断的国际贸易、国际合作和交流逐渐恢复正常。

2022 年 2 月 24 日,俄罗斯采取针对乌克兰的特别军事行动,俄乌冲突爆发。随后,以美国、欧盟为代表的国家和地区对俄罗斯采取了史无前例的制裁措施。俄罗斯是全球粮食和能源出口大国,乌克兰也是世界上最大的粮食出口国之一,冲突爆发后,各国与俄罗斯、乌克兰间的贸易活动受到直接影响,能源、原材料、农产品等大宗商品价格剧烈波动,前期受新冠疫情重创的全球供应链再受打击,引发全球粮食和能源危机,助推了全球多国的通货膨胀。俄乌冲突的影响再次证明了当今世界已成为"你中有我,我中有你"的命运共同体。

2017 年 1 月,中国国家主席习近平在联合国日内瓦总部演讲时指出:"经济全球化是历史大势,促成了贸易大繁荣、投资大便利、人员大流动、技术大发展。"无论是新冠疫情还是俄乌冲突,经济全球化历史大势并未改变。2022 年 8 月,俄罗斯《消息报》报道已经有包括阿联酋、叙利亚、卡塔尔、沙特等在内的 10 个国家寻求加入上合组织。2023 年 6 月,金砖国家外长会召开前夕,已有多达 19 个国家希望加入金砖国家。

2. 内部环境:我国日益增强的综合国力

改革开放使中国迅速成长为世界第二大经济体,人民生活得到极大改善,综合国力显著提高。1978 年,中国的 GDP 为 1495.41 亿美元(3678.7 亿元人民币),世界排名第 11 位,仅占世界 GDP 的 1.742%。美国 GDP 为 2.35 万亿美元,世界排名第一,占世界 GDP 的 27.39%。经过改革开放 30 多年的发展,到 2010 年,我国 GDP 首次超过日本,达到 6.09 万亿美元,排名世界第二,此后一直保持世界第二大经济体的稳固地位。

从国际贸易地位看,2014 年,中国的国际贸易总量超过美国,达到 4.6 万亿美元,一跃成为世界第一大贸易体。2013 年"一带一路"倡议提出时,中国已经是全球 120 余个国家的第一大贸易伙伴。在全球新冠疫情和俄乌冲突影响下,中国对外贸易总额逆势增长,其中与"一带一路"共建国家贸易额占比不断攀升,由 2013 年的 39.13%逐步升至 2022 年的 45.4%(见图 5-1),展现出我国对外贸易强大韧性和旺盛活力。

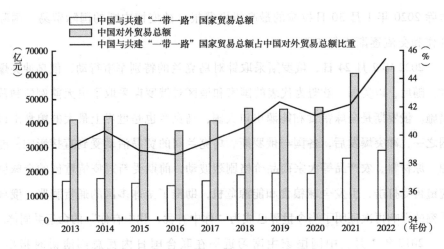

**图 5-1　2013~2022 年我国与共建 "一带一路" 国家贸易
总额及占中国对外贸易总额比重**

注：共建 "一带一路" 国家是指截至 2023 年 6 月底，与中国签订 "一带一路" 备忘
录的 150 余个国家。

数据来源：大连瀚闻全球贸易观察数据库。

从工业发展实力看，中国成功走出一条中国特色的新型工业化发展道
路。根据世界银行数据，2010 年我国制造业增加值超过美国，成为制造业
第一大国。2013 年，我国制造业增加值占全世界的份额达到 20.8%，成为
驱动全球工业增长的重要引擎。在世界 500 余种主要工业产品当中，中国有
220 余种工业产品的产量居全球第一。同时，中国已拥有 41 个工业大类 207
个工业中类 666 个工业小类，形成了独立完整的现代工业体系，是全世界唯
一拥有联合国产业分类中全部工业门类的国家。

从社会治理成效看，改革开放四十多年中国经济社会民生方面取得巨大
成效，是最典型的社会治理成功案例。以下以基础设施建设和脱贫攻坚为
例。在基础设施建设方面，1978 年底，全国公路总里程 89 万公里，二级以
上公路仅 1 万公里，1/3 的镇村不通公路①，截至 2022 年底，我国公路总里

---

① 新华社．从 "神州第一路" 到高速公路网——改革开放 40 年公路实现跨越式发展［EB/
OL］．(2018-10-17)［2023-12-10］．http：//www.xinhuanet.com/politics/2018-10/17/c
_ 1123573908.htm.

程发展到 535 万公里，高速公路从无到有，达到 17.7 万公里①，实现具备条件的乡镇和建制村 100% 通硬化路和客车。② 铁路发展方面，1978 年铁路营业里程 5.17 万公里③，截至 2022 年底达到 15.5 万公里，其中高铁 4.2 万公里。④ 此外，在城市给排水、通信、防灾、文娱等基础设施，以及农村水利、供电、住房改造等方面均取得了巨大成就。在脱贫攻坚方面，中国贫困人口从 1978 年 7.7 亿人减少到 2019 年底 551 万人⑤，2020 年，经过全党全国各族人民的共同努力，我国脱贫攻坚战取得了全面胜利，现行标准下的9899 万农村贫困人口全面脱贫、832 个贫困县全部摘帽，区域性整体贫困问题得到解决，完成了消除绝对贫困的艰巨任务。⑥ 此外，中国为实现全球减贫目标贡献中国力量。联合国《2030 年可持续发展议程》的目标之一就是2030 年在全世界消除一切形式的贫穷。中国在 2020 年底全面解决贫困问题，为联合国目标实现贡献了中国力量，也让其他国家看到了减贫的希望。2019 年 8 月，美国经济和政策研究中心的经济学家马克·韦斯布罗特在接受专访时指出：全球极端贫困人口数量的净减少主要集中在中国，比例大概是三分之二；因此，如果把中国排除在外去讨论消除极端贫困这个问题，那减少的数字几乎是不会有变化的；此外，另外三分之一的极端贫困人口也受益于中国，尤其是在 21 世纪；中国现已成为世界上最大的经济体之一，越

① 中国交通新闻网.我国公路里程十年增长一百一十二万公里［EB/OL］.（2023-11-24）［2023-12-10］.https：//www.mot.gov.cn/jiaotongyaowen/202311/t20231124_3953486.html.

② 中国政府网.我国基本实现具备条件的乡镇和建制村通硬化路、通客车［EB/OL］.（2020-09-28）［2023-12-11］.https：//www.gov.cn/xinwen/2020-09/28/content_5547872.htm.

③ 人民日报.中国高铁，跑出"中国速度"［EB/OL］.（2018-11-30）［2023-12-11］.https：//www.gov.cn/xinwen/2018-11/30/content_5344601.htm.

④ 新华社.我国高铁运营里程达到4.2万公里［EB/OL］.（2023-01-13）［2023-12-11］.https：//www.gov.cn/xinwen/2023-01/13/content_5736816.htm.

⑤ 中国经济时报.脱贫攻坚：最后的冲刺［EB/OL］.（2020-03-09）［2023-12-11］.https：//jjsb.cet.com.cn/Search.aspx?word=%E8%84%B1%E8%B4%AB%E6%94%BB%E5%9D%9A%EF%BC%9A%E6%9C%80%E5%90%8E%E7%9A%84%E5%86%B2%E5%88%BA&btn_sch_kw=%E6%90%9C%E7%B4%A2.

⑥ 光明日报.乡村振兴战略实施取得积极进展［EB/OL］.（2022-6-28）［2023-11-29］.http：//www.moa.gov.cn/ztzl/ymksn/gmrbbd/202206/t20220628_6403539.htm.

来越多地从非洲、拉美等发展中国家进口货物以帮助这些国家经济发展。这些社会治理方面的成功案例，给世界提供了可供选择、可资借鉴的全球治理新思想、新理念、新模式。

习近平总书记指出："我提出'一带一路'倡议，旨在同沿线各国分享中国发展机遇，实现共同繁荣。""一带一路"为共建国家带来实实在在的好处，为经济全球化增添活力，为完善全球治理提供新方案，为人类社会进步汇聚文明力量，为世界和平与发展注入正能量。

3. 实际需求：发展是人类社会永恒的主题

"一带一路"倡议的提出，无论是国内各地区发挥比较优势，全面提升开放型经济水平，还是实现各国互利共赢、共同发展方面，都具备现实需求。

（1）国内需求

一是东西部区域平衡发展的需要。 长期以来，我国区域发展存在失衡现象，东部沿海交通便利、资金技术密集，已经跻身发达板块行列；中西部地区受制于自然状态、交通条件和历史原因等发展滞后；我国推进区域协调发展的任务艰巨。2015 年 3 月发布的《推动共建丝绸之路经济带和 21 世纪海上丝绸之路的愿景与行动》（简称《愿景与行动》）指出，推进"一带一路"建设是中国扩大和深化对外开放，构建全方位开放新格局的需要。同时，《愿景与行动》中明确，丝绸之路经济带重点畅通中国经中亚、俄罗斯至欧洲（波罗的海）；中国经中亚、西亚至波斯湾、地中海；中国至东南亚、南亚、印度洋。21 世纪海上丝绸之路重点方向是从中国沿海港口过南海到印度洋，延伸至欧洲；从中国沿海港口过南海到南太平洋。这五个重点方向可以说将中国中部、西北部、西南部、东北部、沿海等各个区域充分囊括进来，促进实现协调发展（见图 5-2）。

2017 年 10 月，党的十九大报告对我国社会面临的主要矛盾做了重新界定，指出"中国特色社会主义进入新时代，我国社会主要矛盾已经转化为人民日益增长的美好生活需要和不平衡不充分的发展之间的矛盾"。同时，进一步明确了"推动形成全面开放新格局""要以'一带一路'建设为重点，坚持引进来和走出去并重，遵循共商共建共享原则，加强创新能力开放

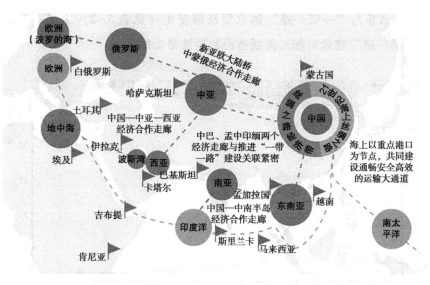

图 5-2 《愿景与行动》中划定的"一带一路"重点方向

图片来源:新华社全媒体报道平台。

合作,形成陆海内外联动、东西双向互济的开放格局"。共建"一带一路"是实现区域全面协调可持续发展的必要途径,为西部沿边地区从开放"末梢"转变为"前沿"提供发展机遇。

根据《"一带一路"大数据报告2018》统计,"一带一路"国家已成西部地区主要贸易对象(见图5-3)。2017年,东部地区与"一带一路"国家的进出口总额为11494.11亿美元,较2016年增长13.07%,占全国与"一带一路"国家进出口总额的79.80%,其后是西部地区(9.96%)、中部地区(5.96%)、东北地区(4.28%)。与2016年相比,2017年70.97%的省区市与"一带一路"国家贸易额有所增长,其中新疆、河北、四川增幅均在60%以上。从各区域与"一带一路"国家贸易额占该区域对外贸易额的比重看,西部地区最高,达48.09%,其后为东北地区(41.68%)、东部地区(35.09%)、中部地区(33.35%)。从具体省区市看,"一带一路"国家是新疆、黑龙江、云南的重要贸易对象,这三个省区与"一带一路"国家贸易额占其对外贸易额的比重均超过70%(见图5-4)。从近些年部分西部、东北省份与"一带一路"国家贸易额变化（见表5-2）情况，可以看出"一带一路"建设对相对落后省份的经济带动作用。

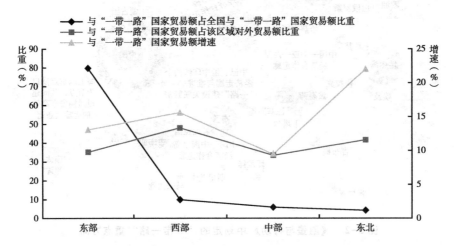

图5-3 2017年我国四大区域与"一带一路"国家贸易额占比及增速

数据来源：国家信息中心《"一带一路"大数据报告2018》。

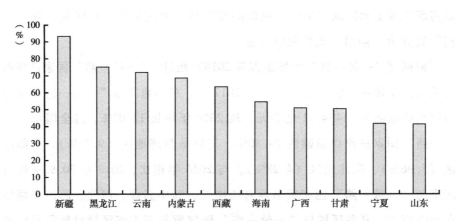

图5-4 2017年与"一带一路"国家贸易额占对外贸易额比重
排名前十的省区市

数据来源：国家信息中心《"一带一路"大数据报告2018》。

表 5-2　四个代表省区 2017~2023 年与"一带一路"国家进出口额变化

单位：亿元

省区	对共建"一带一路"国家进出口总额						
	2017 年	2018 年	2019 年	2020 年	2021 年	2022 年	2023 年
新疆	1241.66#	1008.01	—	—	1369.3	2238.9	3309.1*
黑龙江	1197.1	1420.458891	1485.8	1141.2*	1503	2087.4	2525.8
云南	1021.9	1331.6	1628.1	1680.9	1810	2062.2*	—
内蒙古	611	699.3	713	628.7	717.3	935.5	1522.1

注：* 为公布的增长率数据推算，# 为按当年美元与人民币汇率进行的换算。

数据来源：根据各地公开新闻资料整理。

　　二是产业"走出去"寻求更大市场的需要。经过改革开放四十余年的快速发展，我国形成了独立完整的现代工业体系，在钢铁、能源、化工、建材、水泥等领域具备富余的生产能力，在高铁、基建、核电、机电、通信、航天科技、船舶海洋等领域处于全球领先地位。这些产业在积极服务我国经济社会发展的同时，也在积极寻求和拓展海外市场。2011 年 3 月 16 日，《中华人民共和国国民经济和社会发展第十二个五年规划纲要》发布，纲要指出要适应我国对外开放由出口和吸收外资为主转向进口和出口、吸收外资和对外投资并重的新形势，提出坚持"引进来"和"走出去"相结合，为优势产业"走出去"提供了指引。2015 年 5 月 13 日，国务院发布《关于推进国际产能和装备制造合作的指导意见》（国发〔2015〕30 号），指导意见指出，积极推进国际产能和装备制造合作，有利于促进优势产能对外合作，实现从产品输出向产业输出的提升，也是推动新一轮高水平对外开放、增强国际竞争优势的重要内容。指导意见将钢铁、有色、建材、铁路、电力、化工、轻纺、汽车、通信、工程机械、航空航天、船舶和海洋工程等 12 个行业作为国际产能合作的重点领域。"一带一路"倡议中的"设施联通"合作内容，既契合共建国家加强基础设施的热切需求，也基本涵盖国际产能合作的重点行业，为产业"走出去"、产能国际合作提供了机遇和平台。

在"一带一路"建设推进过程中，曾经出现过中国向共建国家转移、输出过剩产能的论调。这些论调当然已被实践验伪。首先，"过剩"并不等同于"劣质"。2008 年为应对国际金融危机中国采取投资刺激计划，确实带来了一些行业的产能过剩，如钢铁、水泥、电解铝、汽车、造船等，2015年中央经济工作会议明确着力加强供给侧结构性改革，提出去产能、去库存、去杠杆、降成本、补短板五大任务。对于中国的"过剩"产能，中央政府的重点是去产能、去库存，而非转移或输出。并且"过剩"是一个相对的概念，是相对国内需求而言，过剩产能不等同于劣质产能，而恰恰是共建国家发展所需要的。其次，"一带一路"框架下，国际产能合作领域更多是中国最具比较优势和国际竞争力的行业。共建国家对基础设施建设具有迫切需求，而中国则拥有世界一流的基建技术和产业体系。雅万高铁、中老铁路、亚吉铁路、瓜达尔港等一大批重大工程，中巴、中吉、中尼等跨境光缆建设，北斗的全球拓展与服务，均是中国优势产业服务共建国家的例证。

三是促进国际交流合作的需要。纵观历史，多数学者有这样一个共识：丝路通，则中国富强。中国历史上，汉朝、唐朝、宋朝均是打开国门，与各国、各民族加强经贸往来、人文交流的繁荣朝代，明朝后期的海禁、清朝的闭关锁国政策，都极大限制了当时对外经济、文化、科学等方面的交流，影响了中国吸收先进文化和科学技术，致使中国与世界隔绝，慢慢落后于世界。习近平总书记曾指出"文明因交流而多彩，文明因互鉴而丰富。文明交流互鉴，是推动人类文明进步和世界和平发展的重要动力"。① 跃居世界第二大经济体的中国，也切实需要加强同各国在经贸、人文等领域的交流互鉴。创造性地传承和弘扬古丝绸之路这一人类历史文明发展成果，传承"和平合作、开放包容、互学互鉴、互利共赢"的丝路精神，并赋予其当今时代的新内涵，使其焕发新生机，"一带一路"倡议为全面加强我国同各国

---

① 央广网.文明因交流互鉴而多彩丰富［EB/OL］.（2019 - 06 - 08）［2022 - 08 - 19］.
https：//baijiahao. baidu. com/s？id=1635745934031354836&wfr=spider&for=pc.

在政治、贸易、投资、金融、教育、旅游、文化等领域的合作提供了更广阔的平台。

（2）海外需求

《愿景与行动》指出，推进"一带一路"建设既是中国扩大和深化对外开放的需要，也是加强和亚欧非世界各国互利合作的需要。

一是各个国家完善本国基础设施的迫切需求。从 2015 年《愿景与行动》中划定的五大合作方向所对应的 64 个国家来看，2013 年"一带一路"倡议提出之时，这些国家人口占全球总人口的 43.8%，GDP 却仅占全球 GDP 的 17.7%。再以贫困人口占比来看，2013 年至少十个国家贫困人口比例超过 20%（见表 5-3）。铁路、公路等交通基础设施欠缺，用电匮乏也是制约不少国家发展的瓶颈。据彭博新能源财经（BNEF）2017 年的企业调查，一些发展中国家尤其是南亚国家缺电情况严重①。以巴基斯坦为例，企业平均每月遭遇停电 75 次，用户用电的 25% 靠自备发电机，缺电带来的商业损失高达 21%。孟加拉国的情况类似，每月停电次数也达 65 次，16% 的用电靠自备发电机。这些国家基础设施的完善、民生的改善、经济的发展迫切需要加强外部合作，依托外部技术、团队、资金等力量。

表 5-3　2013 年共建"一带一路"国家贫困人口占比

单位：%

国家	贫困人口占比
塔吉克斯坦	34.3
亚美尼亚	32
巴基斯坦	29.5
格鲁吉亚	26.2
罗马尼亚	25.1

---

① 电力网.发展中国家缺电到什么程度？巴基斯坦最严重！［EB/OL］.（2017-02-11）
［2022-05-14］. https://power.in-en.com/html/power-2272466.shtml.

续表

国家	贫困人口占比
塞尔维亚	25
马其顿	24.2
黑山	24.1
爱沙尼亚	21.8
拉脱维亚	21.2
克罗地亚	19.4
立陶宛	19.1
波兰	17
匈牙利	15
土耳其	15
斯洛文尼亚	14.5
乌兹别克斯坦	14.1
摩尔多瓦	12.7
斯洛伐克	12.6
印度尼西亚	11.4
泰国	10.9
俄罗斯	10.8

注：部分国家数据暂缺未列入表格。

数据来源：世界银行。

二是融入经济全球化、加强区域合作的需求。全球化是不可逆转的趋势，世界经济融合加速发展，区域合作方兴未艾。各种双多边的合作机制相继出现并持续发挥作用（见表5-4），寻求对话与互信，加强经济合作与社会文化交流是机制的共同宗旨。从各国发展战略看，俄罗斯的欧亚经济联盟、哈萨克斯坦的"光明之路"新经济政策、越南的南北经济走廊/"两廊一圈"、印度尼西亚的"全球海洋支点"构想、欧盟的容克计划、蒙古国的"草原之路"计划、肯尼亚的拉穆港—南苏丹—埃塞俄比亚交通走廊项目等均在寻求自身独特定位并加强国际互联互通合作（见表5-5）。从近30年世界经济变化态势看，全球各国出口和对外直接投资的增速明显高于 GDP 的增长速度（见图 5-5），各国经济的对外合作需求越来越强烈。

表 5-4　部分多边国际合作机制

序号	机制名称	参与国家（组织、地区）	发起时间	核心宗旨
1	亚太经合组织（APEC）	澳大利亚、文莱、加拿大、智利、中国、中国香港、印度尼西亚、日本、韩国、墨西哥、马来西亚、新西兰、巴布亚新几内亚、秘鲁、菲律宾、俄罗斯、新加坡、中国台北、泰国、美国和越南	1989 年	保持经济的增长和发展；促进成员间经济的相互依存；加强开放的多边贸易体制；减少区域贸易和投资壁垒，维护本地区人民的共同利益
2	大湄公河次区域经济合作	中国、缅甸、老挝、泰国、柬埔寨和越南	1992 年	建立在平等、互信、互利的基础上，是一个发展中国家互利合作、联合自强的机制，也是一个通过加强经济联系，促进次区域经济社会发展的务实机制
3	亚欧会议（ASEM）	东盟 10 个成员国，东盟秘书处、中国、日本、韩国、蒙古国、印度、巴基斯坦、欧盟 27 个成员国及欧盟委员会	1996 年	通过政治对话、经济合作和社会文化交流，增进了解，加强互信，推动建立亚欧新型、全面伙伴关系
4	中国—东盟"10+1"	文莱、印度尼西亚、马来西亚、菲律宾、新加坡、泰国、越南、老挝、缅甸、柬埔寨与中国	20 世纪 90 年代后期	以经济合作为重点，逐渐向政治、安全、文化等领域拓展
5	20 国集团	中国、阿根廷、澳大利亚、巴西、加拿大、法国、德国、印度、印度尼西亚、意大利、日本、韩国、墨西哥、沙特阿拉伯、南非、土耳其、英国、美国、俄罗斯以及欧盟	1999 年	推动已工业化的发达国家和新兴市场国家之间就实质性问题进行开放及有建设性的讨论和研究，以寻求合作并促进国际金融稳定和经济的持续增长
6	上海合作组织（SCO）	中国、哈萨克斯坦、吉尔吉斯斯坦、俄罗斯、塔吉克斯坦、乌兹别克斯坦、印度、巴基斯坦	2001 年	加强成员国相互信任，维护和加强地区和平稳定，开展经贸、环保、文化、科技、教育、能源、交通、金融等领域的合作，促进地区经济、社会、文化的全面均衡发展等

续表

序号	机制名称	参与国家(组织、地区)	发起时间	核心宗旨
7	中阿合作论坛	中国和阿盟 22 个成员国	2004 年	加强对话与合作,促进和平与发展
8	澜沧江—湄公河合作	中国、柬埔寨、老挝、缅甸、泰国、越南	2014 年 11 月	深化澜湄六国睦邻友好和务实合作,促进沿岸各国经济社会发展,打造澜湄流域经济发展带,共建澜湄国家命运共同体。增进各国人民福祉,助力东盟共同体建设和地区一体化进程,为推进南南合作和落实联合国 2030 年可持续发展议程作出贡献

数据来源:笔者整理。

表 5-5　有关国家和地区的振兴战略和计划

序号	国家	战略/计划名称	提出时间	主要内容
1	越南	南北经济走廊/"两廊一圈"	2008 年 7 月 17 日	目的是建立国家基本架构,形成全国基础设施发展框架。走廊即谅山(越南北部)—河内—胡志明市—木排(越南南部西宁省)走廊,贯穿越南南北全境
2	东盟	东盟互联互通总体规划 2025	2010 年 10 月 28 日	规划主要关注五个战略领域:可持续基础设施建设、数字创新、物流、进出口管理和人员流动
3	肯尼亚	拉穆港—南苏丹—埃塞俄比亚交通走廊	2012 年 3 月	该项目由肯尼亚联合南苏丹和埃塞俄比亚启动,包含拉穆港、连接拉穆港—南苏丹的铁路、公路、石油管线等诸多组成部分,总投资额约 250 亿美元,被认为是非洲国家独立以来的"非洲大陆最大工程"

续表

序号	国家	战略/计划名称	提出时间	主要内容
4	俄罗斯	欧亚经济联盟	2014 年 5 月 29 日	目标是在 2025 年前实现联盟内部商品、服务、资本和劳动力的自由流动,以及推行协调一致的经济政策。根据计划,欧亚经济联盟将于 2016 年建立统一的药品市场,2019 年之前建立共同的电力市场,2025 年之前建立统一的石油、天然气和石油产品市场。2025 年还将在哈萨克斯坦的阿拉木图市建立负责调解联盟金融市场的超国家机构
5	蒙古国	"草原之路"计划	2014 年 11 月	草原之路计划通过运输贸易振兴本国经济。由 5 个项目组成,总投资约 500 亿美元,项目包括连接中俄的 997 公里高速公路、1100 公里电气化铁路、扩展跨蒙古国铁路,以及天然气和石油管道等
6	印度尼西亚	"全球海洋支点"构想	2014 年 11 月	将印尼建成"全球海洋支点",并提出优先考虑建成五个支点,即复兴海洋文化、保护和经营海洋资源、发展海上交通基础设施、进行海上外交、提升海上防御能力
7	欧盟	容克计划	2014 年 11 月	旨在重振欧盟经济的欧盟投资计划,其实施途径是通过新设立总额 210 亿欧元的欧洲战略投资基金,在 2015～2017 年释出来自私营部门约 3150 亿欧元的投资。资金将主要投向能源、电信、数字、交通以及教育创新等领域
8	哈萨克斯坦	"光明之路"新经济政策	2014 年 11 月 11 日	一个核心是基础设施建设,其中包括在 2015 年完成霍尔果斯口岸经济特区基础设施第一期工程,以及阿克套等地油气设施建设。此外,哈萨克斯坦将加强运输基础设施建设,以重点口岸带动周边地区发展,加强地区间公路、铁路和航空运输能力

续表

序号	国家	战略/计划名称	提出时间	主要内容
9	埃及	新苏伊士运河计划	2015 年 6 月 13 日	埃及政府计划未来沿苏伊士运河建设"苏伊士运河走廊经济带",包括修建公路、机场、港口等基础设施,预计经济带全部建成后每年将为埃及创造高达 1000 亿美元收入,约占该国经济总量的 1/3

数据来源:笔者整理。

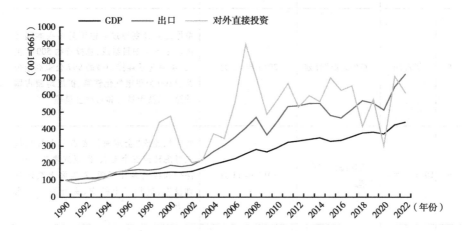

图 5-5 1990~2022 年世界 GDP、出口、对外直接投资增长态势

数据来源:世界银行 world development indicators 及 UNCTAD 对外直接投资数据库。

　　世界著名未来学家约翰·奈斯比特和多丽丝·奈斯比特所著的《世界新趋势:"一带一路"重塑全球化新格局》① 曾清晰地指出:"'一带一路'的核心目标之一就是通过持续的投资和不断创造贸易机会来推动周边国家人均 GDP 水平的持续增长。中国领导集体深信,越是让'一带一路'沿线国家的人民尝到经济发展的甜头,找到生财之道,并通过发展看到希望,这些

---

① 〔奥〕多丽丝·奈斯比特,〔美〕约翰·奈斯比特,〔美〕龙安志,张岩译. 世界新趋势:"一带一路"重塑全球化新格局 〔M〕. 北京:中华工商联合出版社,2017.

地区就越能够长治久安。"2016年11月，中国国家主席习近平在出席亚太经合组织工商领导人峰会时发表主旨演讲，也明确指出："我提出'一带一路'倡议，就是要以互联互通为着力点，促进生产要素自由便利流动，打造多元合作平台，实现共赢和共享发展。"

"一带一路"倡议是中国在自身快速发展之后，主动作为，为促进全球经济实现复苏提出的中国方案，体现了增进不同文明互学互鉴的中国智慧和推动全球治理体系变革的中国担当。倡议的提出符合共建国家的发展诉求和基本利益。

二 "一带一路"倡议的定位

"一带一路"倡议定位为一个由中国提出、全球国家和组织均可参与的国际合作倡议。2015年9月，国家发展改革委会同外交部、商务部等部门对"一带一路"的英文译法进行了规范。"一带一路"官方英文名称为"Blet and Road Initiative"，非常清晰地阐明了合作倡议的特性。通常，在对外传播、对外合作中，使用"一带一路"倡议的说法，在具体工作实践中，使用"一带一路"建设的说法。

2015年3月23日，外交部部长王毅在中国发展高层论坛午餐会上发表演讲时表示，"一带一路"构想是中国向世界提供的公共产品，欢迎各国、国际组织、跨国公司、金融机构和非政府组织都能参与到具体的合作中来。首次代表中国政府向外界明确表达了"一带一路"倡议的全球公共产品属性。2017年5月15日，习近平主席在"一带一路"国际合作高峰论坛圆桌峰会上致开幕辞时指出："'一带一路'源自中国，但属于世界。'一带一路'建设跨越不同地域、不同发展阶段、不同文明，是一个开放包容的合作平台，是各方共同打造的全球公共产品。"在国际公共产品定位的基础上，增加了国际合作平台的定位。2019年4月，第二届"一带一路"国际合作高峰论坛前夕，推进"一带一路"建设工作领导小组办公室发布了《共建"一带一路"倡议：进展、贡献与展望》，报告在开篇即指出"一带一路"倡议"已经从理念转化为行动，从愿景转化为现实，从倡议转化为全球广受欢迎的公共产品"。进一步强调了倡议的全球公共产品属性,同时指出"共建'一带一路'倡议正成为构建人类命运共同体的重要实践平台"。2021 年 8 月 23 日,商务部副部长钱克明在国务院新闻办举行的积极贡献商务力量、奋力助推全面小康发布会上,表示"一带一路"已经成为范围最广、规模最大的国际合作平台和最受欢迎的国际公共产品。

公共产品是私人产品的对称,一般是指具有消费或使用上的非竞争性和受益上的非排他性的产品。"一带一路"倡议有别于其他区域性合作倡议和合作规划的最根本特性就是其开放性。习近平主席曾在多个公开场合向全球阐述"一带一路"是开放包容进程,不搞封闭排他的小圈子,不以意识形态划界,不搞零和游戏,只要各国有意愿,我们都欢迎。

开放性使得"一带一路"倡议拥有更强可塑性的同时,也增大了话语施语者传播和受语者理解"一带一路"的难度。故在厘清"一带一路"倡议基本定位之后,也需要明确"一带一路"不是什么,解答国际常见误读。

认识 1:"一带一路"是务实合作平台,而非中国的地缘政治工具。作为"一带一路"倡议的提出者,习近平主席在多个国际公开场合强调,共建"一带一路",既要登高望远也要脚踏实地。登高望远,就是要顺应时代潮流,做好顶层设计,规划好方向和目标。脚踏实地,就是要争取早期收获,取得实实在在的成果。强调"一带一路"建设应注重务实合作。2017 年 5 月 14 日,习近平主席在"一带一路"国际合作高峰论坛开幕式的演讲中提到,中国愿同世界各国分享发展经验,但不会干涉他国内政,不会输出社会制度和发展模式,更不会强加于人。我们推进"一带一路"建设不会重复地缘博弈的老套路,而将开创合作共赢的新模式;不会形成破坏稳定的小集团,而将建设和谐共存的大家庭。可以说是对外界对"一带一路"地缘政治猜想的最直接回应。

认识 2:"一带一路"是共商共建共享的联动发展倡议,而非中国的对外援助计划。"一带一路"建设是在双边或多边联动基础上通过具体项目加以推进的,是在进行充分政策沟通、战略对接以及市场运作后形成的发展倡议与规划。2017 年 5 月发布的《"一带一路"国际合作高峰论坛圆桌峰会联合公报》强调了建设"一带一路"的基本原则，即充分认识市场作用和企业主体地位，确保政府发挥适当作用，政府采购程序应开放、透明、非歧视。可见，"一带一路"建设的核心主体并不是政府，而是企业，根本方法是遵循市场规律，并通过市场化运作模式来满足参与各方的利益诉求，政府在其中发挥搭建平台、建立机制、政策引导等指向性、服务性功能。

认识 3："一带一路"是现有机制的对接与互补，而非替代。2015 年 3 月，习近平主席在博鳌亚洲论坛 2015 年年会上的主旨演讲中指出，"一带一路"建设不是要替代现有地区合作机制和倡议，而是要在已有基础上，推动沿线国家实现发展战略相互对接、优势互补。《愿景与行动》中，在第五章"合作机制"中特别强调了积极利用现有双多边合作机制。实际上，"一带一路"建设已经与俄罗斯欧亚经济联盟建设、哈萨克斯坦"光明之路"新经济政策、土耳其"中间走廊"计划、越南"两廊一圈"战略、沙特"2030 愿景"、土库曼斯坦"复兴丝绸之路"战略、柬埔寨"四角战略"、埃及苏伊士运河计划、蒙古国"草原之路"计划、斯里兰卡"马欣达"愿景、印度尼西亚"全球海洋支点"构想等 20 余个国家的发展战略实现了对接与合作。

三 "一带一路"倡议的原则理念

"一带一路"倡议是对古丝绸之路的传承和提升。习近平主席曾将丝绸之路精神总结为"和平合作、开放包容、互学互鉴、互利共赢"，强调在新的历史条件下，我们提出"一带一路"倡议，就是要继承和发扬丝绸之路精神。丝绸之路精神是中华民族与沿线各民族共同创造、共同拥有的宝贵精神财富，是"一带一路"建设的宗旨和精髓。

作为最早的"一带一路"顶层设计文件，《愿景与行动》中已明确，"一带一路"倡议的五条共建原则：恪守联合国宪章的宗旨和原则；坚持开放合作；坚持和谐包容；坚持市场运作；坚持互利共赢。在随后的各类政策文件、领导讲话和传播实践中，**共建原则逐步被凝结概括为"共商、共建、**

共享"六个字。"共商"即在整个"一带一路"建设当中充分尊重合作国家对各自参与合作事项的发言权，各国无论大小、强弱、贫富，都是"一带一路"的平等参与者，都可以积极建言献策，都可以就本国需要对合作议程产生影响，通过双边或多边沟通和磋商，实现发展战略对接。"共建"即共同参与建设，各施所长，各尽所能，把双方优势和潜能充分发挥出来，持之以恒加以推进。"共享"就是让建设成果更多更公平地惠及各国人民，打造利益共同体和命运共同体。

2023年10月10日，国务院新闻办公室发布《共建"一带一路"：构建人类命运共同体的重大实践》白皮书。白皮书明确将共建"一带一路"的理念总结为：开放、绿色、廉洁。强调共建"一带一路"始终坚守开放的本色、绿色的底色、廉洁的亮色，坚持开放包容，推进绿色发展，以零容忍态度打击腐败，在高质量发展的道路上稳步前行。

2023年11月24日，推进"一带一路"建设工作领导小组办公室发布《坚定不移推进共建"一带一路"高质量发展走深走实的愿景与行动——共建"一带一路"未来十年发展展望》，将共建"一带一路"的原则理念确定为：坚持共商、共建、共享，坚持开放、绿色、廉洁，坚持高标准、惠民生、可持续。

四 "一带一路"倡议的目标

构建人类命运共同体是"一带一路"建设的最高目标。2017年5月15日，习近平主席在首届"一带一路"国际合作高峰论坛圆桌会上指出，"在'一带一路'建设国际合作框架内，各方秉持共商、共建、共享原则，携手应对世界经济面临的挑战，开创发展新机遇，谋求发展新动力，拓展发展新空间，实现优势互补、互利共赢，不断朝着人类命运共同体方向迈进。这是我提出这一倡议的初衷，也是希望通过这一倡议实现的最高目标"。"一带一路"是支撑人类命运共同体的重要实践平台。

就"一带一路"倡议的具体目标而言，随着倡议逐步从"大写意"进入"工笔画"的高质量发展阶段，其发展目标逐步清晰和丰富。笔者系统梳理了习近平主席多次就"一带一路"的重要讲话和党中央、国务院发布的"一带一路"重要文件，将各阶段目标汇总如下。

（1）2017年："五路"

2017年5月14日，习近平主席出席"一带一路"国际合作高峰论坛开幕式，并发表题为《携手推进"一带一路"建设》的主旨演讲，强调坚持以和平合作、开放包容、互学互鉴、互利共赢为核心的丝路精神，携手推动"一带一路"建设行稳致远，将"一带一路"建成和平之路、繁荣之路、开放之路、创新之路、文明之路，迈向更加美好的明天。

（2）2018年："六路"

2018年9月3日，习近平主席在2018年中非合作论坛北京峰会开幕式上的主旨讲话《携手共命运同心促发展》中，提出把"一带一路"建设成为和平之路、繁荣之路、开放之路、绿色之路、创新之路、文明之路。在2017年讲话的基础上，增加了"绿色丝绸之路"，进一步向世界展现"一带一路"绿色发展理念。

（3）2019年："七路"

2019年推进"一带一路"建设工作领导小组办公室发布《共建"一带一路"倡议：进展、贡献与展望》报告，在展望部分提出共建"一带一路"一定会走深走实，行稳致远，**成为和平之路、繁荣之路、开放之路、绿色之路、创新之路、文明之路、廉洁之路**。在2018年的基础上，新增"廉洁之路"，强调中方加强廉洁建设和反腐败国际合作的决心。

2019年4月26日，习近平主席在第二届"一带一路"国际合作高峰论坛开幕式上，对未来推动共建"一带一路"沿着高质量发展方向不断前进提出了明确目标，即高标准、惠民生、可持续。2021年11月19日，习近平主席在第三次"一带一路"建设座谈会上强调以高标准、可持续、惠民生为目标，继续推动共建"一带一路"高质量发展。高标准，就是引入各方普遍支持的规则标准，推动企业在项目建设、运营、采购、招投标等环节按照普遍接受的国际规则标准进行，同时要尊重各国法律法规；惠民生，就是要坚持以人民为中心的发展思想，聚焦消除贫困、增加就业、改善民生，让共建"一带一路"成果更好惠及全体人民，为当地经济社会发展作出实实在在的贡献；可持续，就是"一带一路"建设要确保商业和财政上的可持续性，做到善始善终、善作善成。笔者认为，高标准、可持续、惠民生是高质量共建"一带一路"的目标，是高质量发展阶段的合作理念，也是行为准则，其最终愿景也是致力于将"一带一路"建设成为和平之路、繁荣之路、开放之路、绿色之路、创新之路、文明之路、廉洁之路，最终实现人类命运共同体目标。

五　"一带一路"倡议的顶层框架

开放性是"一带一路"倡议有别于其他区域合作机制的核心特征，开放性既是指合作区域范围、合作国家的开放，亦是指合作内容的开放、多元。但是从获取全球理解和达成广泛共识的角度看，倡议需要一个相对有形的主体架构或顶层框架。

2017 年 5 月，推进"一带一路"建设工作领导小组办公室发布了《共建"一带一路"：理念、实践与中国的贡献》，报告提出"六廊六路多国多港"是共建"一带一路"的主体框架，为各国参与"一带一路"合作提供了清晰的导向。

"六廊"即新亚欧大陆桥经济走廊、中蒙俄经济走廊、中国—中亚—西亚经济走廊、中国—中南半岛经济走廊、中巴经济走廊和孟中印缅经济走廊等六大国际经济合作走廊。

"六路"指铁路、公路、航运、航空、管道和空间综合信息网络。"一带一路"强调互联互通，这种互联互通应强调陆、海、空、天等多个空间维度，人、物、能源等多种资源类型的互联互通。如围绕着空间信息网络的网上丝绸之路、数字丝绸之路，围绕着航空的空中丝绸之路，围绕着航运的冰上丝绸之路等。"六路"旨在促进人类生产要素在全球范围内的流通与共享。

"多国"是指一批先期合作国家。"一带一路"面向所有国家开放，中国既要与各国平等互利合作，也要结合实际与一些合作意愿强、合作条件相对成熟的国家率先合作，形成切实合作成果，产生示范效应。"多国"不是搞小圈子，恰恰是中国政府着力推进"一带一路"务实建设，真正推动其由理念转化为实践的积极部署。

"多港"是指若干保障海上运输大通道安全畅通的合作港口，通过与"一带一路"国家共建一批重要港口和节点城市，进一步繁荣海上合作。港口合作既包括助力老牌港口借助"一带一路"倡议焕发新活力，也包括"一带一路"倡议激发区域海运需求，与共建"一带一路"国家共建一批重要港口和节点城市，进一步繁荣海上合作。

"六廊六路多国多港"作为"一带一路"倡议主体空间架构，连点及线，再由线及面，有序推进"一带一路"倡议落地生根。

除顶层框架外，笔者认为还有一个概念需要进一步明晰。即"一带一路"倡议包含哪些国家？2015年，多数学者基于《愿景与行动》中列出的五大重点方向，归纳了共建"一带一路"的64个国家。实际工作中，逐渐形成的共识是认可"一带一路"建设理念，与中国签订"一带一路"谅解备忘录等合作文件的国家，都属于"一带一路"朋友圈，都是共建"一带一路"国家。当前，"一带一路"倡议的合作范围已从亚欧大陆，全面拓展至亚洲、欧洲、非洲、美洲及大洋洲等地区。

六 "一带一路"倡议的合作重点

"一带一路"倡议的合作重点是政策沟通、设施联通、贸易畅通、资金融通、民心相通，即"五通"。其中，政策沟通是共建"一带一路"的重要保障，是形成携手共建行动的重要先导；设施联通是共建"一带一路"的优先领域；贸易畅通是共建"一带一路"的重点内容；资金融通是共建"一带一路"的重要支撑；民心相通是共建"一带一路"的社会根基。各部分的具体合作内容在《愿景与行动》中有较为明确的阐述，本书不再赘述。

2019年4月，推进"一带一路"建设工作领导小组办公室发布《共建"一带一路"倡议：进展、贡献与展望》，该报告进展部分除"五通"进展外，首次新增了"产业合作"维度的进展，包括支持开展多元化投资，鼓励进行第三方市场合作，推动形成普惠发展、共享发展的产业链、供应链、服务链、价值链等。笔者认为，"产业合作"的增加进一步丰富了倡议的合作内容，务实有效的产业合作更加有利于为共建国家快速发展提供新的动能。

2023 年 11 月，《坚定不移推进共建"一带一路"高质量发展走深走实的愿景与行动——共建"一带一路"未来十年发展展望》明确，未来十年发展的重点领域包括：政策沟通、设施联通、贸易畅通、资金融通、民心相通、新领域合作。其中，新领域合作是指在绿色低碳发展、数字领域合作、科技创新合作、卫生健康领域合作等方面培育新增长点。

七 "一带一路"倡议相关概念

伴随着"一带一路"建设不断走深走实，从"写意画"向"工笔画"方向发展，"一带一路"概念下又不断延伸出多个新的概念。笔者将这些概念总结为四类：**一是系列丝绸之路概念**，如冰上丝绸之路、空中丝绸之路、网上丝绸之路、数字丝绸之路、绿色丝绸之路、和平丝绸之路、繁荣丝绸之路等，这些是从不同领域或主题视角提出的合作概念；**二是系列经济走廊概念**，主要指中巴经济走廊、中蒙俄经济走廊、新亚欧大陆桥经济走廊、中国—中亚—西亚经济走廊、中国—中南半岛经济走廊、孟中印缅经济走廊六大经济走廊。2017 年 11 月，我国又先后提议建设中老经济走廊、中缅经济走廊，受到老挝、缅甸国家的积极欢迎；**三是特色品牌概念**，包括中欧班列、丝路基金、蓝色经济通道等；**四是"一带一路"相关概念**，如人类命运共同体、第三方市场合作、国际产能合作、亚洲基础设施投资银行（简称亚投行）等。这些概念形象而具体，是对外传播中最鲜活的话语要素。

1. 系列丝绸之路

一是重在突出发展主题的系列丝绸之路。包括和平之路、繁荣之路、开放之路、绿色之路、创新之路、文明之路、廉洁之路。这些概念多次出现在重要国际论坛高层领导讲话、重要白皮书中,旨在阐述共建"一带一路"的主旨、主题、方向等,各个领域的合作内容,可依据所实现的主旨,归入相应丝绸之路中。例如,生态环境领域的国际合作,是践行绿色丝绸之路的体现;科技领域合作是创新丝绸之路的具体体现。

二是具备空间合作概念的丝绸之路。例如冰上丝绸之路、空中丝绸之路。冰上丝绸之路是指穿越北极圈,连接北美、东亚和西欧三大经济中心的海运航道。2018年1月26日,中国政府发表《中国的北极政策》白皮书,提出中国愿依托北极航道的开发利用,与各方共建"冰上丝绸之路"。"空中丝绸之路"概念是由地方性合作概念发展为国家级合作概念的例子。2013年3月,河南省积极谋划建设郑州航空港经济综合实验区,探索以航空经济促进发展方式转变新模式,提出了"不靠海不沿边,扩大开放靠蓝天"的发展思路。2014年,卢森堡货航——欧洲最大的全货运航空公司35%的股权被河南航投收购。不久,卢森堡至郑州货运航线开通,货运量不断突破、连年创新高,架起了横贯中欧的货运"空中丝绸之路"。2017年6月14日,习近平主席在人民大会堂会见卢森堡首相贝泰尔时,明确提出要深化双方在"一带一路"建设框架内金融、产能等合作,中方支持建设郑州—卢森堡"空中丝绸之路"。

冰上丝绸之路

2011年,俄罗斯国防部长谢尔盖·绍伊古在出席第二届"北极——对话之地"国际论坛期间首次提出"冰上丝绸之路"的概念。

2015年,中俄总理第二十次定期会晤,达成"加强北方海航道开发利用合作,开展北极航运研究"的共识。

2017年6月,国家发展和改革委员会、国家海洋局特制定并发布《"一带一路"建设海上合作设想》,首次将"北极航道"明确为"一带一路"三大主要海上通道之一。

　　2017 年 7 月，中国国家主席习近平在莫斯科会见俄罗斯总理梅德韦杰夫时表示"要开展北极航道合作，共同打造'冰上丝绸之路'，落实好有关互联互通项目"。

　　2017 年 11 月，习近平主席在北京会见梅德韦杰夫，再次表示要共同开展北极航道开发和利用合作，打造"冰上丝绸之路"。

　　2017 年 12 月的年度新闻发布会上，俄罗斯总统普京正式提出邀请中国参与建设北极交通走廊，打造"冰上丝绸之路"。

　　2017 年 12 月 8 日，中俄共建的亚马尔液化天然气项目开始投产，成为中俄共建"冰上丝绸之路"的首个建设成果。

　　2018 年 1 月 26 日，中国政府发表《中国的北极政策》白皮书，提出中国愿依托北极航道的开发利用，与各方共建"冰上丝绸之路"。

　　2018 年 3 月，芬兰提出了连接欧亚海陆交通的"北极走廊"计划，希望推动"北极走廊"计划与"冰上丝绸之路"对接。

　　2019 年 1 月 14 日，国家主席习近平同芬兰总统尼尼斯托在北京共同出席"2019 中芬冬季运动年"启动仪式。习近平指出，中方赞赏芬方支持"一带一路"倡议，愿同芬方深化共建"一带一路"合作，充分利用中欧班列等带来的便利条件，促进双向贸易，开展三方合作，探讨在北极航道开发等项目上的合作机遇，共建"冰上丝绸之路"，促进亚欧大陆互联互通。

　　2019 年 6 月 5 日，中俄发表《关于发展新时代全面战略协作伙伴关系的联合声明》，提出推动中俄北极可持续发展合作，在遵循沿岸国家权益基础上扩大北极航道开发利用以及北极地区基础设施、资源开发、旅游、生态环保等领域合作，支持继续开展极地科研合作，推动实施北极联合科考航次和北极联合研究项目。

　　2022 年 2 月 4 日，中俄发表《关于新时代国际关系和全球可持续发展的联合声明》，提出双方同意进一步深化北极可持续发展务实合作。

三是行业领域性合作的丝绸之路。如信息技术领域方面的信息丝绸之路、网上丝绸之路、数字丝绸之路，强调智库和研究机构合作的智力丝绸之路，强调医疗领域合作的健康丝绸之路等。

（1）数字丝绸之路

笔者认为从信息丝绸之路到网上丝绸之路，再到数字丝绸之路，是一个不断演变的概念体系，是伴随人类从信息经济进入数字经济而发展的。

概念 1.0：信息丝绸之路

2015 年 3 月，《愿景与行动》设施联通部分，提出"共同推进跨境光缆等通信干线网络建设，提高国际通信互联互通水平，畅通信息丝绸之路"，首次正式提出信息丝绸之路概念，但文件中提出的信息丝绸之路主要是指跨境光缆等硬件基础设施建设。

概念 2.0：网上丝绸之路

2015 年 11 月 3 日发布的"十三五"规划纲要第二十五章构建泛在高效的信息网络第一节完善新一代高速光纤网络中，提出"建设中国—阿拉伯国家等网上丝绸之路"，此时的网上丝绸之路与信息丝绸之路并无大的差别，均集中在基础网络建设领域。

2016 年 12 月，《"十三五"国家信息化规划》中提出"坚持共商共建共享，促进网络互联、信息互通，推动共建网上丝绸之路，推进数字经济、信息技术等合作"，网上丝绸之路开始增加数字经济领域的合作内容。

2018 年 7 月 10 日，习近平主席在中阿合作论坛第八届部长级会议开幕式上的讲话中提到"要加快网上丝绸之路建设，争取在网络基础设施、大数据、云计算、电子商务等领域达成更多合作共识和成果"，网上丝绸之路的概念进一步从硬件搭建扩展到信息技术合作、应用合作等多层次合作。

概念 3.0：数字丝绸之路

随着数字中国建设推进，数字丝绸之路概念被更多应用。

2017 年 5 月 14 日，习近平主席在"一带一路"国际合作高峰论坛开幕式上的演讲中提出"要坚持创新驱动发展，加强在数字经济、人工智能、纳米技术、量子计算机等前沿领域合作，推动大数据、云计算、智慧城市建设，连接成 21 世纪的数字丝绸之路"。

2019 年 4 月 26 日，习近平主席在第二届"一带一路"国际合作高峰论坛开幕式上的主旨演讲中再次提出"要顺应第四次工业革命发展趋势，共同把握数字化、网络化、智能化发展机遇，共同探索新技术、新业态、新模式，探寻新的增长动能和发展路径，建设数字丝绸之路、创新丝绸之路"。

2019 年的数字丝绸之路概念，从此前的技术/应用概念解释，进一步升华为"三化"（数字化、网络化、智能化）和"三新"（新技术、新业态、新模式），使得概念内涵和外延进一步扩大和丰富。2019 年 4 月，中国已联合埃及、老挝、沙特阿拉伯、塞尔维亚、泰国、阿联酋等国家共同发起《"一带一路"数字经济国际合作协议》，与 16 个国家签署共建数字丝绸之路合作文件。截至 2023 年 9 月底，我国与五大洲 30 个国家建立双边电子商务合作机制，数字丝绸之路建设合作的广度和深度也不断拓展。2023 年 10 月，第三届"一带一路"国际合作高峰论坛数字经济高级别论坛上，中国同缅甸、肯尼亚、阿根廷等 13 国共同发布《"一带一路"数字经济国际合作北京倡议》，从基础设施、产业转型、数字能力、合作机制等方面，提出进一步深化数字经济国际合作的 20 项共识。

（2）智力丝绸之路

2016 年 6 月 20 日，习近平主席在华沙出席丝路国际论坛时提出，智力先行，强化智库的支撑引领作用。加强对"一带一路"建设方案和路径的研究，在规划对接、政策协调、机制设计上做好政府的参谋和助手，在理念传播、政策解读、民意通达上做好桥梁和纽带。

2016 年 6 月 22 日，习近平主席在乌兹别克斯坦最高会议立法院发表演讲时明确提出，中方倡议成立"一带一路"职业技术合作联盟，培养培训各类专业人才，携手打造智力丝绸之路。在"一带一路"建设推进过程中，会面临很多新问题、新挑战，需要越来越多的智力和人才支持，需要各方相互学习、取长补短，共同提出解决方案。当前，共建"一带一路"国家人才短缺的问题不同程度地存在，智力丝绸之路的主要目标是推进共建国家人才培养和智力交流。

2017 年 5 月，中共中央政治局委员、中央书记处书记、中宣部部长刘奇葆出席"一带一路"国际合作高峰论坛"智库交流"平行主题会议，发表题为《携手打造"智力丝绸之路"》的主旨演讲。

（3）健康丝绸之路

2016 年 6 月，习近平主席在乌兹别克斯坦最高会议立法院发表演讲时，明确提出并阐述了旨在着力深化医疗卫生合作，加强传染病疫情通报、疾病防控、医疗救援、传统医药领域互利合作的"健康丝绸之路"。2017 年 1 月 18 日，中国政府与世界卫生组织签署了双方关于"一带一路"卫生领域合作的谅解备忘录。2017 年 5 月发布的《共建"一带一路"：理念、实践与中国的贡献》文件中提出，与各国携手打造绿色丝绸之路、健康丝绸之路、智力丝绸之路、和平丝绸之路。

2020 年初以来，新冠疫情在全球爆发，对各国人民生命安全带来直接威胁，对各国经济发展带来沉重的打击。中国通过"一带一路"所搭建的设施通道、贸易通道、文化交流通道积极为共建国家提供防疫物资，派驻援外医疗队，提供抗疫医疗方案，搭建各种在线医护交流通道分享抗疫经验，为合作国家抗击疫情做出了积极贡献，受到充分肯定。自此，健康丝绸之路被更多提及。2020 年 9 月，习近平主席在全国抗击新冠肺炎疫情表彰大会上的讲话中，倡导共同构建人类卫生健康共同体，为健康丝绸之路的建设提供了方向指引。

2. 系列经济走廊

严格来讲，"经济走廊"概念并非"一带一路"的原创。在区域增长极中，走廊经济构建是一种重要的方式，著名的莱茵河经济走廊就是成功的典范。1998 年，亚洲开发银行将"经济走廊"定义为次区域范围内生产、投资、贸易和基础设施建设等有机地联系为一体的经济合作机制。

"一带一路"顶层框架中，包含六大经济走廊建设，分别为新亚欧大陆桥经济走廊、中蒙俄经济走廊、中国—中亚—西亚经济走廊、中国—中南半岛经济走廊、中巴经济走廊和孟中印缅经济走廊。

新亚欧大陆桥经济走廊由中国东部沿海向西延伸，经中国西北地区和中亚、俄罗斯抵达中东欧。新亚欧大陆桥经济走廊建设以中欧班列等现代化国际物流体系为依托，重点发展经贸和产能合作，拓展能源资源合作空间，构建畅通高效的区域大市场。代表性合作项目方面，匈塞铁路塞尔维亚贝尔格莱德—诺维萨德段于 2022 年 3 月开通运营，匈牙利布达佩斯—克莱比奥段启动轨道铺设工作。

中蒙俄经济走廊由中国、俄罗斯和蒙古国共同打造。2014 年 9 月 11 日，中国国家主席习近平在中国、俄罗斯、蒙古国三国元首会晤时提出，将"丝绸之路经济带"同"欧亚经济联盟"、蒙古国"草原之路"计划对接，打造中蒙俄经济走廊。2015 年 7 月 9 日，三国有关部门签署了《关于编制建设中蒙俄经济走廊规划纲要的谅解备忘录》。2016 年 6 月 23 日，三国元首共同见证签署了《建设中蒙俄经济走廊规划纲要》，重点推进交通基础设施发展及互联互通、口岸建设和海关及检验检疫监管、产能与投资合作、经贸合作、人文交流、生态环保等方面的合作。这是共建"一带一路"框架下的首个多边合作规划纲要。在三方的共同努力下，规划纲要已进入具体实施阶段。合作项目方面，中俄黑河公路桥、同江铁路桥通车运营，中俄东线天然气管道正式通气，中蒙俄中线铁路升级改造和发展可行性研究正式启动。

中国—中亚—西亚经济走廊由中国西北地区出境，向西经中亚至波斯湾、阿拉伯半岛和地中海沿岸，辐射中亚、西亚和北非有关国家。2014 年 6 月 5 日，习近平主席在中国—阿拉伯国家合作论坛第六届部长级会议上提出构建以能源合作为主轴，以基础设施建设、贸易和投资便利化为两翼，以核能、航天卫星、新能源三大高新领域为突破口的中阿"1+2+3"合作格局。2016 年 G20 杭州峰会期间，中哈（萨克斯坦）两国元首见证签署了《中哈丝绸之路经济带建设和"光明之路"新经济政策对接合作规划》。中国与塔吉克斯坦、吉尔吉斯斯坦、乌兹别克斯坦等国签署了共建丝绸之路经济带的合作文件，与土耳其、伊朗、沙特、卡塔尔、科威特等国签署了共建"一带一路"合作备忘录。合作项目方面，中吉乌公路运输线路实现常态化运行，中国—中亚天然气管道运行稳定，哈萨克斯坦北哈州粮油专线与中欧班列并网运行。

中国—中南半岛经济走廊以中国西南为起点，连接中国和中南半岛各国，是中国与东盟扩大合作领域、提升合作层次的重要载体。2016年5月26日，第九届泛北部湾经济合作论坛暨中国—中南半岛经济走廊发展论坛发布《中国—中南半岛经济走廊倡议书》，提出要加强沟通衔接，凝聚合作共识；推动互联互通，畅通合作通道；推动便利化，扩大投资贸易往来；密切人文往来，夯实民意基础四个方面的合作倡议。中国与东盟十国均签署了共建"一带一路"合作备忘录，与柬埔寨、老挝、文莱等国合作编制"一带一路"合作规划。推进中越陆上基础设施合作，启动澜沧江—湄公河航道二期整治工程前期工作，中老铁路建成通车，中泰铁路有序建设，促进基础设施互联互通。设立中老磨憨—磨丁经济合作区，探索边境经济融合发展的新模式。合作项目方面，中老铁路全线建成通车且运营成效良好，黄金运输通道作用日益彰显；作为中印尼共建"一带一路"的旗舰项目，时速350公里的雅万高铁开通运行；中泰铁路一期（曼谷—呵叻）签署线上工程合同，土建工程已开工11个标段（其中1个标段已完工）。

中巴经济走廊是共建"一带一路"的旗舰项目，中巴两国政府高度重视。2015年4月20日，中巴两国领导人出席中巴经济走廊部分重大项目动工仪式，签订了51项合作协议和备忘录，其中近40项涉及中巴经济走廊建设。2017年12月，《中巴经济走廊远景规划（2017—2030年）》发布，该规划是经两国政府批准的国家级规划。2021年12月，《巴基斯坦观察家报》报道，中国在中巴经济走廊框架下帮助巴基斯坦建成多个电站项目，将巴基斯坦从一个电力短缺国家变成电力充足国家。同时，中巴经济走廊有利于促进就业，其发展成果已直接惠及巴基斯坦基层。据初步测算，截至2022年底，中巴经济走廊直接创造就业岗位23.6万个，巴方员工规模达到15.5万人。[①] 2023年5月，中国、阿富汗、巴基斯坦进行第五次中阿巴三方外长对

---

① 光明网. 截至2022年底中巴经济走廊直接创造就业岗位23.6万个[EB/OL]. (2023-5-17) [2023-06-16]. https://baijiahao.baidu.com/s? id = 1766122199765282684&wfr = spider&for = pc.

话，并发布联合声明，"重申将在共建'一带一路'框架下推进中阿巴三方合作，推动中巴经济走廊向阿富汗延伸"。

孟中印缅经济走廊连接东亚、南亚、东南亚三大次区域，沟通太平洋、印度洋两大海域。2013 年 12 月，孟中印缅经济走廊联合工作组第一次会议在中国昆明召开，各方签署了会议纪要和联合研究计划，正式启动孟中印缅经济走廊建设政府间合作。2014 年 12 月召开孟中印缅经济走廊联合工作组第二次会议，广泛讨论并展望了孟中印缅经济走廊建设的前景、优先次序和发展方向。合作项目方面，中缅原油和天然气管道建成投产，中缅铁路木姐—曼德勒铁路完成可行性研究，曼德勒—皎漂铁路启动可行性研究，中孟友谊大桥、多哈扎里至科克斯巴扎尔铁路等项目建设取得积极进展。

除上述六大核心经济走廊之外，中国还与老挝、缅甸共建双边经济走廊。

中缅经济走廊于 2017 年 11 月由中方提出，北起中国云南，经中缅边境南下至曼德勒，然后再分别向东西延伸到仰光新城和皎漂经济特区，将缅甸最落后地区和最发达地区连接起来，打造三端支撑、三足鼎立的大合作格局。作为"一带一路"倡议的重要组成部分，中缅经济走廊成为我国在提出"六大经济走廊"后，第二次提出与单个国家建立经济走廊。2018 年 9 月，中缅双方签署共建中缅经济走廊谅解备忘录，成立中缅经济走廊联合委员会，并根据行业设立 12 个工作组。随着中缅经济走廊的提出及一批标志性项目的建设运营，中缅之间的合作交流进入更为紧密的崭新阶段，共商、共建、共享的"一带一路"合作助推两国互利共赢。

中老经济走廊由中国和老挝共同建设，该走廊以中老铁路、昆曼公路及沿线交通基础设施为依托，以沿线经济城市和边境口岸为节点，以重要园区和物流枢纽为支撑，形成纵贯中国西南和中南半岛的南北经济大走廊。2017 年 11 月 13 日，习近平主席访问老挝，推进共建"中老经济走廊"，打造中老命运共同体。2017 年 11 月 15 日，中老两国签署了关于中老经济走廊、"数字（网上）丝绸之路"、现代化农业产业合作示范园区、基础设施、电力合作、援助合作、人力资源开发合作、信息系统、优惠贷款、中小企业发展合作、输变电线路扩建与综合改造等多个领域的合作文件。双方高层密切互动交流，推动一系列文件逐步落实，为中老经济走廊建设按下快车键。

3. 特色品牌及概念

（1）中欧班列

中欧班列（CHINA RAILWAY Express，CR Express）是由中国国家铁路集团组织，按照固定车次、线路、班期和全程运行时刻开行，运行于中国与欧洲以及共建"一带一路"国家间的集装箱等铁路国际联运列车，是深化我国与共建国家经贸合作的重要载体和推进"一带一路"建设的重要抓手。中欧班列通道不仅连通欧洲及沿线国家，也连通东亚、东南亚及其他地区；不仅是铁路通道，也是多式联运走廊。

2011年3月19日，首趟中欧班列（"渝新欧"）从重庆团结村发出，标志着中欧班列首次开通。至2023年，中欧班列大致经历了以下五个发展阶段。

一是积极探索时期（2011~2012年）。2011年3月，首列中欧班列由重庆开往德国杜伊斯堡。2012年8月1日，"渝新欧"海关便捷通关研讨会成功召开，中国、俄罗斯、德国等八国海关达成共识：进一步简化通关流程，实行监管互助原则。2012年10月24日，武汉—捷克的首趟中欧班列试运行。处于探索阶段的中欧班列以向外运输中国商品为主，回程班列为0。

二是高速建设时期（2013~2015年）。2013年3月18日，"渝新欧"首趟回程班列实验顺利成功，结束了货物运输"有去无回"的状态。2014年8月14日，首次中欧班列运输协调会议在重庆召开，会议重点研究了提升中欧班列竞争力的重要措施，围绕统一品牌标志、统一运输组织、统一全程价格、统一服务标准、统一经营团队、统一协调平台，强化机制和装备保障"六统一、两保障"的原则，颁布了《中欧班列组织管理暂行办法》，签署了《关于建立中欧班列国内运输协调会备忘录》。2014年11月18日，首趟"义新欧"班列从义乌出发。2015年8月14日，中欧班列（武汉—德国杜伊斯堡）开行，成为自2011年中欧班列开行以来的第800列。

三是蓬勃发展时期（2016~2018年）。2016年6月8日，中国铁路正式启用"中欧班列"品牌，按照"六统一"（统一品牌标志、统一运输组织、统一全程价格、统一服务标准、统一经营团队、统一协调平台）的机制运行，集合各地力量，增强市场竞争力。2017年5月1日，开往德、法等国的中欧班列都可以使用统一运单，减少了重新填写单据的时间，提高通关效率。2017年12月20日，中欧班列首次尝试集拼集运的新运输方式，由成都出发，经乌鲁木齐集结中心驶向荷兰南部城市蒂尔堡。该运输方式可全面提升中欧班列运载量，降低运行成本。2018年8月26日，中欧班列累计开行数量达到10000列。

四是稳定提升时期（2019～2020年）。2019年4月22日，推进"一带一路"建设工作领导小组办公室发表《共建"一带一路"倡议：进展、贡献与展望》报告，指出中欧班列初步探索形成了多国协作的国际班列运行机制。2020年，面对突如其来的疫情挑战，中欧班列成为中欧抗疫合作的"生命通道"，为维护国际产业链供应链稳定畅通提供了重要支撑。截至2020年11月5日，2020年全年中欧班列开行达10180列，已超过2019年全年开行量；运输网络已通达欧洲21个国家92个城市；运送医疗物资近800万件，共计6万余吨。中欧班列开行数量和发送货物总量有增无减，已成为防疫物资运输的重要通道，促进了各国抗疫合作。2020年11月8日，由义乌、重庆、郑州、西安等全国11个中欧班列运营平台共同组货的X8020次"跨境电商欧洲专列"在铁路义乌西站启程。这是全国开行的首列多省跨区域合作中欧班列，标志着中欧班列运营从百花齐放向和合共生的高质量融合发展迈出关键一步。

五是高质量发展时期（2021～2023年）。中国国家铁路集团数据显示，截至2023年7月，中欧班列累计开行超过7万列，运输货物超过715万标箱，其中2023年1月至7月，中欧班列共开行10176列，同比增长13%，共运送货物110.4万标箱，同比增长27%。截至2023年7月，中国境内已铺划时速120公里的中欧班列运行线86条，联通中国境内112个城市，始发城市从西部、中部城市逐渐辐射到东部城市，通达欧洲25个国家和地区超过200个城市，以及沿线11个亚洲国家和地区超过100个城市。自2013

年"一带一路"倡议提出以来，中欧班列开行数量逐年稳步增加（见图5-6），从开行伊始面临货源短缺、"有去不回"的窘境，这支"钢铁驼队"逐年跑出加速度，班列实现成倍增长，再到2022年回程班列比例接近九成，实现订单爆满、"满载而归"的成功逆袭，带动沿线各国经贸合作发展，物流服务网络覆盖亚欧大陆全境，成为沿线国家广泛认同的国际公共物流产品。

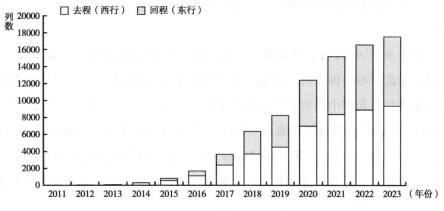

图5-6　中欧班列开行情况统计

数据来源：中欧班列网。

（2）丝路基金

丝路基金是由中国国家主席习近平于2014年11月8日宣布出资400亿美元而成立的投资项目。2014年12月29日，由外汇储备、中国投资有限责任公司、国家开发银行、中国进出口银行共同出资，丝路基金在北京注册成立。

丝路基金秉承"开放包容、互利共赢"的理念，重点致力于为"一带一路"框架内的经贸合作和双边多边互联互通提供投融资支持，与境内外企业、金融机构一道，促进中国与共建"一带一路"国家和地区实现共同发展、共同繁荣。

丝路基金是中长期开发投资基金，通过以股权为主的多种投融资方式，重点围绕"一带一路"建设推进与相关国家和地区的基础设施、资源开发、产业合作和金融合作等项目，确保中长期财务可持续和合理的投资回报。2015 年 4 月，丝路基金宣布入股三峡南亚公司，与长江三峡集团等机构联合开发巴基斯坦卡洛特水电站等清洁能源项目，这是丝路基金成立后的首个投资项目。

丝路基金按照市场化、国际化、专业化的原则开展投资业务，可以运用股权、债权、基金、贷款等多种方式提供投融资服务，也可与国际开发机构、境内外金融机构等发起设立共同投资基金，进行资产受托管理、对外委托投资等。

2017 年 5 月 14 日，在首届"一带一路"国际合作高峰论坛开幕式上，习近平主席宣布中国将向丝路基金新增资金 1000 亿元人民币。中国设立丝路基金就是要利用中国资金实力直接支持"一带一路"建设。截至 2023 年 9 月底，丝路基金投资项目遍及 60 余个国家和地区，承诺投资金额超过 225 亿美元。2023 年 10 月，第三届"一带一路"国际合作高峰论坛主席声明中提出，丝路基金新增资金 800 亿元人民币，以市场化、商业化方式支持共建"一带一路"项目。

4."一带一路"相关概念

一些概念并非随"一带一路"倡议而产生，却时常与"一带一路"同时出现、相辅相成。

（1）人类命运共同体

人类命运共同体（a Community of Shared Future for Mankind）旨在追求本国利益时兼顾他国合理关切，在谋求本国发展中促进各国共同发展。相互依存的国际权力观、共同利益观、可持续发展观和全球治理观，是建设人类命运共同体的价值观基础。

2011 年《中国的和平发展》白皮书指出：经济全球化成为影响国际关系的重要趋势。不同制度、不同类型、不同发展阶段的国家相互依存、利益交融，形成"你中有我、我中有你"的命运共同体。这是中国首次提出"命运共同体"的概念。

2012 年，中国共产党第十八次全国代表大会报告向世界郑重宣告：合作共赢，就是要倡导人类命运共同体意识，在追求本国利益时兼顾他国合理关切，在谋求本国发展中促进各国共同发展，建立更加平等均衡的新型全球发展伙伴关系，同舟共济，权责共担，增进人类共同利益。这是中国正式提出"人类命运共同体"的概念。

2013 年 3 月，习近平主席在莫斯科国际关系学院发表演讲，第一次在外交场合提到"命运共同体"概念："这个世界，各国相互联系、相互依存的程度空前加深，人类生活在同一个地球村里，生活在历史和现实交汇的同一个时空里，越来越成为你中有我、我中有你的命运共同体。"

2015 年 9 月，在联合国成立 70 周年系列峰会上，习近平主席在联合国总部发表题为《携手构建合作共赢新伙伴 同心打造人类命运共同体》的讲话，明确指出要"构建以合作共赢为核心的新型国际关系，打造人类命运共同体"。习近平主席全面论述了打造人类命运共同体的主要内涵：建立平等相待、互商互谅的伙伴关系，营造公道正义、共建共享的安全格局，谋求开放创新、包容互惠的发展前景，促进和而不同、兼收并蓄的文明交流，构筑尊崇自然、绿色发展的生态体系。

此后，习近平主席在多个重要外交场合多次提及构建人类命运共同体的倡议和中国致力于构建人类命运共同体的庄严承诺。

"命运共同体"概念提出之初即在海外引起积极反响。包括美国等西方舆论在内，国际社会已经普遍意识到该理念具有全新指导意义。俄罗斯国际事务理事会主任安德烈·科尔图诺夫认为："习近平主席的'命运共同体'理念所体现的长远眼光和宏大目标给人留下深刻印象。这一理念体现了对世界大势的清醒判断和对未来走向的准确把握。"日本前首相福田康夫认为，这一理念指向"创造所有人幸福生活的人类共同理想"，这一目标揭示"只顾自己发展的思维是不行的，要兼顾他人，兼顾世界"。2017 年 2 月，联合国社会发展委员会第 55 届会议协商一致通过"非洲发展新伙伴关系的社会层面"决议，首次写入"构建人类命运共同体"理念。

2020 年 11 月 10 日，习近平主席在北京以视频方式出席上海合作组织成员国元首理事会第二十次会议并发表重要讲话。他强调，上海合作组织要弘扬"上海精神"，加强抗疫合作、维护安全稳定、深化务实合作、促进民心相通，携手构建卫生健康共同体、安全共同体、发展共同体、人文共同体，为推动构建人类命运共同体作出更多实践探索。这是习近平主席结合当前的国际国内形势和上合组织的发展阶段，首次提出构建卫生健康共同体、安全共同体、发展共同体和人文共同体的重要倡议，从而为上合组织下一阶段的工作指明了前进方向，擘画了宏伟蓝图，也为人类命运共同体概念开创了新的合作领域与时代内涵。

构建人类命运共同体是"一带一路"建设的最高目标。"一带一路"建设是推动构建人类命运共同体的重要实践平台。2018年8月27日，中国共产党中央委员会总书记习近平在推进"一带一路"建设工作5周年座谈会上指出，以共建"一带一路"为实践平台推动构建人类命运共同体，这是从中国改革开放和长远发展出发提出来的，也符合中华民族历来秉持的天下大同理念，符合中国人怀柔远人、和谐万邦的天下观，占据了国际道义制高点。

（2）第三方市场合作

第三方市场合作是一种国际合作新模式，指两国合作开发第三方国家市场。2019年4月，习近平主席在第二届"一带一路"国际合作高峰论坛开幕式发表主旨演讲时表示，欢迎多边和各国金融机构参与共建"一带一路"投融资，鼓励开展第三方市场合作，通过多方参与实现共同受益的目标。

中国提出的第三方市场合作是指中外多国企业共同在第三国市场开展经济合作。第三方市场合作强调企业主导、政府推动，通过开放包容的合作，实现发达国家技术和中国产能优势的互补，推动第三国经济、产业发展，特别是基础设施水平提升和民生改善，实现"1+1+1>3"的共赢效果。截至2019年6月，中国已与法国、日本、意大利、英国等14个国家签署第三方市场合作文件，建立第三方市场合作机制，共同为企业搭建合作平台、提供公共服务。① 随着"一带一路"倡议的影响力越来越大，中国与发达国家及共建"一带一路"国家将越来越多地开展第三方市场合作。

第三方市场合作实现了发达国家先进技术与中国优势产能的互补，并对接了发展中国家的发展需求，实现了共赢。它便于多个企业参与其中，实现分类生产，有助于推动项目节约成本、提高质量、加快进程，因此该模式受到了合作方及其市场、政府、企业等各有关方面的欢迎和重视。

从合作方式看，中方企业通过总分包、联合竞标等方式与发达国家企业开展工程合作、设备采购合作和共同投资。从合作主体看，既有金融企业，也有非金融企业；既有国有企业，也有民营企业；既有中国企业、发达国家跨国企业，也有项目所在国本土企业和国际金融机构。从合作平台看，中法第三市场合作指导委员会、中国新加坡第三市场合作工作组等机制相继设立并运行，中国—意大利、中国—奥地利等一系列第三方市场合作论坛成功举办，此外，还通过设立第三方市场合作基金为企业务实合作提供服务。

第三方市场合作虽然非"一带一路"原创，但"一带一路"建设为第三方市场合作挖掘了巨大需求，提供了诸多市场机遇，同时第三方市场合作为"一带一路"建设走深走实、行稳致远提供了可行的解决方案，实现了多赢。

（3）国际产能合作

国际产能合作是一种国家间产业互通有无、调剂余缺、优势互补的合作方式，是一种国际产业转移与对外直接投资相结合的新模式。产能合作是指产业和能力的输出，不是简单地把产品卖到国外，而是把产业整体输出到不同的国家去，帮助这些国家建立更加完整的工业体系、制造能力。

2014 年 12 月 14 日，国务院总理李克强在哈萨克斯坦首都阿斯塔纳同哈总统纳扎尔巴耶夫、总理马西莫夫就中哈在钢铁、水泥、平板玻璃、装备技术等领域加强产能合作达成重要共识，商定把产能合作作为深化中哈合作的重点和亮点，这被视为推进国际产能合作的开端。

---

① 中国新闻网. 中国已和 14 个国家签署第三方市场合作文件［EB/OL］.（2019 - 09 - 04）［2021 - 02 - 17］. https：//baijiahao. baidu. com/s？id = 1643750619886735701&wfr = spider&for = pc.

2015年5月16日，国务院印发《关于推进国际产能和装备制造合作的指导意见》，提出将与我国装备和产能契合度高、合作愿望强烈、合作条件和基础好的发展中国家作为重点国别，并积极开拓发达国家市场，以点带面，逐步扩展。将钢铁、有色、建材、铁路、电力、化工、轻纺、汽车、通信、工程机械、航空航天、船舶和海洋工程等作为重点行业，分类实施，有序推进。截至2020年，中国已同40余个国家签署产能合作文件，建立产能合作机制，开展项目对接。合作领域从传统行业向高端产业发展，高铁、核电、电子信息等高端制造业逐步走出国门，加速带动装备、技术、服务、标准和品牌"走出去"，助力共建国家产业结构转型升级。此外，与海外国家和地区共建经贸合作园区成为国际产能合作的重要突破口。截至2019年，中国与共建"一带一路"国家正在建设80余个境外经贸合作区，为当地创造数十万个就业岗位。

国际产能合作是中国参与共建"一带一路"的重要实现形式，是"一带一路"建设的重要抓手与平台，是中国对外开放新方式的重要创新，是中国国际经济合作的新范式、新模式。它将实现中国与"一带一路"周边国家的合作共赢。同样，"一带一路"建设也为国际产能合作带来"新机遇"。

（4）亚投行

亚投行全称亚洲基础设施投资银行（Asian Infrastructure Investment Bank, AIIB），成立于2015年12月25日，总部设在北京。亚投行是政府间性质的亚洲区域多边开发机构，也是全球首个由中国倡议设立的多边金融机构。亚投行重点支持基础设施建设，成立宗旨是促进亚洲区域的建设设施互联互通化和经济一体化进程，并且加强中国及其他亚洲国家和地区的合作。

亚投行意向创始成员国确定为57个，法定资本1000亿美元，中国出资50%，为最大股东。① 成立以来，亚投行先后进行了数次扩容，截至2023年9月，亚投行拥有109个批准成员，约覆盖全球人口的81%和全球

---

① 中国一带一路网. 亚投行［EB/OL］.（2016-9-28）［2023-5-9］. https：//www.yidaiyilu.gov.cn/p/958.html.

GDP 的65%。①

截至 2023 年 12 月底，亚投行累计批准 251 个项目，融资总额超过 502 亿美元，主要涉及能源、交通、金融、水资源、公共服务等领域。此外，共有 45 个投资项目用于新冠疫情后恢复重建设施，其中有 5 个项目用于疫苗研发。这些项目都位于亚洲，包括菲律宾、印度、巴基斯坦、孟加拉国、缅甸、印度尼西亚等国，内容涉及贫民窟改造、防洪、天然气基础设施建设、高速公路/乡村道路、宽带网络、电力系统等方面。

亚投行作为一个多边机构，并非专为"一带一路"建设所设，但亚投行将以基础设施互联互通为主要切入点，与其他多边发展组织一道，积极参与推进"一带一路"建设。实际上，众多共建"一带一路"国家也是亚投行成员国，只要是符合亚投行贷款原则的项目，亚投行将全力给予支持。

第二节 "一带一路"话语议题设置路径

议题设置是传播工作者特写、强调和选择某些事件、问题或消息以加强受众对该领域关注的过程，即选择传播主题并妥善"展示"的过程。② 在当前"西强我弱"的国际舆论格局中，对"一带一路"的误解、质疑甚至负面论调始终伴随。在内容为王的传播规律下，设置有生命力的话语议题是对外讲好"一带一路"故事的关键一环。

一 对外传播议题设置研究现状

为系统梳理议题设置方面的研究成果，笔者将调研范围进一步扩大到对

---

① 新华社. 亚投行再扩"朋友圈"成员数量增至 109 个 [EB/OL]. (2023-09-26) [2023-09-30]. http://www.news.cn/fortune/2023-09/26/c_ 1129887396.htm.

② Ragas M W. Agenda - Building and Agenda - Setting Theory: Which Companies We Think About and How We Think About Them [J]. The handbook of communication and corporate reputation, 2013: 151-165.

外传播领域。当前，学者在对外传播议题设置方面的研究主要集中于议题选取、表达方式、议题发布时机、典型案例研究等方面。

在议题选取方面，部分学者认为应该参考议程设置属性理论及导向需求选择主题，如黄晓曦①认为一个成功的文化议题必须具备高度的敏感性、显著性、针对性。一是要选择那些既服务于本国对外传播战略，又能引起国际社会广泛关注的议题；二是要合理把握议题的"属性原则"；三是议题必须与受众的接受习惯和心理、文化背景、思维方式以及价值观念相契合。赖东威②认为选题策略应该突出中国立场、注重人情味、趣味性和仪式感。也有学者列举了议题选取方向，如全晓书③认为应该直击西方媒体的困惑，正面回答它们的质疑。黄良奇④认为可从中国共产党治国理政、中国改革开放、"一带一路"建设、人类命运共同体、中华文化等大的主题设置故事议题。张月月⑤等认为应该要讲好中国梦及其世界意义、讲清"中国特色"的独特内容、讲明中国的"大国"形象、讲透中国改革开放的成就及经验。江时学⑥、赖东威等认为对于民主、人权、选举、政治改革和其他一些在国内被视为较为敏感的话题，中国媒体要勇于在各个场合用不同的方式表达中国观点，以及针对国际议题给出中方态度。

在表达方式方面，计宏亮⑦认为要改变"恩主"式的语气；全晓书认为应注重多语种、多文化的表达方式；张月月等认为要建立"平等对话"传播机制，细分受众圈层，打造"精准矩阵"传播内容。江时学认为我国媒体需要改变报喜不报忧，避重就轻，用词用语不当，空话、大话和套话多于实质性内容，时效性差等表达方式的缺点。赖东威认为要贴近社交媒体及海

① 黄晓曦. 新时代中国文化对外传播的国际议程设置 [J]. 理论界, 2019 (01): 57-65.
② 赖东威. 浅析我国对外传播中的"塑他"策略 [J]. 新闻研究导刊, 2017 (17): 101.
③ 全晓书. "一带一路"对外报道的议题设置探析——以新华社为例 [J]. 对外传播, 2017 (12): 36-38.
④ 黄良奇. 新时代讲好中国故事: 价值引领、议题方略与对外传播意义 [J]. 当代传播, 2019 (05): 54-60.
⑤ 张月月. 对外传播中如何讲好中国故事 [J]. 新闻爱好者, 2019 (04): 59-62.
⑥ 江时学. 进一步加强中国对外话语体系建设 [J]. 当代世界, 2016 (12): 26-29.
⑦ 计宏亮. "一带一路"国际话语权的建构刍论 [J]. 理论导刊, 2015 (07): 101-103.

外受众特点，重视图片和视频的作用，避免语句上的主观色彩，在表现元素上突出中国意象。张梦晗①认为传播思维要进行从灌输模式到分享模式的转变，尤其注重跨文化、互动语境以及移动端碎片化接受信息的习惯。

在议题发布时机方面，学者普遍认为应抓准发布时机，配合重大国际事件背景进行宣传。关毅平②等认为中国媒体在抓准时机方面有滞后性，给了西方媒体大肆歪曲炒作的机会，即使后续跟进报道，但民众也对西方媒体的报道"先入为主"。欧阳骞③及赖东威④认为应该把握互动节奏和发布时机，李红⑤等认为要在突发事件、重大新闻事件的报道中进行议程设置。

在典型案例研究方面，程曼丽⑥将美国对外的"战略传播"总结为以"天下观""道义论""合法性"等隐性手段设置议题，将符合美国个人利益的议题宣传为天下大义、民心所向，在世界范围内"制造同意"。李宇⑦研究了日本的英语国际频道 NHK World TV，认为其着重传播对国际受众来说比较新奇和有吸引力的日本文化，为日本在国际社会争取话语权。习少颖⑧等发现印度电影国际传播遵从去印度化、构建统一、再印度化的过程：先弱化世人眼中关于印度的刻板印象，但是保留印度文化核心特征并寻找与之接近的全球化的价值观念，将二者协同表达、推动印度新形

① 张梦晗. 青年网民的互动与沟通：复杂国际环境下的对外传播路径 [J]. 现代传播（中国传媒大学学报），2018（12）：24-28.
② 关毅平. 媒介议程设置视角下"中国梦"国际传播实现路径探究 [D]. 武汉：华中科技大学，2016.
③ 欧阳骞. "一带一路"倡议国际传播的战略性议题设置 [J]. 和平与发展，2019（05）：85-98.
④ 赖东威. 我国社交媒体账号的对外传播之道——以"人民日报"Facebook 账号"特朗普访华"议题报道为例 [J]. 新闻传播，2018（08）：17-18.
⑤ 李红. 对外传播中的动向把握与议程设置——以"侨讯专递"节目为例 [J]. 中国记者，2011（02）：71-72.
⑥ 程曼丽. 谈战略传播视角下的议题设置——以美国涉外舆论为例 [J]. 对外传播，2016（08）：4-7.
⑦ 李宇，关世杰. 提高对外传播影响力的文化路径：以文化吸引力增强议程设置力 [J]. 电视研究，2010（10）：28-31.
⑧ 习少颖，胡敏. 印度电影产业国际传播的接合策略研究——对四部印度电影的案例分析 [J]. 北京电影学院学报，2019（09）：58-68.

象树立。

目前，多数学者在对外传播议题设置方面的研究集中于宏观层面指引，或直接给出议题方向。议题设置的系统性研究和方法指引不多，笔者尝试弥补对外传播议题设置在"如何做"层面的空缺，结合前人研究基础与当前实践需求，尝试提出具有可操作性的"一带一路"国际传播议题设置思路。

二 "一带一路"国际传播议题设置思路

早在 20 世纪中期，传播学大师奥斯古德、施拉姆等提出传播的循环模式，加入对受众传播反馈的考虑。互联网的蓬勃发展，逐渐培育出互联网产品思维，其核心是用户驱动，即以同理心转换用户思维对产品重新审视，以用户体验为核心对产品的设计研发进行优化迭代。互联网时代，传播主体更加多元，受众选择更加多样，受众的喜好和选择变得愈来愈重要。传统的传播主客体关系变为强调"主体间性"，即传播者与受众都是主体。在社会学意义上，"主体间性"针对的是作为社会主体的人与人之间的关系。以大众传播为基础发展起来的传统认识理论把传播关系看作一种"主体—客体"的二元对立关系，它只承认一个主体，即传播者。"主体间性"则超越了传统认识论的主客二元对立关系，它不承认主体与客体的区别，而是强调主体间的统一性，认为传播是传播者之间的社会互动。①"主体间性"关系下，强调传播的"去中心化"，重视被传播者的需求及两者之间的交流关系。

"一带一路"倡议内涵丰富，涉及政策沟通、设施联通、贸易畅通、资金融通、民心相通等合作内容，对于国际传播而言，"一带一路"倡议拥有一个丰富的知识体系，这个体系是对外传播的核心要义。议题设置避免"大、全、空"，需要从知识体系中抽取筛选出符合传播者意图或受众需求的内容，形成话语主题，然后再通过各种包装技巧对主题进行包装，形成热

---

① 蒙象飞. 文化符号在中国国家形象建构中的有效运用 [J]. 社会科学论坛，2014（06）：226-230.

点传播议题。在议题形成与传播中，应秉承"主体间性"，注重受众需求响应和反馈。基于上述考虑，笔者提出"一带一路"国际传播议题设置逻辑，如图5-7所示。

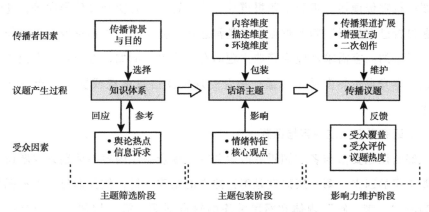

图5-7 "一带一路"国际传播议题设置基本思路

"主体间性"关系下，传播议题的设置共分为三个阶段：主题筛选阶段、主题包装阶段和影响力维护阶段，每一阶段都需要综合考虑传播者及受众因素。传播者有主旨、有技巧、有创新，对受众有研究、有回应、有互动，才能设置出真正有"传播力"的议题。

三 "一带一路"国际传播议题的主题筛选

主题鲜明是议题设置的基本要求。议题设置第一步是从"一带一路"丰富的话语体系中筛选出合适的主题，主题筛选策略包括以下几种。

1. 理解"一带一路"话语体系

"一带一路"倡议涉及范围广泛，本身就是一个内涵丰富的"知识库"，包括提出背景、目的意义、内涵、核心理念、发展方向等基础知识，六大核心经济走廊、人类命运共同体、中欧班列等品牌概念，以及"五通"合作领域和各领域具体细分的话题。对"一带一路"不了解，很难在议题设置中讲好"一带一路"故事。

2.明确议题设置背景或目的

这侧重的是从传播者角度的思考,大致分为两种情况。一是存在明确议题传播背景,例如"一带一路"国际合作高峰论坛等重要国际会议召开,需要进行宣传预热、重要主题报道等,或主管部门有明确宣传导向等,此时议题设置已有相对明确的重点。二是常态化传播工作,主题选取自由度较大时,受众的内容需求就成为筛选主题的有效指引。例如,选择近期舆论热点话题,本身自带热度易于传播;结合受众关注信息重点或资讯需求选择主题等。

3.研究受众关注内容与话题

好的议题要参与者与倾听者产生共鸣,受众关注内容与话题是议题设置需要考虑的因素。第一层研究是舆论热点的跟踪分析,例如通过文本挖掘分析当前"一带一路"媒体和网民关注的热点话题。第二层研究是受众信息诉求的挖掘,找到传播者与受众之间的共通点。可采用垂直用户定位及细分类别精准分析的分众传播的思路,从宏观到微观三个层面展开(见图5-8)。首先是文化背景层面,可以根据文化、语言及宗教信仰的谱系远近来对受众进行分类,比如同为伊斯兰教国家或者同为东方文化背景的国家可能在知识需求倾向上相近。其次是国家发展层面,"一带一路"倡议欢迎各个发展进程国家参与,但是不同发展阶段的国家关心的问题不同。例如,发达国家更倾向于绿色发展、人权保护等方面的话题,发展中国家更在意经济发展及基础设施建设相关话题。最后是对象定位层面,议题是旨在提高民众对"一带一路"接受程度的"大众传播",还是目的为影响某领域相关人才的专业化传播,这两种目的分别对应角色定位层面的社会学需求定位分析方法及"一带一路"专业角色分析方法。社会学需求定位分析方法是依托社会学领域对个体进行的分类,分类因素有性别、年龄/受教育程度、生活方式、社会阶层、价值观等。"一带一路"专业角色分析方法的分析因素是根据参与"一带一路"的社会身份及方式决定的,比如政府官员、智库学者、商业精英。前者侧重基础知识普及、品牌传播等,后者则需议题阐述更专业、更深刻。

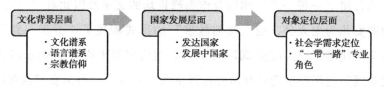

图 5-8 受众信息诉求分析流程

四 "一带一路"国际传播议题的主题包装

主题是一个相对明确的选题方向，需要进行包装才能成为一个生动成熟的议题。传播者需要从内容、描述和环境维度综合进行议题包装，同时考虑受众情感响应。

内容	描述	环境
· 立意：着眼大局、以小见大 · 合理性：逻辑合理 · 艺术性：增加美感 · 亲民性：降低传播理解门槛	· 语言：官方语言 本土语言及语料库 · 语态：单向传播语态 互动语态 （互联网对话原则）	· 媒介：传统媒体 新媒体 · 时机：配合传播者层面 的背景/目的

图 5-9 主题包装的维度

1. 内容维度

内容是议题的核心。内容维度应着力考虑议题的立意、合理性、艺术性及亲民性等。

法国哲学家利奥塔尔曾指出叙事包括宏大叙事（grand narratives）与小叙事（little narratives）两种叙事类型。基于此，立意因素分为"着眼大局"和"以小见大"两类："着眼大局"通常阐述宏观内容，力求传播更全面的信息，如中欧班列运行情况、"一带一路"贸易进展等，可使用数据等客观材料充实立意；"以小见大"通常借助一个具体事件、人物、事物描述一种现象、规律或状态，可以选取叙事性、故事性强的内容，故事主角也尽量贴近受众日常生活，易于理解和产生情感共鸣。一些朴实无华的小故事往往能够带来大流量。2017 年 5 月，《中国日报》在 YouTube 平台发布了一组名为《"一带一路"睡前故事》（Belt and Road Bedtime Stories）的视频合集，以将要参加首届"一带一路"国际合作高峰论坛的父亲及因此对"一带一路"感兴趣的女儿为主人公，用"睡前故事"的形式阐述了"一带一路"基本内涵与全球化等议题。截至 2020 年 6 月，组内视频平均播放量约 10 万。此系列视频通过选用贴近受众身份的传播主角，并营造一种父女间温馨的对话氛围，使受众产生情感共鸣，同时以生活中随处可见的玩具火车等小物品作为传播载体，便于受众理解，"以小见大"地完成了"一带一路"的国际传播。

合理性因素侧重丰富文本叙述的逻辑、突出内容重点及"张弛有度"地吸引受众注意力。以 CGTN 于 2018 年 9 月 3 日在 YouTube 平台上发布的视频《中欧班列：从丝绸之路到丝绸铁路》（China Railway Express：From Silk Road to Silk Railroad）为例。此视频以外国记者探寻中欧班列为故事逻辑线，顺着中欧班列运行的顺序从物流、海关、贸易及文化背景多个角度展现"一带一路"带来的变化。在重点环节配有"普通人"是如何参与"一带一路"的案例来加深理解，受众仿佛跟随记者完成了一次"一带一路"揭秘之旅。视频也收获了不错的播放量表现。

艺术性因素主要是从增加美感的角度吸引受众，这种美感包括文字、图片、声音、视频画面等的美感。艺术性要充分结合主题筛选阶段对受众文化背景的了解。例如，李子柒在海外的走红，一是因为其契合了在国际文化背景下民众对中华田园生活的向往；二是其短视频拥有高质量的影像叙事，从策划、细节捕捉、色彩、构图、声像等各方面都呈现了田园牧歌式的恬静美感，增加了受众关注度及黏性。

亲民性因素旨在与受众形成认同或情感共鸣，避免传播内容"曲高和寡"的现象。东西方文明具有一定差异，中国对外传播多注重宏大叙事，造成了"一带一路"海外传播的片面化、刻板化，许多海外民众对"一带一路"的印象只停留在经济合作、茶、丝绸等简单符号上。可以借助熊猫等典型的海外受众容易接受的中国元素，可以讲述贴近海外受众生活的小人物小故事，可以采用外嘴、外脑讲述丝路故事。

议题内容设计还可以考虑加入用户生成内容（User-generated content）

过程，形成互联网"迷因"。希夫曼（L. Shifman）将互联网"迷因"视为由互联网用户传播、模仿和转变的流行文化单元，也是由互联网用户创造、共享的文化体验。① 尝试将一些在国外受众中具有较高认知基础的"一带一路"象征符号，打造成有文化含量的互联网"迷因"产品，这样既可以利用"迷因"的病毒式传播扩大传播范围，其中的文化因素也可以使"迷因"式传播非"浮于表面""昙花一现"。"ipanda熊猫频道"就是一个很好的例子：其用全世界人民都喜欢的熊猫作为象征符号，佐以中国绿色发展及在生态环保方面的成果，是近年来传播效果最好的尝试之一。

2. 描述维度

描述维度主要包括语言因素及语态因素。语言因素主要考虑传播时使用的语种。截至2023年6月，中国已经同150余个国家签署共建"一带一路"合作文件。合作国家所用语种众多，传播者需要根据实际情况选择合适的语言：既要考虑传播广泛的英语、法语、阿拉伯语等联合国官方语言，也要考虑凸显亲民性，使用受众本土语言。中国语言博大精深，语言转换如无法达到"信、达、雅"，很容易使传播效果大打折扣，甚至造成误读、引起争议。专业的国际传播工作者应在工作中积累翻译语料，集成"一带一路"海外传播语料库，为之后的传播工作提供帮助。"丝绸之路影视桥工程"就是一个很好的运用本土语言促进"民心相通"的例子。此工程旨在将反映中国现实生活和优秀文化与主流价值的广播影视作品，译配共建"一带一路"国家本土语言以在对象国播出，让共建国家民众更"无障碍"地了解中国。语态因素是指传播工作中使用的"语气"或"说话方式"。不同的话语主题对应不同的传播语态：科普性、介绍性等侧重传播知识的内容可以使用单向传播语态，也比较适合搭配传统媒体使用；话题内容专业性较低，旨在引起民众讨论的内容适合使用互动语态，尤其是在社交媒体平台传播。互

---

① 郭萌萌，王炎龙．"转文化"：中国文化对外传播范式转换的逻辑与方向［J］．现代出版，2019（06）：52-55．

动语态使用方面，笔者引用周翔等学者修正建立的"互联网对话原则"。①
此对话原则由"对话循环""对话介入""文本亲近性""用户挽留"四个
子原则构成，笔者将其概括为图5-10。

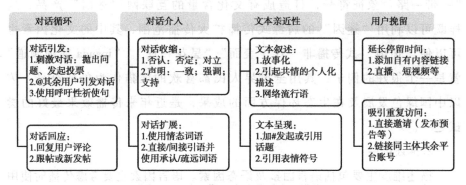

图 5-10　互联网对话原则分析维度

对话循环对应巴赫金对话理论的"纯粹对话关系"，包括对话引发和对
话回应。对话引发即直接发起对话的行为，对话回应则是回应网民提问如回
复留言、私信等。目前，我国许多官方媒体的 Twitter 账号基本不参与回复
留言，不利于展现一个"平等交流"的媒体形象。

对话介入参考巴赫金对话理论的潜对话，即非直接形式的对话交流。包
括"对话收缩"和"对话扩展"两个概念。"对话收缩"指的是传播者通
过引入某些"评价资源"以达到限制他人观点、表达自己立场的目的，因
为这种行为干扰或排斥了其他声音，抢占了话语空间，所以称之为"话语
收缩"。其具体可以通过对已有观点表达"否认"和使用"声明"明确表明
观点或立场两个行为来实现。"话语扩展"是通过引用别人的声音增大话语
空间，相比"话语收缩"来说包容性更强，具体可分为引发和摘引两种行
为。"引发"指的是说话人使用情态动词、情态副词、情态状语、表推断的
从句、反问句及某些心理动词等情态词语表达，留出协商的空间。"摘引"

---

① 周翔，户庐霞. 我国主流媒体 Twitter 账号对外传播的对话问题分析［J］. 现代传播（中国
传媒大学学报），2019（06）：41-46.

是引用别人观点，隐性表达自己的观点。

文本亲近性主要是致力于拉近传播者与受众的距离以及增加传播内容的可读性，包括文本叙述及文本呈现两个方面，前者要求增加叙述故事性、个人情感共情性及使用网络流行语；后者包括使用或发起社交网络话题及表情符号（emoji）等。

用户挽留侧重于维系对话关系。延长停留时间除了通过直接添加平台内自有内容的链接之外，多考虑使用图片及短视频等传播手段。传播心理学研究表明，人脑优先处理的信息中 90% 与图像直接相关。号称"CNN 杀手"的 NowThis 打出口号"20 秒是新的 20 分钟"，通过短视频等手段传播，其全球范围内的月观看量已经超过 20 亿次。吸引重复访问可通过直接发布预告的方式，也可以通过链接同传播主体的其余平台账号的方式。

3. 环境维度

环境维度强调议题生成的时空环境及传播载体，包括议题生成时机、传播媒介等。

时机因素指议题设置要考虑恰当的时机，再次呼应主题筛选阶段的传播背景与目的。时机既包括借助某一重大会议、重要活动、时间节点，也包括议题设置的及时性、针对性，例如某一热点事件、负面舆情出现，及时设置正面回应议题，以免谣言、诋毁等负面信息先入为主地占据舆论上风。

媒介因素是话语主题通过报纸、电视等传统媒体，还是社交网络等新媒体或二者融合的方式进行传播。此因素可以与定位筛选阶段的受众分类相结合考虑。例如，在有些发展中国家电视广播或在地报纸、海报的传播依然是主流，而在网络较为发达的国家和地区，社交媒体是最便捷的媒介渠道。

4. 受众层因素

受众对相关主题的情感和主要观点是施语者必须要熟知和考虑的因素。一方面，了解受众情绪特征，能有效避免议题触及受众情绪敏感点，在议题策划时可相对温和地设计话语内容，另一方面，梳理已有核心观点，取长补短，能有效充实议题内容设计。

受众情绪特征大致分为三类：正面情绪，分为向往、期许及追求等；负面情绪，分为质疑、害怕与厌恶；中性情绪，分为好奇及惊讶。负面情绪如质疑，需要重点关注质疑"什么"，可以通过正面回应来消除质疑情绪。在主题包装方面，要先以柔性手段消除偏见，如选择贴近受众视角的叙事性描述、使用本土语言、互动语态等，再考虑以客观的事实增强传播观点的可靠性。

受众情绪特征及核心观点，可以通过数据挖掘、自然语言处理技术（NLP）等进行文本情感分析，这点当前多数学者已进行了相关模型和算法的研究测试。

五 "一带一路"国际传播议题的影响力维护

主题在包装形成议题后，应通过积极传播形成社会影响力，达到引导舆论、促成共识的效果。诺曼·费尔克拉夫（Norman Fairclough）指出，单个语篇本身并不重要，重要的是媒介通过不断重复价值观念和思想意识，将读者框定在自己为其设置的话语框架中，以此来行使它的权利。① 笔者认为优秀的议题应有一定的持续性和生命力，在传播过程中应注重维护和更新。

议题维护的目的是使议题成为热点、焦点，手段包括：寻求"代理人"协助传播议题，例如，可以考虑与有影响力的名人、社交媒体意见领袖合作或与受众更大的传播平台合作，借助其影响力为议题造势；积极与受众互动，进一步消除疑虑、误解；进行议题后期持续的内容创作，同时关注互联网背景下受众对议题的二次创作，形成系列、多元的传播内容，不断发声形成热度，避免传播泛化。

议题传播过程中，不断获取来自受众的传播效果反馈信息非常重要。议题传播所覆盖的受众规模和范围，受众的反响和评价（例如，社交平台上的点赞、转发、评价），议题引发了哪些新的现象和讨论，既是考察议题设置成功与否的最客观标准，也是不断修正议题设置、指导议题维护的重要参考。

---

① 胡雯.费尔克拉夫话语分析观述评 [J].牡丹江大学学报，2009（06）：63-65.

第六章
"一带一路"话语对外传播方式

话语传播方式重点研究话语传播的路径与形式。创新"一带一路"话语体系的表达传播方式，依赖良好的路径和载体，充分利用政府、高校智库、媒体、企业和社会组织等双边、多边国际交流平台、中外合作项目、各种官方和民间的对话机制，更直接、更广泛地讲好"一带一路"故事，更有效地增强本国文化吸引力和政治影响力，改善国际舆论环境，推动全球共同参与"一带一路"建设，为"一带一路"建设营造良好的国际舆论氛围、外部环境奠定坚实的社会基础和民意基础。

第一节　通过政府外交传播权威声音

政府外交是在不同国家政府间，就某些目标模式进行协调、磋商，最大限度地化解矛盾，求同存异，达成共识。① 外交在构建有利国际关系、建立高层合作共识、搭建合作框架、创造良好地区环境方面起到了积极重要作用。

一　政府高层互访

通过国家元首、政府首脑等高层领导的互访，增加精英传播效果，巩固双边或多边的关系，增强政治互信，有助于推动"一带一路"倡议进一步实施。

十年来，我国与"一带一路"国家保持密切的高层互动，为"一带一

---

① 孙力."一带一路"愿景下政策沟通的着力点［J］. 新疆师范大学学报（哲学社会科学版），2016（03）：33-39.

路"建设创造良好的政治环境和积极的社会舆论环境。据笔者统计,自
"一带一路"倡议提出至 2023 年 12 月底,我国与 147 个共建"一带一路"
国家共开展了 1022 次总统、首相、议长等首脑级别的高层交往活动,其中
有 243 次为国事访问期间会见。国家主席习近平先后会见 139 个共建国家领
导人共计 553 次。高层互访也伴随着国内外媒体的积极跟踪报道,领导讲
话、互访成果进一步向所在国民众传播。"一带一路"倡议提出以来习近平
主席出访国家及出访成果如表 6-1 所示。

表 6-1 "一带一路"倡议提出以来习近平主席出访国家及出访成果

时间	出访国家	"一带一路"相关成果
2013 年 9 月	哈萨克斯坦	首次提出共同建设"丝绸之路经济带"倡议
2013 年 10 月	印度尼西亚	提出中国愿同东盟国家共同建设"21 世纪海上丝绸之路"
2014 年 9 月 11 日	塔吉克斯坦	双方签署了《中华人民共和国和塔吉克斯坦共和国关于进一步发展和深化战略伙伴关系的联合宣言》,并通过了《中华人民共和国和塔吉克斯坦共和国 2015 年至 2020 年合作纲要》等 16 份文件
2014 年 9 月 14 日	马尔代夫	双方一致同意建立中马面向未来的全面友好合作伙伴关系
2014 年 9 月 16 日	斯里兰卡	双方签署《中斯关于深化倡议合作伙伴关系的行动计划》以及经贸、基础设施建设、海洋科研、文化、教育等领域合作协议
2014 年 9 月 17 日	印度	双方签署了关于设立输变电设备产业园区,中国广东省和古吉拉特邦、广州市和艾哈迈达巴德市结为友好省邦、友好城市的协议
2015 年 4 月 20 日	巴基斯坦	中巴签署了 51 项合作协议和备忘录,15 家中方公司参与了签约,其中超过 30 项协议、备忘录与"中巴经济走廊"相关
2015 年 5 月	哈萨克斯坦 俄罗斯 白俄罗斯	此次到访是一次对接丝绸之路经济带合作建设的"互惠之旅",再次凸显中国"一带一路"倡议的互利合作效应
2015 年 11 月	新加坡 越南	达成中越"一带一路"和"两廊一圈"的多方对接;签署"中新(重庆)战略性互联互通示范项目"协议
2015 年 11 月	土耳其 菲律宾	参加 G20 峰会,强调二十国集团要加强宏观经济政策沟通和协调,推动改革创新,构建开放型世界经济,落实 2030 年可持续发展议程;出席 APEC 会议,会后发表《亚太经合组织第二十三次领导人非正式会议宣言》

续表

时间	出访国家	"一带一路"相关成果
2015 年 12 月 1 日至 5 日	津巴布韦 南非	中非一致同意将中非关系提升为全面倡议合作伙伴关系，并为此做强和夯实"五大支柱"
2016 年 1 月 19 日至 23 日	沙特 埃及 伊朗	在此访期间分别同中方签署了关于共建"一带一路"的谅解备忘录，中沙还签署了加强"网上丝绸之路"建设合作的谅解备忘录
2016 年 3 月 28 日至 4 月 1 日	捷克	中捷双方签署了落实"一带一路"建设的合作规划纲要谅解备忘录
2016 年 6 月 17 日至 24 日	塞尔维亚 波兰 乌兹别克斯坦	同 3 国共签署数十项合作协议，涉及互联互通、贸易、产能、能源、金融、科技、文化、旅游等各领域，对共建"一带一路"产生了实实在在的牵引和示范效应
2016 年 10 月 13 日至 17 日	柬埔寨 孟加拉国 印度	对柬埔寨进行国事访问，签署《中华人民共和国和柬埔寨王国联合声明》；在印度出席金砖国家领导人第八次会晤及同"环孟加拉湾多领域经济技术合作倡议"成员国领导人对话会
2016 年 11 月 17 日至 23 日	厄瓜多尔 秘鲁 智利	中厄、中智将双边关系定位提升至全面战略伙伴关系；中秘、中智签署"一带一路"倡议对接谅解备忘录
2017 年 1 月 15 日至 18 日	瑞士	中瑞领导人就双边关系、各自发展道路、内外政策以及共同关心的国际和地区热点问题深入交换意见，并签署多项合作协议。与世界卫生组织签署"一带一路"卫生领域合作谅解备忘录等合作文件
2017 年 4 月 4 日	芬兰	最重要的共识就是中国、芬兰建立面向未来的新型合作伙伴关系
2017 年 6 月 7 日至 10 日	哈萨克斯坦	该访问将进一步提升中哈政治互信与发展战略对接，尤其是推动"一带一路"倡议的继续落实，将为地区合作带来新机遇
2017 年 7 月 3 日至 8 日	俄罗斯 德国	中俄两国元首之间的密切往来和经常性的战略对话直接拉动了中俄战略协作伙伴关系的持续高位运行。中德两国领导人的关系也到了一个非常融洽的高度
2017 年 11 月 10 日至 14 日	越南 老挝	在越南出席 APEC 第二十五次领导人非正式会议期间，出席越中友谊宫落成移交仪式暨河内中国文化中心揭牌；在对老挝进行国事访问期间，发表《携手打造中老具有战略意义的命运共同体》署名文章，并出席玛霍索综合医院奠基仪式

续表

时间	出访国家	"一带一路"相关成果
2018 年 7 月	阿联酋 塞内加尔 卢旺达 南非 毛里求斯	中国与非洲国家共签署约 40 项合作协议,使中非的利益纽带变得更加紧密;访问塞内加尔期间,双方签署"一带一路"合作文件,塞内加尔成为西非首个签署这一文件的国家
2018 年 11 月 15 日至 16 日	巴布亚新几内亚	两国领导人积极评价两国传统友谊,规划双边关系发展新蓝图,一致决定建立中巴新互相尊重、共同发展的全面战略伙伴关系
2018 年 11 月 18 日至 19 日	文莱	两国领导人一致决定建立中文战略合作伙伴关系,做政治互信、经济互利、人文互通、多边互助的伙伴
2018 年 11 月 20 日	菲律宾	两国元首共同规划双边关系未来发展,达成重要共识,一致决定在互相尊重、坦诚相待、平等互利、合作共赢的基础上建立中菲全面战略合作关系
2018 年 11 月 27 日至 12 月 5 日	西班牙 阿根廷 巴拿马 葡萄牙	与各国元首一致达成协议,共同合作,谱写未来发展合作的新篇章
2019 年 3 月 21 至 26 日	意大利 摩纳哥 法国	中意签署关于共同推进"一带一路"建设的谅解备忘录,意大利成为首个加入"一带一路"的 G7(7 国集团)国家
2019 年 6 月 5 日至 7 日	俄罗斯	中俄元首决定将致力于发展中俄新时代全面战略协作伙伴关系
2019 年 6 月 12 日至 16 日	吉尔吉斯斯坦 塔吉克斯坦	以高质量共建"一带一路"为主线,加强"一带一路"倡议同吉《2018 至 2040 年国家发展战略》、塔 2030 年前国家发展战略的深度对接,拓展基础设施建设、能源、农业、工业、互联互通等领域合作,促进贸易投资便利化,密切人文和地方交流
2019 年 6 月 20 至 21 日	朝鲜	引领中朝友谊开启新篇章,加强治国理政经验交流互鉴,为半岛政治对话进程注入新动力
2019 年 6 月 27 至 29 日	日本	希望日方更加积极参与共建"一带一路"
2019 年 10 月 11 日至 13 日	印度 尼泊尔	将中尼共建"一带一路"同尼泊尔打造"陆联国"的国策对接,通过口岸、道路、铁路、航空、通信等方面联通工程,加快构建跨喜马拉雅立体互联互通网络

续表

时间	出访国家	"一带一路"相关成果
2019 年 11 月 10 日至 17	希腊 巴西 西班牙	愿通过比雷埃夫斯港口等合作项目推动落实两国政府间共建"一带一路"合作谅解备忘录
2020 年 1 月 17 日至 18 日	缅甸	双方将深化高质量共建"一带一路"合作,推动中缅经济走廊由概念规划转入实质建设,实现走廊三端支撑和互联互通重大项目积极进展
2022 年 9 月 14 日至 16 日	哈萨克斯坦 乌兹别克斯坦	出席上海合作组织成员国元首理事会第二十二次会议,强调秉持"上海精神",加强团结合作,推动构建更加紧密的上海合作组织命运共同体;参加中蒙俄元首第六次会晤,三方确认《建设中蒙俄经济走廊规划纲要》延期 5 年,正式启动中蒙俄经济走廊中线铁路升级改造和发展可行性研究,商定积极推进中俄天然气管道过境蒙古国铺设项目
2022 年 11 月 14 日至 17 日	印度尼西亚	出席二十国集团领导人第十七次峰会,并发表题为《共迎时代挑战 共建美好未来》的重要讲话
2022 年 11 月 17 日至 19 日	泰国	出席亚太经合组织第二十九次领导人非正式会议,峰会通过了《二十国集团领导人巴厘岛峰会宣言》
2022 年 12 月 7 日至 10 日	沙特	在出席首届中国—阿拉伯国家峰会时提出,中阿务实合作"八大共同行动"
2023 年 3 月 20 日至 22 日	俄罗斯	两国元首就中俄新时代全面战略协作伙伴关系发展和双边务实合作重要问题深入交换意见,推动中俄经济和贸易合作高质量发展,为全面推进双边合作注入新动力,保持两国货物和服务贸易快速发展势头,致力于 2030 年前将两国贸易额显著提升
2023 年 8 月 21 日至 24 日	南非	中南双方签署《中南关于同意深化"一带一路"合作的意向书》
2023 年 11 月 14 日至 18 日	美国	在旧金山出席亚太经合组织领导人会议期间,习近平主席会见斐济总理兰布卡时表示,中方愿同斐济加强共建"一带一路"合作,落实全球发展倡议,推进基础设施、农林渔业、新能源等领域合作,助力斐济经济社会发展;会见文莱苏丹哈桑纳尔时,文方高度重视发展同中国的关系,愿继续致力于加强经贸、农业、渔业、绿色能源等领域合作,深化人文交流,积极推进高质量共建"一带一路"
2023 年 12 月 12 日至 13 日	越南	中越双方签署共建"一带一路"倡议同"两廊一圈"战略对接合作规划纲要,为两国拓展务实合作打开新空间

二 外交会议宣传

近年来，中国越来越注重在国际领域主动发声，通过主办一系列重要的区域性、国际性及全球性外交会议，积极参加双多边国际会议，有效提升在国际事务中的话语权和议程设置能力。这些外交会议和活动，成为"一带一路"倡议最有效的宣传平台。

1. 主场外交

自 2014 年开始，主场外交成为中国外交的重要内容，在我国主办的金砖国家领导人会晤、G20 杭州峰会、博鳌亚洲论坛年会、上海合作组织峰会、中非合作论坛峰会等国际会议上，"一带一路"成为重要话题，吸引着全球媒体的关注。

2017 年 5 月，首届"一带一路"国际合作高峰论坛在京举行，是新中国成立以来由中国首创和主办的最高级别的主场外交论坛，以"加强国际合作、共建'一带一路'，实现共赢发展"为主题，来自 29 国的元首和政府首脑、联合国秘书长、世界银行行长、国际货币基金组织总裁出席会议，共有 130 余个国家的约 1500 名各界贵宾作为正式代表出席论坛，来自全球的 4000 余名记者注册报道该论坛。

2019 年 4 月，第二届"一带一路"国际合作高峰论坛召开，论坛以"共建'一带一路'、开创美好未来"为主题，来自 150 余个国家和 90 余个国际组织的近 5000 位外宾出席论坛，37 位国家元首和政府领导人出席圆桌峰会。第二届高峰论坛已经成为共建"一带一路"国家和国际组织深化交往、增进互信、密切往来的重要平台。

2023 年 10 月，第三届"一带一路"国际合作高峰论坛在北京举行，主题为"高质量共建'一带一路'，携手实现共同发展繁荣"，来自 151 个国家和 41 个国际组织的代表参会，注册总人数超过 1 万人，再次体现了"一带一路"倡议的巨大感召力和全球影响力，此次论坛形成的最重要共识是开启高质量共建"一带一路"新阶段。

中国主场外交的发展升级，不仅反映了中国主场外交意识的逐渐苏醒和综合国力的不断提升，而且也体现了世界对中国发展和中国能力的信任。"一带一路"倡议借着我国主办的各类外交会议平台，更有效地将"一带一路"正面声音、准确信息传递给真正参与"一带一路"、研究"一带一路"的群体对象，我国承办的部分主场外交会议如表6-2所示。

表6-2　中国承办的部分主场外交会议

序号	时间	地点	会议名称	传播"一带一路"的贡献
1	2015年3月（每年定期举行）	海南博鳌	博鳌亚洲论坛	正式对外发布《推动共建丝绸之路经济带和21世纪海上丝绸之路的愿景与行动》
2	2015年11月	江苏苏州	第四次中国—中东欧国家领导人会晤	会议发表了《中国—中东欧国家合作中期规划》和《中国—中东欧国家合作苏州纲要》两份重要文件，为中国与中东欧未来深入合作明确了路线图
3	2016年1月	北京	亚洲基础设施投资银行开业仪式暨理事会和董事会	中国愿意同各方一道，推动亚投行早日投入运营、发挥作用，为发展中国家经济增长和民生改善贡献力量。我们将继续欢迎包括亚投行在内的新老国际金融机构共同参与"一带一路"建设
4	2016年	浙江杭州	G20杭州峰会	"一带一路"成为与会嘉宾的关键词，土耳其总统峰会上表示土耳其积极参与"一带一路"建设
5	2017年6月	北京	首届"一带一路"国际合作高峰论坛	29国元首和政府首脑、联合国秘书长、世界银行行长、国际货币基金组织总裁出席会议，共有130余个国家贵宾参会
6	2017年9月	福建厦门	金砖国家领导人第九次会晤	"一带一路"成为与会嘉宾热议的话题
7	2018年7月	北京	中国—阿拉伯国家合作论坛第八届部长级会议	发布《中国和阿拉伯国家合作共建"一带一路"行动宣言》
8	2018年9月	北京	中非合作论坛北京峰会	会上37个国家以及非洲联盟签署共建"一带一路"政府间谅解备忘录
9	2019年4月	北京	第二届"一带一路"国际合作高峰论坛	150余个国家和90余个国际组织的近5000位外宾出席论坛，37位国家元首和政府领导人出席圆桌峰会

续表

序号	时间	地点	会议名称	传播"一带一路"的贡献
10	2021年9月	浙江乌镇	世界互联网大会（每年定期举行）	召开"一带一路"互联网国际合作论坛，与会代表共同推动数字丝绸之路国际合作、携手构建更加紧密的网络空间命运共同体建言献策
11	2023年10月	北京	第三届"一带一路"国际合作高峰论坛	有来自151个国家和41个国际组织的代表参会，注册总人数超过1万人

2. 海外会议

自 2013 年以来，中国领导人在联合国等多个国际场合也积极宣介"一带一路"倡议（见表 6-3）。"一带一路"倡议借助国际会议平台扩大国际认同基础，国际影响力不断扩大。此外，联合国大会、安理会、联合国亚太经社会、亚太经合组织、亚欧会议、大湄公河次区域合作等的有关决议或文件都纳入或体现了"一带一路"建设内容（见表 6-4）。① 借助会议的全球传播和会议成果的宣传，"一带一路"的价值、成效、核心内容、丝路精神等向世界传递。

表 6-3　国家领导人在海外国际会议上就"一带一路"倡议的发言

国家领导人谈"一带一路"	时间	会议及讲话
"一带一路"建设，倡导不同民族、不同文化要"交而通"，而不是"交而恶"，彼此要多拆墙、少筑墙，把对话当作"黄金法则"用起来，大家一起做有来有往的邻居	2016年1月21日	习近平在阿拉伯国家联盟总部发表重要演讲
要推动"一带一路"建设和"环孟加拉湾多领域经济技术合作倡议"有关规划有机对接，促进基础设施建设和互联互通，努力实现共同发展	2016年10月16日	金砖国家领导人同"环孟加拉湾多领域经济技术合作倡议"成员国领导人对话会

---

① 人民日报."一带一路"国际合作高峰论坛将于 5 月 14 日至 15 日在北京举行［EB/OL］.（2017-02-03）［2022-09-23］. https://www.yidaiyilu.gov.cn/xwzx/gnxw/5827.htm.

续表

国家领导人谈"一带一路"	时间	会议及讲话
中国将同各方一道,秉持共商、共建、共享原则,推进政策沟通、道路联通、贸易畅通、货币流通、民心相通,实现发展倡议对接,深化互利合作,为区域经济发展和民生改善注入强大动力 我提出"一带一路"倡议,就是要以互联互通为着力点,促进生产要素自由便利流动,打造多元合作平台,实现共赢和共享发展	2016 年 11 月 19 日	习近平在秘鲁利马出席亚太经合组织工商领导人峰会上发表主旨演讲
中方积极推进"一带一路"倡议,通过同区域伙伴共商、共建、共享,为亚太互联互通事业作贡献。中方愿加强同有关各方发展倡议及合作倡议对接,实现协同效应	2016 年 11 月 20 日	习近平在亚太经合组织第二十四次领导人非正式会议第一阶段会议上的发言
3 年多前,我提出了"一带一路"倡议。3 年多来,已经有 100 多个国家和国际组织积极响应支持,40 多个国家和国际组织同中国签署合作协议,"一带一路"的"朋友圈"正在不断扩大。中国企业对沿线国家投资达到 500 多亿美元,一系列重大项目落地开花,带动了各国经济发展,创造了大量就业机会。可以说,"一带一路"倡议来自中国,但成效惠及世界	2017 年 1 月 17 日	习近平在达沃斯国际会议中心出席世界经济论坛 2017 年年会开幕式上的主旨演讲
共建"一带一路"是开放的合作平台,秉持的是共商共建共享的基本原则,没有地缘政治目的,不针对谁也不排除谁,不会关起门来搞小圈子,不是有人说的这样那样的所谓"陷阱",而是中国同世界共享机遇、共谋发展的阳光大道	2018 年 11 月 17 日	习近平在亚太经合组织工商领导人峰会上的主旨演讲
我们将推动共建"一带一路"同落实联合国 2030 年可持续发展议程协同增效,促进南南合作援助基金、中国—联合国和平与发展基金等发挥应有作用,为广大发展中国家创造更多机会	2019 年 6 月 7 日	习近平在第二十三届圣彼得堡国际经济论坛全会上的致辞

续表

国家领导人谈"一带一路"	时间	会议及讲话
中方愿同各方用好共建"一带一路"国际合作平台,为共同发展持续注入强大动能	2019 年 6 月 15 日	习近平在亚信第五次峰会上的讲话
中国提出共建"一带一路"倡议,目的就是动员更多资源,拉紧互联互通纽带,释放增长动力,实现市场对接,让更多国家和地区融入经济全球化,共同走出一条互利共赢的康庄大道	2019 年 6 月 28 日	习近平在二十国集团领导人峰会上关于世界经济形势和贸易问题的发言
中国将遵循共商共建共享原则,秉持开放绿色廉洁理念,追求高质量、惠民生、可持续目标,与各国一道,推进高质量共建"一带一路"	2019 年 11 月 14 日	习近平金砖国家领导人巴西利亚会晤公开会议上的讲话
我们要加强共建"一带一路"合作,加快落实中非合作论坛北京峰会成果,并将合作重点向健康卫生、复工复产、改善民生领域倾斜	2020 年 6 月 17 日	习近平在中非团结抗疫特别峰会上的主旨讲话
把"一带一路"打造成合作之路、健康之路、复苏之路、增长之路	2020 年 11 月 19 日	习近平在亚太经合组织工商领导人对话会上的主旨演讲
本届中国—东盟博览会以"共建'一带一路',共兴数字经济"为主题,就是要深化中国—东盟数字经济合作,推动共建"一带一路"高质量发展,为双方经济社会发展注入新活力	2020 年 11 月 27 日	习近平在第十七届中国—东盟博览会和中国—东盟商务与投资峰会开幕式上的致辞
中国将继续促进贸易和投资自由化便利化,维护全球产业链供应链顺畅稳定,推进高质量共建"一带一路"	2021 年 1 月 25 日	习近平在世界经济论坛"达沃斯议程"对话会上的特别致辞
我们开阔思路、先试先行,率先探索跨区域合作同共建"一带一路"倡议对接,率先实现"一带一路"合作协议在地区全覆盖	2021 年 2 月 9 日	习近平在中国-中东欧国家领导人峰会上的主旨讲话

资料来源:根据互联网公开资料整理。

表 6-4　在海外召开的部分"一带一路"相关外交会议

序号	时间	地点	会议名称	会议名称或主题	对"一带一路"的传播贡献
1	2016 年 11 月 17 日	纽约	联合国大会	71 届联合国大会	"一带一路"倡议首次写入第 71 届联合国大会决议。欢迎共建"一带一路"等经济合作倡议，呼吁国际社会为"一带一路"建设提供安全保障环境
2	2017 年 3 月 17 日	纽约	联合国安理会	通过第 2344 号决议	首次载入"构建人类命运共同体"理念，呼吁通过"一带一路"建设等加强区域经济合作
3	2017 年 5 月 15 日至 19 日	泰国曼谷	联合国亚洲及太平洋经济社会委员会（简称"亚太经社会"）第 73 届年会	可持续资源的区域合作	会议期间，各方积极评价"一带一路"倡议，并通过了中国代表团提出的"加强全面无缝互联互通促进亚太可持续发展"决议。决议赞赏中国举办"一带一路"国际合作高峰论坛，决定以共商、共建、共享的方式推进区域互联互通倡议，促进政策沟通以及在基础设施、贸易、资金、人文交流等领域的合作，要求亚太经社会秘书处继续为落实"一带一路"等倡议提供支持
4	2018 年 1 月 22 日	智利圣地亚哥	中拉论坛第二届部长级会议		形成了中拉《关于"一带一路"倡议的特别声明》
5	2021 年 11 月 29 日	塞内加尔达喀尔	中非合作论坛第八届部长级会议		形成《中非合作 2035 愿景》，其中提到中非结为更紧密的共建"一带一路"伙伴

三　文件发布与签署

话语包含口头和书面的言语表达。笔者认为，在"一带一路"对外传播中，通过政府间沟通，将合作意愿、合作内容固化为合作文件、政策文本，进而转化为双方或多方共同遵守的行动准则，也是"一带一路"倡议对外传播的重要方式。文件签署是政府外交的重要成果，也是阐述"一带一路"理念的权威形式。在"一带一路"建设中，作为五大重点合作内容之一的政策沟通，就是要加强政府间的合作、交流，促进政治互信，达成合作共识，制定合作规划和具体政策措施。

1. 白皮书

白皮书是一国政府或议会正式发表的以白色封面装帧的重要文件或报告书的别称。白皮书具有开放性、权威性、指导性，已经成为国际上公认的正式官方文书。2015 年 3 月 28 日，国家发改委、外交部、商务部联合发布了《愿景与行动》。该文件以"白皮书"的形式对外发布，共翻译为中文、英文、法文、德文、俄文、阿拉伯文、西班牙文等多种语言。基于白皮书性质的文件发布，可以让全球公众更详细全面地了解"一带一路"的意义与内容，更集中系统地对外传递"一带一路"权威声音。目前，白皮书是世界各国解读"一带一路"的最基础文本。

为持续向世界传递"一带一路"权威声音，介绍"一带一路"建设成效，2017 年 5 月 10 日，推进"一带一路"建设工作领导小组办公室发布《共建"一带一路"：理念、实践与中国的贡献》，文件共分为五个部分：第一，时代呼唤，从理念到蓝图；第二，合作框架，从方案到实践；第三，合作领域，从经济到人文；第四，合作机制，从官方到民间；第五，愿景展望，从现实到未来。该文件译为中文、英文、法文、俄文、西班牙文、阿拉伯文、德文等七种语言，于首届"一带一路"国际合作高峰论坛前向全世界发布，为论坛召开起到很好的预热宣传效果。此后，作为惯例，2019 年 4 月 22 日，在第二届"一带一路"国际合作高峰论坛召开前夕，推进"一带一路"建设工作领导小组办公室发布《共建"一带一路"倡议：进展、贡献与展望》报告，译为中文、英文、法文、俄文、西班牙文、阿拉伯文、德文、日文等八种语言对外发布。2023 年 10 月 10 日，第三届"一带一路"国际合作高峰论坛召开前夕，国务院新闻办公室发布《共建"一带一路"：构建人类命运共同体的重大实践》白皮书，并以中文、英文两种语言对外发布。

四部白皮书与时俱进地向国际社会传递"一带一路"倡议的核心内涵、基本理念、中国的开放态度、"一带一路"建设的积极成效，是对外传播

"一带一路"的重要参考性文件，是外界了解"一带一路"、研究"一带一路"的指导性文件。

2.双多边合作文件

双边或多边合作文件是政府外交沟通的主要成果。"一带一路"是重要的国际合作倡议，各国合作诉求不同，在推进共建"一带一路"过程中，签署更有针对性的合作文件已成为通用做法。截至 2023 年 6 月，中国已经同 150 余个国家和 30 余个国际组织签署 200 余份共建"一带一路"合作文件。这些合作文件是"一带一路"合作体系的重要组成部分，签署协议代表进入"一带一路"朋友圈，携手共建"一带一路"，标志着倡议得到国际社会大多数国家的支持，为"一带一路"建设提供了重要的国际政治互信和社会舆论基础。合作文件虽不如白皮书具有普遍开放性，但其在政府精英阶层间传递，具有较强的指导性和专业性，是传播"一带一路"不可或缺的方式。与此同时，中方同有关国家签署合作文件，对各方企业在参与"一带一路"建设中寻找合适的市场投资机会具有"指南针"作用。

3.计划规划

计划规划是未来工作的行动指引，是树立目标、安排任务、落实任务的指导性文本。在"一带一路"对外合作中，双多边合作文件重在明确合作宗旨、原则、重点方向，计划规划、行动方案则是更具体的细化合作内容和任务。目前，我国已同多个合作意愿强烈、合作条件成熟的国家，共同编制了推进"一带一路"建设的合作规划。例如，2016 年 6 月，中国、俄罗斯、蒙古国三国元首共同见证《建设中蒙俄经济走廊规划纲要》的签署，这是共建"一带一路"框架下的首个多边合作规划纲要。2016 年 9 月，中国与哈萨克斯坦两国元首共同见证签署《"丝绸之路经济带"建设与"光明之路"新经济政策对接合作规划》，这是共建"一带一路"框架下签署发布的第一个双边合作规划。2019 年 4 月，《中华人民共和国政府与埃塞俄比亚联邦民主共和国政府关于共同推进"一带一路"建设的合作规划》签署。2020 年 12 月，中国与非洲联盟签署了《中华人民共和国政府与非洲联盟关于共同推进"一带一路"建设的合作规划》。2021 年 12 月 25 日，中国政府与古巴政府签署共建"一带一路"合作规划。2022 年 1 月 5 日，中国政府与摩洛哥政府签署《中华人民共和国政府与摩洛哥王国政府关于共同推进"一带一路"建设的合作规划》，摩洛哥成为北非地区首个与我国签署共建"一带一路"合作规划的国家。2022 年 11 月习近平主席访问泰国期间，中泰两国领导人见证签署《中泰共同推进"一带一路"建设的合作规划》。2022 年 12 月 1 日，中国政府与阿尔及利亚政府签署《中华人民共和国政府和阿尔及利亚民主人民共和国政府关于共同推进"一带一路"建设的合作规划》。2023 年 7 月 31 日，中国和格鲁吉亚两国总理见证签署《中华人民共和国政府与格鲁吉亚政府共建"一带一路"合作规划》。2023 年 10 月 17 日，中国和智利两国元首共同见证签署《关于共同推进"一带一路"建设的合作规划》。2023 年 11 月 24 日，乌拉圭东岸共和国对中国国事访问期间，两国签署《中华人民共和国政府与乌拉圭东岸共和国政府关于共同推进"一带一路"建设的合作规划》。

四 重要书籍出版

近年来，一系列重要书籍的出版和国际发行助力"一带一路"倡议对外传播。2014 年 9 月《习近平谈治国理政》出版，第一卷截至 2017 年累计出版 22 个语种 25 个版本，发行 625 万册，覆盖 160 余个国家和地区，第二卷中英文版截至 2018 年全球发行已突破 1300 万册。书中有非常多的篇幅谈到了中国特色大国外交、"一带一路"倡议和人类命运共同体。该书已经出版的 22 个语种中有 12 个语种版本是外方主动提出翻译的，还有 13 个外方主动要求翻译的合作版本将发行。2018 年 4 月，《习近平"一带一路"国际合作高峰论坛重要讲话》一书由外文出版社以中、英文在国内外出版发行，进一步向世界介绍"一带一路"倡议的理念、原则及合作重点。[①] 2019 年 4 月 24 日，《习近平谈"一带一路"》英、法文版首发式在北京举行，发布

---

① 新华社.《习近平"一带一路"国际合作高峰论坛重要讲话》出版发行［EB/OL］.（2018－04－18）［2022－01－02］. http：//fec. mofcom. gov. cn/article/fwydyl/zgzx/201804/20180402733883. shtml.

会现场"一带一路"新闻合作联盟多家理事单位代表称赞该书，阅读《习近平谈"一带一路"》有助于世界各国民众深入理解"一带一路"倡议，激发其进一步参与共建"一带一路"热情，共创更加美好的未来。①

第二节　通过智库交流传递专业话语

"一带一路"倡议的推广落实不仅有赖于国家间正式交往，也离不开民间外交的辅助。2016年6月，习近平主席在丝路国际论坛开幕式上发表演讲时指出，推进"一带一路"建设，要"智力先行，强化智库的支撑引领作用"。国家不断强调高端智库建设，强调要切实推进舆论宣传，积极宣传"一带一路"建设实实在在的成果，加强"一带一路"建设学术研究、理论支撑与话语体系建设。② 因此，在"一带一路"建设过程中充分发挥智库咨政建言、理论创新、舆论引导、社会服务和公共外交等功能，为"一带一路"建设民间外交创造新的发展机遇。

一　构建联盟与合作网络

近年来，中国科研机构和高等院校相继成立的"一带一路"研究平台已经达到300家。参与"一带一路"研究的外国知名智库已有50余家③，中亚、东南亚和欧美国家智库纷纷组织研究小组、开展"一带一路"专题研究。2017年5月，习近平主席在"一带一路"国际合作高峰论坛开幕致辞中指出："要发挥智库作用，建设好智库联盟和合作网络。"成立智库联盟或智库组织机构，致力于为中国及共建国家政府提供政策建议，推动智库研究与政府决策良性互动。

① 新华社.《习近平谈"一带一路"》英、法文版首发式在京举行［EB/OL］.（2019-04-25）［2022-01-02］. http://www.qstheory.cn/zdwz/2019-04/25/c_1124412340.htm.
② 赵磊.智库是"一带一路"互联互通的关键［EB/OL］.（2017-02-07）［2022-01-16］. http://world.people.com.cn/n1/2017/0207/c1002-29064336.html.
③ 中国网.新闻办举行"一带一路"沿线国家民心相通情况发布会［EB/OL］.（2017-05-11）［2021-12-20］. http://www.gov.cn/xinwen/2017-05/11/content_5192939.htm#1.

1. 成立智库联盟

2015 年 4 月 8 日，中共中央对外联络部牵头，联合国务院发展研究中心、中国社会科学院、复旦大学共同发起建立的"一带一路"智库合作联盟，旨在围绕"一带一路"建设开展倡议解读、战略研判、政策分析、项目评估等工作，发挥智库在"一带一路"研究中的"思想源""政策源""舆论源""信息源""共识源"作用，推动国内外智库同行成为"一带一路"的"思想生产者""政策推动者""舆论引导者""信息传播者""共识凝聚者"，服务中国及共建国家政府决策，探索中国特色的新型智库发展道路，推动各国间人文交流。① 截止到 2018 年，该联盟已经发展国内理事单位 137 家、国际理事单位 112 家，囊括了大部分国内以及部分国外对"一带一路"进行权威研究的智库。

2. 设立合作网络

由国务院发展研究中心与国际关系和可持续发展中心联合数十家全球知名智库共同发起的丝路国际智库网络（简称 SiLKS），于 2015 年 10 月 29 日在西班牙首都马德里启动。作为丝路国际论坛 2015 年会的重大成果，SiLKS 搭建各国交流平台，凝聚共识，消除分歧，培育广为认同的发展理念，凝聚智库力量，推进各国务实合作，共同建设政治互信、经济融合、文化包容的利益共同体、命运共同体和责任共同体，为全球经济社会的开放、包容、繁荣和可持续发展做出积极努力和重要贡献。②

2020 年 9 月 21 日，国家发展改革委一带一路建设促进中心与北京师范大学、厦门大学、北京大学、中国人民大学、浙江大学五所高校的智库签署战略合作协议，通过与高校智库的密切合作，更好地服务于高质量共建"一带一路"。

---

① 人民网."一带一路"建设中的智库交流［EB/OL］.（2019-05-21）［2022-08-12］. http://world.people.com.cn/n1/2019/0521/c187656-31096114.html.

② 付敬."丝路国际智库网络"扩容 首届年会在华沙举行［EB/OL］.（2016-06-20）［2022-09-20］. http://finance.eastmoney.com/news/1351, 20151029560357237.html.

二 搭建交流平台

通过论坛研讨会、与海外智库联合开展课题研究、海外调研、开设培训班、发表学术著作等方式，共建"一带一路"国家加强智库的交流与合作，积极发挥智库传递声音、增信释疑、扩大共识的作用。

1. 召开论坛研讨会

邀请国内外政产学研界人士开展"一带一路"专题研讨，深入探讨"一带一路"的理念和主张，鼓励国内外专家学者深入研究和解读"一带一路"倡议，深化共建国家民众对"一带一路"倡议的认知和了解，努力打造"一带一路"多国多方交流平台。为进一步增进了解、扩大国际话语权，国内重要智库开始发起或组织国际性的论坛和研讨会。

国务院发展研究中心自 2014 年开始搭建共商共建"一带一路"的高端交流合作平台——丝路国际论坛。该论坛是自"一带一路"倡议提出以来，在境外举办的首个"一带一路"国际性论坛，于 2014~2016 年连续举办三届，举办城市分别在土耳其伊斯坦布尔、西班牙马德里、波兰华沙。从 2016 年开始，论坛每两年举办一次，2018 年在法国巴黎举行了第四届年会。历届论坛均有来自国际组织和多个国家的智库参与，国际反响较好。

2017 年 4 月 27 日，由中国社会科学院国家全球战略智库、光明智库、北京语言大学联合主办的"一带一路"沿线国家智库论坛召开，来自亚洲、非洲、欧洲、大洋洲四大洲 10 余个国家的政府官员和专家学者，就"作为全球多边合作新范式的'一带一路'面临的新挑战""'一带一路'建设与具体合作领域的推进""基于国际视角推进'一带一路'的对策建议"等问题深入探讨。①

2018 年 9 月 19~20 日，"一带一路"智库合作联盟与甘肃省人民政府

---

① 张胜，王斯敏，贾宇. 倡言深化沟通与务实推进［EB/OL］.（2017-04-28）［2022-06-28］. http://cass.cssn.cn/keyandongtai/xueshuhuiyi/201704/t20170428_3503651.html.

在敦煌合作举办"面向未来的文明之路"——"一带一路"国际智库论坛。会议邀请了来自五大洲 32 个国家的代表前来参会,这些代表中既有执政党领导人,也有智库专家。会议围绕"一带一路"国际合作中存在的困难与挑战,以及如何推动务实合作行稳致远等进行深入研讨。

此外,一些高校智库也积极作为,利用高校开放的学术氛围组织"一带一路"国际交流,例如,中国人民大学重阳金融研究院从 2014 年开始,共举办了 5 场 500 人以上规模的"一带一路"主题国际会议,召开了上百场"一带一路"国际会议。再如,清华大学中国与世界经济研究中心和重建布雷顿森林体系委员主办"一带一路"国际智库峰会(2015 年、2017年),首都师范大学文明区划研究中心主办的 2017 亚洲教育论坛年会之分论坛——"一带一路"高校智库论坛等。

2.联合课题研究

近年来,我国智库与海外智库开展的学术研讨和课题研究开始增多。例如,中共中央对外联络部发起的"一带一路"智库合作联盟已经形成了拥有 100 余家国内外智库的国际合作网络。在 2017 年 2 月联盟理事会第三次会议暨专题研讨会上,确定了中蒙俄、新亚欧大陆桥、中国—中亚—西亚、中国—中南半岛、中巴、孟中印缅六大经济走廊国际智库合作网络,以及澜沧江—湄公河合作机制国际智库合作网络、"21 世纪海上丝绸之路"国际智库合作网络的牵头智库。在智库联盟的指导和统筹下,由牵头单位负责联系相关国家主流智库,组织召开相关国际国内研讨会,开展有针对性的调研。

2019 年 11 月,在第二届虹桥国际经济论坛上,中国社会科学院国家全球战略智库发布中外专家学者就"一带一路"建设组织开展中外联合研究形成的成果《中外联合研究报告系列》,来自俄罗斯、埃及、巴基斯坦、美国、马来西亚、土耳其、新加坡、印度等 22 个国家的 30 余位国外学者和30 余位国内专家就"一带一路"建设面临的全球新形势和新挑战、"一带一路"建设与多领域合作、推进"一带一路"的对策建议等内容展开了深入研究,为了解"一带一路"建设面临的挑战、国际合作进展和实施建设的行动概况等提供了参考资料。①

此外，上海社会科学院与美国布鲁金斯学会多哈中心签约开展合作研究；中国宏观经济研究院与法国国际关系研究所共同召开"'一带一路'中法国际合作研讨会"；综合开发研究院（中国·深圳）与德国发展研究院合作撰写《"一带一路"倡议与欧洲视角》研究报告；中国人民大学重阳金融研究院联合美国战略与国际问题研究中心展开主题为"亚洲发展、'一带一路'倡议与中美关系"的中美智库对话会；东中西部区域发展与改革研究院和波兰经济大会基金会签订"丝绸之路"战略合作框架；盘古智库开展对以色列和土耳其的调研并发布土耳其之行系列报告；等等。中外智库间的密切合作，为增进互信互助、加强互联互通创造了良好契机。②

3. 海外调研与宣讲

积极"走出去"开展国际交往，与对方智库共同举办不同规模、不同规格、不同主题的双多边研讨活动，既"搭台唱戏"又"借筒发声"，系统宣介"一带一路"倡议及建设进展情况，为讲好中国故事、"一带一路"故事添砖加瓦。例如，中国人民大学重阳金融研究院院长王文曾在数十个国家讲述中国故事；浙江师范大学非洲研究智库的学者多次深入非洲进行实地调研，开展政策与学术宣讲。但是相比于国际社会对中国声音的需求，中国智库在人才供给、能力储备、"走出去"意识上都存在明显不足，真正能够用英文流利发言且能讲清中国发展与改革逻辑的中国智库学者仍很匮乏。

4. 组织培训班

2016年6月，习近平主席在乌兹别克斯坦最高会议立法院做《携手共创丝绸之路新辉煌》演讲时提到，要"着力深化人才培养合作，中方倡议成立'一带一路'职业技术合作联盟，培养培训各类专业人才，携手打造'智力丝绸之路'"。"一带一路"倡议提出以来，我国各智库机构组织开展

---

① 社会科学文献出版社.国家全球战略智库"中外联合研究报告"重磅发布 | 2019进博会特辑［EB/OL］.（2019-11-07）［2022-07-07］.https：//www.sohu.com/a/352199826_ 692521.

② 光明日报.五年来智库这样助力"一带一路"［EB/OL］.（2018-09-06）［2022-09-13］. https：//baijiahao.baidu.com/s？id＝1610820120863008758&wfr＝spider&for＝pc.

"一带一路"高级政务研讨班、"一带一路"专题人才培训班、"一带一路"公共管理硕士生项目、"一带一路"国际暑期学校等丰富多彩的活动,切实发挥了政策沟通和增进了解的作用。

2017年,国家发展改革委国际合作中心和北京陈江和公益基金会发起主办"一带一路"人才发展项目。截至2022年10月,已累计培养了来自49个国家和地区的685名学员,其中包括政府官员、企业精英、专家学者等,为共建"一带一路"国家培养了一批复合型、实践型的高层次管理人才。

中国科学院空天信息创新研究院2018~2023年连续开展了六期北斗"一带一路"技术与应用国际培训班,来自50余个共建"一带一路"国家和地区的千余位学员参与了培训,培训促进共建"一带一路"国家及其他发展中国家进一步了解并掌握北斗卫星导航系统及相关应用技术,进一步拓展和加强我国与发展中国家的科技交流与合作。

5.学术著作国际传播

为进一步满足国外对"一带一路"倡议的了解需求,部分学者的著作开始翻译成多种语言进行国际传播,借助书籍积极向海外学者和公众发出"一带一路"话语。据笔者调查,2013年至2019年12月31日,全球规模最大的网上书店亚马逊网(美国站点)上"一带一路"相关在售外文图书达到303册,其中中文版124本,外文版(主要为英文,也包含部分日文、西班牙文、德文、法文等)179本,外文图书中12本为中外合著、68本为中国作者编著。"一带一路"相关海外出版代表性书籍如表6-5所示。

表6-5 "一带一路"相关海外出版代表性书籍

书名	作者	语言版本
《"一带一路"年度报告:行者智见(2017)》	赵磊(主编), "一带一路"百人论坛研究院(编)	中、英
《"一带一路"年度报告:从愿景到行动(2016)》	赵磊(主编), "一带一路"百人论坛研究院(编)	中、英
《外国人眼中的"一带一路"》	曹卫东(主编)	中、英
《文化经济学的"一带一路"》	赵磊	中、英、俄、阿

续表

书名	作者	语言版本
《提升:丝路文化的共鸣》《延伸:丝路城市的追求》	赵磊	中、英、德、法、西、俄、阿、日、韩
《世界是通的——"一带一路"的逻辑》	王义桅	中、英
《一带一路:中国崛起给世界带来什么?》	王义桅	中、英、日、法、西、阿、柬、德、波兰、越南、俄
《搭桥引路:华侨华人与"一带一路"》	陈琮渊、黄日涵	中、英
《"一带一路":合作共赢的中国方案》	邹磊	中、英
《共同的声音:"一带一路"高端访谈录》	王琳	中、英
《"一带一路":机遇与挑战》	王义桅	中、英、阿、德、波兰、土耳其、韩、日、印地
《国外智库看"一带一路"》	王灵桂	中、英
《"一带一路"沿线国家安全风险评估》	李伟	中、英
《"一带一路":全球发展的中国逻辑》	冯并	中、英
《中国关键词:"一带一路"篇》	中国外文局、中国翻译研究院、中国翻译协会	中、英、法、俄、西、阿、德、葡、意、日、韩、越南、印尼、土耳其、哈萨克斯坦

第三节　依托媒体合作拓展传播渠道

　　"一带一路"的传播离不开媒体,"一带一路"的国际传播离不开媒体间的国际合作。特别是在当前我国媒体全球影响力、话语权不足的情况下,实现"一带一路"倡议理念的国际传播,争取舆论主动权,媒体间对话与合作就显得愈加紧迫和必要。

一 开展媒体合作交流

媒体在开展国际传播的过程中，采用与对象国当地媒体机构协作配合的形式，能够有效地拓宽传播渠道，提升传播效果。中国媒体积极探索"国际合作传播"的种种模式，逐步加强了与世界媒体的联系，逐步提升了国际合作传播能力。

1. 会议活动

交流是加深了解、开展合作的基础。目前，我国主流媒体与国际合作的意识加强，开始积极主办一些国际性媒体合作论坛。

"一带一路"媒体合作论坛是由人民日报社主办的规模最大、参与国家和国际组织最多、参会外媒最多、最具代表性和影响力的全球媒体盛会。自2014年首次举办以来，截至2022年，已经举办六届。其中，2017年有126个国家和国际组织、265家外国媒体的代表出席论坛，参会人员数量达到了高峰。2016年7月，习近平主席给第三届"一带一路"媒体合作论坛发来贺信，贺信中指出："媒体在信息传播、增进互信、凝聚共识等方面发挥着不可替代的重要作用。'一带一路'媒体合作论坛为各国媒体对话交流、务实合作提供了一个平台。"

中国国际广播电台自2014年起连续五年主办博鳌亚洲论坛"媒体领袖圆桌会议"，邀请众多海外媒体进行对话、磋商与合作实践。2015年，圆桌会议上17国媒体领袖共同签署《丝路倡议》，承诺将进一步确立定期交流机制，促进人员交往，实现资源共享，创新合作模式。2016年来自中国、土耳其、柬埔寨、老挝、蒙古国、尼泊尔、印尼等的13家媒体，在海南博鳌共同发起"亚洲媒体合作组织"，这标志着亚洲媒体合作迈上了新台阶，2017年年会上，该组织又新增了10名海外媒体成员。

2015年7月，中央人民广播电台举办"一带一路，广播随行"国际论坛，参加该国际论坛的有来自共建"一带一路"的24个国家的广播机构代表，以及中国17家相关省级广播机构代表。论坛期间，多国广播电视机构签署了成立"'一带一路'广播协作网"的合作备忘录，将通过高层互访、采访合作、节目交流等方式加强交流与合作。

由中国中央广播电视总台和丝绸之路电视国际合作共同体主办的"一带一路"5G+4K 传播创新国际论坛，2019 年 4 月 22 日在北京举办，作为第二届"一带一路"国际合作高峰论坛的重要媒体活动，会上发布了《丝绸之路电视国际合作共同体 5G+4K 传播创新倡议书》。

2. 媒体联盟

习近平主席在首届"一带一路"国际合作高峰论坛上提出，中国将打造包括新闻合作联盟在内的后续联络机制及人文合作新平台。当前，"一带一路"新闻媒体交流合作蓬勃发展，一些多边媒体合作联盟相继成立。

2016 年 4 月，中国国务院新闻办公室发起，联合中国五洲传播中心，美国国家地理频道、探索频道、历史频道，新加坡亚洲新闻台，蒙古国国家公共电视台等 17 家媒体机构，成立了"一带一路"媒体传播联盟。该联盟旨在倡议打造文化精品，致力国际传播，共同弘扬丝路文化和精神，促进人文交流和文明互鉴。该联盟发布"丝路电视跨国联播网"合作项目，在不同国家以当地语言播出"丝路电视"节目，并加"B&R TV"统一台标。

2016 年 8 月 26 日，中国国际电视总公司、中国中央电视台发起成立丝路电视国际合作共同体。截至 2023 年 2 月，成员及伙伴已发展至 63 个国家和地区的 143 家机构，实现 G7 国家全覆盖、G20 国家 85% 覆盖、共建"一带一路"国家普遍覆盖。该共同体是全球首个以"丝路"为纽带、面向全媒体的国际影视媒体联盟。

2017 年 11 月，由中国国际广播电台在葡萄牙的本土化媒体——环球伊比利亚传媒公司与葡萄牙新闻协会合作，共同发起成立"一带一路"葡萄牙语媒体联盟，联盟联合葡萄牙、巴西等葡语国家的 86 家媒体以及中国国际广播电台和澳门广播电视股份有限公司，共同签署了"一带一路"葡语媒体联盟备忘录。这是全球第一个跨区域葡语媒体合作平台，旨在加强中国和葡语国家之间的媒体合作，在全球葡语媒体之间搭建信息交换、资源共享、互联互通、合作传播、融合传播的平台，推动中国与葡语国家间的文化交流与经贸合作，增进中国和葡语国家人民之间的了解和友谊。

2019 年 4 月 23 日，由人民日报社担任理事长单位的"一带一路"新闻合作联盟首届理事会议在京召开，标志着 2017 年习近平主席提出"打造新闻合作联盟"的重要倡议取得了实质性进展，进入机制化运行阶段。2022 年 12 月 19 日，"一带一路"新闻合作联盟第二届理事会议在北京举行。截至 2022 年 12 月，该联盟已有来自亚洲、非洲、欧洲、南美洲、北美洲、大洋洲共 101 个国家的 218 家媒体加入，成为"一带一路"框架下重要的媒体合作平台。

3. 内容合作

生产媒体产品是媒体的主要任务，内容合作是国际媒体合作最直接和主流的形式，也是目前我国各级媒体在国际合作传播中的主要着力点，成为我国媒体从"走出去"到"走进去"过程中的先手棋。媒体内容合作的主要方式有以下三种。

一是联采联播或主动供给稿件和节目。联采联播可以组织双方或多方记者跨国境进行热点问题采访；为对方感兴趣的新闻点提供素材、线索；共同策划选题，分享素材，共同生产并使用等。例如，中国网策划制作的英文评论短视频节目《中国三分钟》，围绕国际政治、经济、文化、外交等多方面进行评论，适应了海外社交媒体的传播规律，在共建"一带一路"国家收获好评。

二是合作策划影视作品。例如，中国和伊朗合拍的电影《少林梦》，在中伊两地拍摄，向全世界讲述丝路共建国家发生的故事，在以电影为载体的沟通联动下，将"一带一路"倡议传递到不同民族、不同国家、不同地域。又如中印合拍电影《功夫瑜伽》、中捷合拍动画片《熊猫和小鼹鼠》、中俄合拍电视剧《晴朗的天空》、中哈合拍电影《音乐家》① 等。截至 2018 年，中国已经与 21 个国家签署了电影合拍协议②，与新西兰、英国签署了电视

① 赵欣莹. 你知道吗？这些影视作品是中国和"一带一路"国家合拍的 [EB/OL]. (2017-05-11) [2022-07-25]. http: //cn. chinadaily. com. cn/2017-05/11/content_ 29305926. htm.

② 新华社. 威尼斯电影节"聚焦中国" 中意业内人士畅谈合作 [EB/OL]. (2018-09-02) [2022-09-02]. https: //k. sina. com. cn/article_ 1261788454_ m4b355d2603300s6q5. html? from = ent&subch = oent.

合拍协议。

三是媒体培训与参访。中国有关部委和主流媒体发起针对"一带一路"国家媒体的培训，邀请对方到中国进行实训，进一步增进对中国及"一带一路"倡议的了解。例如，2017年，商务部和国家互联网信息办公室共同主办"一带一路"国家网络媒体交流研修班；2017年和2018年，人民日报社结合清华大学的教学优势共同开展共建"一带一路"国家核心媒体培训项目；中国公共外交协会自2014年开始先后举办中非、中国—南亚东南亚、中国—拉美和加勒比新闻交流中心项目（2018年更名为中国国际新闻交流中心项目）；中央电视台组织"丝路名人中国行"活动，等等。

4.产业合作

产业层面的合作是指双边或多边媒体通过实业合办、媒体联营的合作方式，即双方共同出资，通过实业经营创造收益或者合资共建报纸、杂志、电台、电视台等媒体平台，成为利益相关的"命运共同体"。例如，2015年2月1日，江苏广电国际传播有限公司与香港电讯盈科媒体有限公司联手打造的全媒体频道"紫金国际台"（now jelli）正式启播，该频道以播放江苏卫视自制的综艺娱乐及资讯节目为主。目前覆盖泰国、马来西亚、新加坡等国家和地区，海外总用户数超过350万，江苏台不少主题性文化内容产品都通过"紫金国际台"对外传播。下一步频道将重点覆盖共建"一带一路"国家和地区，包括东南亚、欧洲、非洲等区域，最终目标是成为华语最强海外全媒体频道。2022年8月，在2022中国新媒体大会期间，芒果TV、老挝国家电视台、云南无线数字文化传媒股份有限公司签署战略合作协议，在平台建设、内容授权与译制、融合传播等领域开展合作，共建东南亚区域国际传播中心，促进中老两国文化交流走深、走实。

产业合作有助于推动中国内容、中国话语出海，进而更好地在当地落地生根，合作双方在影响力平台和营利平台的利益被紧密关联起来，真正成为"一带一路"上可以发出区域强音的"命运共同体"。

二 打造新媒体传播矩阵

鉴于传统媒体在一国的舆论场中往往具有垄断性，内容传播受到一定限制。为加强"一带一路"国际传播，进一步使优质内容精准触达海外目标受众，并具有一定自主性，媒体机构越来越重视新媒体传播矩阵的构建。目前我国媒体在内容国际传播中采取的主要方式包括建立互联网专线以及自建海外社交媒体账号。

1.互联网专线

主流媒体的互联网化是媒体融合的关键，只有全面互联网化，把自身变成互联网平台，才会形成更加立体的"一带一路"传播网络。为了向全球互联网和新媒体用户提供适合终端用户阅读、集文图视频于一体的融合新闻产品，新华社适应媒体融合发展变革趋势和全媒、全息传播格局，于2015年提出建设"网上通讯社"目标，旨在提高对网络媒体和新媒体用户的服务能力。2018年，开通首条互联网专线——日本专线互联网专供，实现对日本新媒体用户供稿能力显著增强。截至2020年8月，新华社开通包括英语、意大利语、泰语、印尼语、巴基斯坦语、法语、西班牙语、俄罗斯语、阿拉伯语、葡萄牙语在内的共计11条互联网专线，外文发稿线路均实现融媒化转型。互联网专线打通了新闻产品到互联网用户的"最后一公里"，内容更丰富、信息更聚合、可读性更强，受到海外网络新媒体用户的普遍欢迎。①

2.开通海外社交账号

利用国外社交媒体账号是我国媒体接触国外用户、提高境外影响力、塑造国家形象最便捷和灵活的方式。截至2023年底，我国主流媒体在Twitter、Facebook和YouTube等海外社交平台上拥有大量粉丝。以Facebook为例，人民日报账号拥有粉丝量超过8000万，新华社账号粉丝量超过9000万。

---

① 新华社11条外文发稿线路全部实现融媒体发稿 "网上通讯社" 建设取得突破性进展［EB/OL］.（2020-08-18）［2022-07-07］.https：//www.clzg.cn/article/217828.html.

此外，海外华文媒体网站积极开设中国专题，如柬埔寨《高棉日报》、日本《东方新报》、法国《欧洲时报》等媒体官网设有专题或栏目，重点报道与中国的友好关系、推介中国品牌，并密切关注中国两会等重大活动，传播主流声音。作为面向华人华侨的重要平台，华文媒体网站还大力传播华人华侨文化交流活动如荷兰一网（Hollandone.com）的"一团荷气"栏目、《高棉日报》的"华人华侨"栏目、《葡新报》的"侨乡广东"栏目等，有利于团结海内外中华儿女，激发华人群体共有的民族情感。

第四节 "走出去"企业积极讲述丝路故事

企业参与"一带一路"建设过程中，积累了许多海外经营的好经验、好做法，建设了许多口碑佳、业绩优的项目，许多企业在带动当地就业、环境保护、社区公益活动、民生工程建设和教育文化交流等方面发挥了积极作用，这些都是对外讲好"一带一路"故事的鲜活素材。企业作为话语传播主体，其可采用的传播方式包括与所在国媒体合作、自建海外新媒体平台、积极参加国际会议（活动）发声等。

一 与所在国媒体合作

"走出去"企业投资和承建海外工程项目，要积极树立企业正面形象，传播"一带一路"正面声音，需要注重与项目所在国媒体合作，主动为媒体提供企业海外项目进展、建设成效、成功经验、社会责任等方面稿件和素材，增强投资和项目的"透明性"，消除误解和蓄意抹黑。同时，传播内容方面，要注重加强投资和承建工程项目对所在国经济、社会和民生福祉方面带来效益的宣传，变口号传播、宏大叙事为典型故事、具体人物的细节性宣传，增强传播内容的亲民性，增强企业投资和承建项目在所在国公众心目中的获得感，进而为"一带一路"倡议营造良好的社会舆论氛围。

二　自建新媒体平台

近年来，随着"走出去"企业国际交流的增多和国际业务的拓展，一些企业开始在海外社交媒体平台建立企业账号，主动走近当地公众，积极宣传企业理念、重点项目、社会责任履行等。例如，中国能源建设集团 2020 年 5 月开通 Twitter 账号 Energy China，截至 2023 年 12 月粉丝达到 7.32 万人。中国能源建设集团是大型国际项目承包企业，其 Twitter 账号积极向海外网民传递企业承建海外重点项目进展情况，客观阐述项目为当地带来的经济社会效益。例如，2020 年 6 月 3 日，该账号发布专题文章，宣传子公司葛洲坝集团在承建马来西亚巴勒水电站项目中，项目员工积极勇敢、认真负责地落实新冠疫情防控责任的事迹。2022 年 1 月 5 日，该账号发布推文，介绍由葛洲坝集团承建的肯尼亚斯瓦克多用途水开发项目，该项目是肯尼亚在建的最大的多用途大坝，将惠及 130 万人。

企业自建新媒体，同样需要注重传播内容的"内外有别"，对外传播应更多注重讲述让所在国公众更有获得感的内容，拉近与公众距离。

三　参加国际会议

企业通过参加一些有影响力的国际论坛、研讨会、展览会，能够很好传播企业文化、企业风采和企业社会责任。这些国际论坛、展会离不开与政府、媒体、智库的合作。

笔者通过对部分"走出去"重点企业的座谈调研发现，目前我国企业在国际化进程中，在对外话语传播的内容、方式、手段等方面还缺乏丰富的经验，同时又积累了大量鲜活素材亟待开发。

第五节　借助展会活动增进民间交流

为促进共建"一带一路"国家互动合作，加强对外开放，有关政府部门和民间社会组织通过举办博览会、艺术节、展会等方式，不断传播"一带一路"倡议的理念、内涵，以增进彼此交流。

在博览会方面，各地方依托自身区位优势和经贸文化资源，积极召开各类促进国内外交流合作的博览会、展会。例如，2017 年 9 月，欧亚经济论坛组委会主办，西安市政府承办的"一带一路"国际产能合作博览会；广西南宁每年定期举办的中国—东盟博览会；新疆乌鲁木齐定期举办的中国—亚欧博览会；上海举办的中国国际进口博览会；陕西西安举办的丝绸之路国际旅游博览会；甘肃敦煌举办的丝绸之路（敦煌）国际文化博览会；等等。这些在地方召开的博览会，一方面促进了我国与共建"一带一路"国家在投资、贸易、文化等方面的广泛交流、相互理解和国际合作，加强"一带一路"话语传播，实践共商共建共享丝路精神，另一方面也为各地方"一带一路"建设增添活力。

在艺术节方面，有 2014 年在西安举办的丝绸之路国际艺术节，2017 年在上海举行的"一带一路"国际艺术节发展论坛，以及成立于 2017 年，有史以来第一个由 100 余个丝绸之路相关国家和地区的艺术节共同组成的丝绸之路国际艺术节联盟等。此外，一些地方、企业等为了自我宣传和营利也组织了一些"一带一路"相关艺术节，例如陕西汉唐文化创意研究院承办的"一带一路"青少年国际艺术节，组织了吸引"一带一路"国家青少年儿童展示才艺特长的"陕西省六一国际儿童节电视嘉年华"、鼓励青少年传统文化素养培育的"2018 西安青少年美术双年展"、"少儿中秋晚会"及"2019 年陕西省少儿丝路春晚"4 个系列活动，很好地对外展现了陕西青少年的面貌；部分企业组织的"一带一路"专项国际艺术节、"一带一路"中泰国际艺术节等，在促进与共建国家的文化交流方面都起到了积极作用。

在图书展方面，2018 年北京国际图书博览会开幕当天，中国外文局举办了"一带一路"主题出版物成果展。2019 年 3 月 16 日，在第 39 届巴黎图书沙龙上，来自中国的多语种"一带一路"系列书籍受到不少法国读者的关注。

据笔者不完全统计，"一带一路"倡议提出以来，国内以"一带一路"为主题召开的大型活动共计 199 次，包括博览会、论坛、展会、研讨会等。

2016 年以来，"一带一路" 相关活动数量明显增多，2017 年活动数量达到峰值（见图 6-1）。大型主题活动举办地多集中在 "一带一路" 重要节点省份，福建和北京是最重要举办地；从活动参与对象来看，半数以上的主题活动邀请了共建 "一带一路" 国家和地区的代表出席，进一步促进互学互鉴、合作共赢。

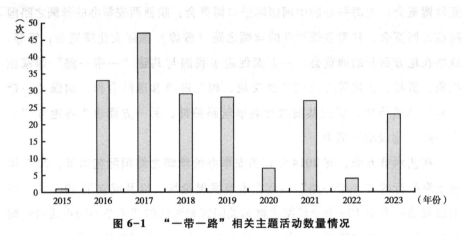

图 6-1　"一带一路" 相关主题活动数量情况

注：2020 年和 2022 年活动数量下降与新冠疫情有关；2023 年的数据统计截止时间为 2023 年 12 月 31 日。

第七章

"一带一路"话语对外传播媒介

媒介是传播信息符号的物质载体，指的是信息传递的载体、渠道、中介物、工具或技术手段。"一带一路"建设涉及地域广阔、主体众多、内容广泛，借助多元化、国际化和人性化的传播载体，将使"一带一路"话语传播范围更广泛，有助于提升传播效果。

第一节　传统传播媒介特点及应用

传统媒介是相对于网络媒体而言、面向大众传播信息的媒介形式，主要包括报纸、期刊、图书、电视、电影和广播等传统意义上的媒体。传统媒介出现较早，管理规范、传播信息优质、受众群体稳固。从全球范围看，无论是发达国家，还是发展中国家，传统媒介的普及性都是最好的，在信息传播中具有绝对的载体优势。由此来看，传统媒体依然是当前"一带一路"对外传播不可缺少的传播工具。

一　报纸

报纸的发展历史悠久，早在公元前60年古罗马就出现了世界上最古老的报纸。中国汉代的官府用于抄发谕旨的《邸报》是中国最早的报纸，距今已有约2000年。报纸以刊载新闻和时事评论为主，定期向公众发行。据不完全统计，全世界已知的每周至少出版四次、以报道各类新闻为主的日报有8409种，涉及164个国家和地区，每周出版三次以下的以报道各类新闻为主的非日报性报纸有32476种，覆盖111个国家和地区。①

---

① 王恩光. 世界报刊品种统计［J］. 图书情报工作，1981（05）：36-38.

报纸的内容多是来源于新发生的、事实性的新闻资讯，表达方式一般以叙述为主，主要起到记录社会事实和描写新闻事件的作用，将事实信息在短时间内传达给广大受众①，具有反映社会热点、引导社会舆论的功能。但由于报纸属于平面媒体，通过文字来传输信息，在叙述的基础上可展现的表达方法较少。报纸传播信息的优缺点如表7-1。

表 7-1 报纸传播信息的优缺点

序号	优点	缺点
1	成本较低，发行量大	印刷粗糙，色彩感差，容易沾染油墨污垢
2	可随时阅读，不受时间限制，不会像电视或电台节目一样错过特定时间报道的讯息	发行寿命短暂，利用率较低
3	按日发行，信息传播及时，时效性较强	相比电视和电台的影音片段，报纸图片和文字的震撼力和感染力比较低
4	有相对稳固的发行渠道和用户群体	
5	专业的新闻采编团队，信息质量较高	

据世界报业和新闻出版协会（WAN-IFRA）2019年公布的年度调查报告《世界报业趋势2018—2019》，全球对高质量新闻的需求并未减弱。2018年全球有5.99亿人阅读印刷版报纸，相较于上一年降低了0.5%；付费新闻受众（印刷版和数字版）增至每天6.4亿人。此外，随着科技不断进步，移动设备的普及为报纸和新闻品牌提供了巨大的发展机遇。2023年3月公布的《世界报业趋势2022—2023》数据显示，2021～2022年，所有类型报刊收入预计为1300.2亿美元，其中，印刷报刊发行量营收531亿美元（预计同比下降2.7%），印刷报刊广告收入386亿美元（预计同比下降3.3%），数字报刊发行量营收84亿美元（预计同比增长8.1%），数字报刊广告收入144亿美元（预计同比增长2.8%）；其他收入158亿美元（预计同比增长

---

① 姚玉娇.《人民日报》"一带一路"专题报道新闻框架研究［D］. 乌鲁木齐：新疆大学，2017.

4%）（见图 7-1）。同时预计 2023 年，数字发行收入将继续以可观的速度增长，尽管增长率可能将降至 7%①。

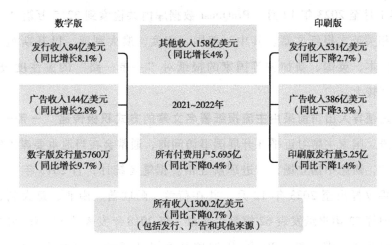

图 7-1　《世界报业趋势 2022—2023》预计印刷版与数字版报刊概况

报纸是传播信息和文化的重要载体，主流权威报纸内容表述特点鲜明：一是行文风格严谨审慎，报纸内容通常由专业新闻人士采编制作，消息可靠、表述严谨、语言精简，自带权威性和公信力；二是内容原创性高，报纸作为媒体，受到版权保护和约束，以原创内容为主，有效杜绝了信息的低效重复；三是主流意识表现鲜明，经过多年发展，报纸已成为多国政府或政党宣传的"喉舌"，传播消息反映社会重点和热点，评论文章常常具有鲜明的思想性、引领性。

"一带一路"建设重点覆盖政策沟通、设施联通、贸易畅通、资金融通、民心相通，所涵盖的政治、经济、文化、社会等合作内容，均是主流报纸报道关注的热点领域。实际上，报纸在传播"一带一路"方面已经发挥了积极作用。

一是"一带一路"建设进入各国主流报纸重点选题范围。笔者以

① World Association of News Publisher World press trends 2022-2023 ［EB/OL］. （2023-03-09）［2023-08-28］. https：//wan-ifra. org/？ s＝2022-2023.

ProQuest 数据库为数据源，以"belt and road"／"one belt one road"／"silk road"／"one belt and one road"为关键词进行报纸文献检索。结果显示，2014 年 1 月至 2023 年 12 月，ProQuest 数据库内共检索到 32.5 万篇"一带一路"相关英文报纸文章。其中，美国、印度、澳大利亚、巴基斯坦、俄罗斯、日本、英国、新加坡等国家的报纸对"一带一路"的关注度较高，报道力度较大。

二是领导人出访前采用主流报纸署名文章的方式积极传递"一带一路"合作愿景。国家主席习近平在开展国事访问前，通常会在当地重要媒体发表署名文章，谈论中国立场，增进理解互信。据笔者统计，自 2013 年"一带一路"倡议提出至 2023 年 12 月，共在荷兰、阿联酋、南非、意大利、文莱、缅甸等 52 国报纸发表 62 篇署名文章。仅 2018 年发表的 11 篇署名文章中，就提及"一带一路"30 次。① 这些文章讲述了动人的中外交往故事，介绍了双方合作进展，增进了战略互信与友谊，传递了友好合作愿景。文章发表后，亦带来海外报纸的转发与各界的积极解读，为"一带一路"建设的推进营造了有利的舆论氛围，为下一步的深化合作奠定了基础。

二　期刊

期刊是定期出版的一种刊物，版式通常采用传统书本样式。世界上最早的期刊是德国的《观察周刊》，创刊于 1590 年。中国最早的期刊为德国汉学家郭实腊 1833 年在广州创办的《东西洋考每月统计传》，发行时间持续五年多。以《中国大百科全书》新闻出版卷为例，将期刊分为四大类：①一般期刊，强调知识性与趣味性，读者面广；②学术性期刊，主要刊载学术论文、研究报告、评论等文章，以专业工作者为主要读者对象；③行业期刊，主要报道各行各业的产品、市场行情、经营管理进展与动态等；④检索期刊，主要功能是检索其他文献，如 SCI、

---

① 央视网．习近平十一篇署名文章里的中外友谊［EB/OL］．（2018－12－12）［2022－09－07］．http：//news．cctv．com/2018/12/12/ARTIuyr5WDC82xOzi2zIQw1e181212．shtml．

CSCI 等。

期刊又分为非正式期刊和正式期刊。非正式期刊主要用于内部交流，不公开发行。正式期刊一般由政府新闻出版机构审批，取得合法刊号后公开发行。期刊发行有各自固定的周期，因此时效性不如报纸、广播、电视，但其特点在于针对一个问题可以进一步探讨，尤其是学术性期刊，相较报纸更加深入，尤其适合于学术探讨和智库交流。期刊传播信息的优缺点如表 7-2 所示。

表 7-2　期刊传播信息的优缺点

序号	优点	缺点
1	目标对象明确：期刊多以某些专门性的知识介绍为内容，发行渠道稳定，用户群体相对固定	传播面有限，读者群体固定，限制了大众传播范围
2	内容体系性强：期刊设有专栏，定期连续出版，可系统记录行业或学科发展过程	发行周期长，时效性较差

"一带一路"国际合作有别于文化、娱乐等大众生活化领域，就"一带一路"对外传播而言，学术性和行业性期刊通常更适合作为传播媒介。实际上，随着"一带一路"持续推进，国内外智库学者在海外期刊、杂志上发表的"一带一路"文章也在逐年增多。

三　广播

广播是指通过无线电波或导线传送声音的新闻传播工具，其中，通过无线电波传送节目的称无线广播，通过导线传送节目的称有线广播。广播诞生于 20 世纪 20 年代，具有对象广泛、传播迅速、功能多样、感染力强等优势，同时也存在一瞬即逝、顺序收听、不能选择、语言不通则收听困难等劣势。广播传播信息的优缺点如表 7-3 所示。

表 7-3　广播传播信息的优缺点

序号	优点	缺点
1	受众广泛,对年龄、文化程度无要求,适合所有的人,主持人对信息加以理解和引导;同时可移动性和便携性较强	形式单一,只有声音,没有文字和图像,听众对广播信息的注意力容易分散
2	无论是其自身的运行成本,还是受众的接收成本,各种费用都是最低、最经济的	选择性差,广播内容按时间顺序依次排列,听众受节目顺序限制,只能被动接受既定的内容
3	信息传播速度快,对重大事件、重要新闻,具有传播速度上的优势	保留性差,传播效果稍纵即逝,耳过不留,信息的储存性差,难以查询和记录
4	可移动性强,几乎可以在多数情况下收听,特别是开车、休息等,不用特意留出专门时间	

　　广播是当今世界覆盖面最广、传播力最强的媒体之一。2019 年 7 月尼尔森发布的 "2019 年美国音频报告" 显示[①],传统 AM/FM 广播在美国人中的普及率为 92%,比其他任何平台都高。广播在 18~49 岁的人群中最受欢迎,每月收听广播的听众为 1.324 亿人,多数听乡村音乐。另 2020 年 11 月欧洲广播联盟发布的《媒体信任度》[②] 报告显示,广播仍然是整个欧洲最受信赖的媒体,欧洲国家 85% 的人信任广播,75% 的人信任电视。同样在非洲媒介史上,广播是最主要的传播媒体,尤其是在非洲农村地区及偏远地区,广播成为居民获取信息的主要途径。一方面,广播所依赖技术设备简易,价格低廉,易于低收入家庭接受,另一方面,地方广播电台常使用当地语言,表达方式口语化,栏目设置内容贴近当地生活,为识字率低的农村家庭及仅掌握本地语言的听众提供了了解国家政策、获取实用信息、参与社会化过程的渠道。[③] 全球覆盖面较广的广播媒体机构如表 7-4 所示。

① 搜狐网. 分享 | 2019 年美国音频报告 [EB/OL]. (2019 - 07 - 10) [2022 - 09 - 21]. https://www.sohu.com/a/325800553_ 738143.

② Statista. Level of trust in selected media sources worldwide as of November 2020 [EB/OL]. [2022-09-26]. https://www.statista.com/statistics/685119/media-sources-trust-worldwide.

③ 全国哲学社会科学工作办公室. 当代非洲媒体特点及在国家治理中的作用 [EB/OL]. (2019-08-22) [2020-08-17]. http://www.nopss.gov.cn/n1/2019/0822/c219470-31310045. html.

表 7-4　全球覆盖面较广的广播媒体机构

序号	媒体名	简介
1	英国广播公司	British Broadcasting Corporation,简称 BBC,成立于 1922 年,是英国最大的新闻广播机构,也是世界最大的新闻广播机构之一。该公司 2021～2022 年的年报显示,截至 2021 年 11 月,BBC World Service 每周以 41 种语言向 3.64 亿受众提供服务
2	哥伦比亚广播公司	Columbia Broadcasting System,是美国三大商业广播电视网之一。1987 年在纽约等城市直接经营电视台 5 座、中波广播电台 6 座、调频广播电台 7 座
3	加拿大广播公司	Canadian Broadcasting Company,是加拿大国营的广播公司,开播于 1936 年 9 月 6 日,拥有英、法、当地居民语言和国际台四套广播,覆盖全国绝大部分地区和人口
4	美国之音	The Voice of America,简称 VOA。是一家提供 45 种语言服务的动态的国际多媒体广播电台。通过互联网、手机和社交媒体提供新闻、资讯和文化节目,每周服务全球 1.64 亿的民众
5	德国之声	Deutsche Welle,简称 DW,是德国的国际广播电台、电视台以及互联网站,是全球五大广播电台之一
6	新传媒私人有限公司	Media Corporation of Singapore Pte Ltd,简称新传媒(Mediacorp),是新加坡的媒体集团,由政府部门演变成为名义上的商业机构,拥有 10 个电视频道(包含 2 个国际频道)和 13 个电台频道,新加坡最大的媒体广播机构
7	中东广播中心	Middle East Broadcasting Center,简称 MBC,是阿拉伯世界历史最悠久的免费广播电视台,也是中东地区最受欢迎的电视网络公司,总部设在迪拜。拥有两个广播频率:MBC FM、Panorama FM

在利用广播传播"一带一路"话语方面,我国媒体界已经做了不少传播中外友好合作故事、增进民心相通的工作。总体来说,广播作为重要而便捷的信息传播平台,是联通各国听众的桥梁和纽带。在"一带一路"对外传播方面,应该把握"一国一策"精准传播,突出受众意识,结合受众特点和需求,设计更贴近民心的传播话语。

借助广播媒介积极传播"一带一路"声音

一、中央媒体的传播探索

中国国际广播电台（2018 年 3 月，与中央电视台、中央人民广播电台合并为中央广播电视总台）作为我国对外传播的主要宣传阵地之一，将积极开展"一带一路"传播视作自身的职责与使命。截至 2017 年底，国际台海外整频率本土化电台超过 100 家，覆盖 60 个国家的首都和主要城市的近 5 亿人，20 余家海外合作电台跻身当地主流电台。

拥有 65 种语言传播能力的国际台发挥自身传播技术的巨大优势，精心打造了一支了解"一带一路"共建国国情并能清晰解释国家对外方针政策的中外报道队伍参与到"一带一路"的对外传播中。台里多次组织记者赶赴共建国家集中开展采访，国际台驻外记者和海外节目制作室走访在缅甸、巴基斯坦、津巴布韦、俄罗斯等国的石油、港口、医疗、技术等项目，围绕"一带一路"上的"世界故事"，打造三大重点媒体产品——《"一带一路"高端访谈》《"一带一路"重返现场》《"一带一路"民生故事》。同时加强在重点国家和地区资源投入，积极推进跨国界专业性媒体合作，一是推进土耳其国家全媒体项目建设；二是在非洲以开罗、内罗毕两个海外节目制作室为支点，稳步推进对阿拉伯国家和东非斯瓦希里语区国家的全媒体覆盖；三是在南亚实现巴基斯坦本土化节目开播。国际台还与巴基斯坦独立新闻社正式签署新闻互换协议，全面推进正面报道"中巴经济走廊"。① 此外，积极与国外主流媒体合作报道，建立媒体联动阵营，如伊朗伊斯兰共和国通讯社、老挝国家广播电台、越南之声电台、俄罗斯西伯利亚广播电台等，与国际台多语种媒体通过联合采访、直播连线、提供素材、互设链接等形式，扩大了"一带

---

① 田玉红. 融入"一带一路"大格局开辟国际传播新高地——中国国际广播电台"一带一路"传播实践与思考［J］. 新闻战线，2017（09）：6-9.

一路"相关报道在对象国的权威性和覆盖面。

二、地方媒体的积极尝试

内蒙古台草原之声广播。内蒙古在"一带一路"建设中的定位是向东北亚开放的重要窗口。2013年3月1日，首家面向蒙古国听众的外宣广播——内蒙古台草原之声正式开播，2014年1月1日，内蒙古台与蒙古国毕力格萨那有限责任公司建立长期合作关系。目前，草原之声广播通过蒙古国毕力格萨那有限责任公司所属FM107.5频率在蒙古国每天播出8小时，并通过腾格里网站（www.nmtv.cn）直播全套节目，网上播出时间长达18小时15分钟。《新闻播报》《美丽中国》《文化风景线》《索伦嘎》等涉及时政、经济、生活、文化、医疗服务等方面的节目，成为蒙古国听众了解内蒙古、了解中国的重要窗口。

云南广播电视台香格里拉之声。云南是中国唯一可以同时从陆上沟通东盟十国、南亚八国的省份，独特的地缘特征凸显了云南在"一带一路"中的地位。云南广播电视台国际广播频率"香格里拉之声"实行越南语、华语双语种播出，节目覆盖以越南河内、泰国曼谷为中心的7个东南亚、南亚国家和地区，是这些国家和地区人民了解云南的重要窗口。

新疆人民广播电台。新疆作为丝绸之路经济带上的重要区域，毗邻中亚多个国家，具有较为突出的地缘优势。自"西新工程"实施以来，新疆人民广播电台维吾尔语、汉语、哈萨克语、蒙古语、柯尔克孜语等五种语言广播大幅增加播出时长。2004年开始，中国国际广播电台"国际在线"网站与新疆人民广播电台"新疆新闻在线"网站联手，共同推出维吾尔语、哈萨克语、柯尔克孜语和蒙古语等四种语言网站，并且在吉尔吉斯斯坦国家广播电台每天提供两小时的柯尔克孜语广播节目，向乌兹别克斯坦国家广播公司提供30分钟的维吾尔语广播节目。

四　图书

图书是人类获取信息、学习知识、传承文化的重要载体，以传播文化为目的，用文字或其他信息符号记录于一定形式的材料之上的著作物，是人类思想的产物，是一种特定的不断发展着的知识传播工具。相较于碎片化的网络资讯和信息，主题图书出版可为"一带一路"实际建设提供系统知识和学理支撑，促进解疑释惑。近年来，我国有关部门、智库及专家逐步开始重视"一带一路"主题图书的海外出版发行工作，在"中国图书对外推广计划"、丝路书香出版工程等重大工程支持下，面向海外受众的多语种"一带一路"主题图书不断出现，力图从不同角度诠释"一带一路"理念。图书传播信息的优缺点如表7-5所示。

表7-5　图书传播信息的优缺点

分类	优点	缺点
纸质书	内容系统,知识体系相对完善	出版周期较长,传递信息速度慢
	具有质感,阅读不易疲劳,更能享受阅读乐趣	不环保,获取成本偏高
	具有收藏价值,便于反复翻阅	携带不方便,信息传播范围有限且占用空间大
电子书	阅读方便,可随时随地阅读	依赖电子设备,如出现乱码、错字情况,阻碍阅读
	支持全文检索,快速查找信息	容易引起视觉疲劳
	环保、节约资源,价格便宜	

我国图书对外推广工作

"中国图书对外推广计划"起源于2004年中法文化年。2004年3月中国作为主宾国参加第24届法国图书沙龙。由国务院新闻办公室提供资助、法国出版机构翻译出版的70种法文版中国图书，在沙龙上展出并销售，受到法国公众的热烈欢迎。基于上述资助模式的成功，2004年下半年国务院新闻办公室与新闻出版总署启动了"中国图书对外推广计划"。截至2018年底，中国出版机构已同82个国家的700余家出版机构开展合作项目 3200 余项，涉及图书 4600 余种、50 余个文版。①

　　丝路书香出版工程于 2014 年 12 月获批立项，是中国新闻出版业唯一进入"一带一路"倡议的重大项目，主要目标是以项目的形式在"一带一路"国家当地产生实际、长期的传播效果。该工程包括两大板块，一是支持图书翻译出版，对企业申报图书翻译出版、海外出版给予资助；二是支持企业自主创新"走出去"，结合全球传播重点，以周边国家为首要，以非洲、拉美和中东地区为基础，支持 30 余家企业的近 60 个项目的开展，基本覆盖了亚洲的主要国家、阿拉伯国家、中东欧 16 国以及北非部分国家。截至 2019 年 4 月，资助 40 余个语种的 1200 余种图书翻译出版，30 余家企业的近 60 个项目"走出去"，在渠道开拓、平台建设、资源整合、加强合作方面进行了有益探索，中国出版集团、中国外文局等出版机构"走出去"步伐不断加大。该工程作为新闻出版业进入国家"一带一路"倡议的重大项目，近年来成效显著。②

　　目前，"一带一路"主题图书尚无明确界定，既包括针对"一带一路"倡议进行专门研究和阐述的学术专著，也包括介绍共建"一带一路"国家和地区风土人情的普及读物。为探究图书对传播"一带一路"倡议的作用，笔者将"一带一路"主题图书限定为针对"一带一路"倡议进行专门研究和阐释的学术专著。将中国知名图书销售平台——当当网（中国站点）和美国知名图书销售平台——亚马逊（美国站点）作为数据来源站点，分别以中文"一带一路"主题图书和英文"一带一路"主题图书作为主要研究对象，分别设置"一带一路"/"丝绸之路"及"belt and road"/"one belt one road"进行检索，采集 2013 年 9 月 7 日至 2019 年 12 月 31 日出版且在售的图书，并对

① 人民网."中国图书对外推广计划"外国专家座谈会召开［EB/OL］.（2019-08-20）［2022-09-03］. http：//www.chinabookinternational.org/2019/0820/216533.shtml.
② 王珺，甄云霞.丝路书香工程五年初显成效［EB/OL］.（2019-06-11）［2022-09-23］. http：//www.cbbr.com.cn/article/128954.html.

结果进行人工整理、去噪，得到当当网有效书目数据1101条（为避免书目重复，当当网仅采集当当自营图书），亚马逊有效书目数据303条。随后，综合运用文本自动分词、文本相似度计算、社会网络分析等多种方法对数据进行处理分析，厘清当前"一带一路"主题图书的海内外出版传播状况。

调研发现，当前"一带一路"主题图书的海内外出版传播表现为三大特点。

一是图书出版发行集中起步于2015年，2017~2019年保持稳定发展。2015年之前，"一带一路"主题图书海内外出版发行量均较小，当当网可查为0种，亚马逊网为4种（其中3种为中文）。2015年3月，随着"一带一路"重要文件《愿景与行动》发布，海内外"一带一路"主题图书出版开始增多，并于2017年达到出版高峰（见图7-2）。从出版量走势看，"一带一路"重要文件的发布、"一带一路"国际合作高峰论坛等重要会议的召开、倡议的务实推进都为主题图书的出版创造了良好的生长土壤。

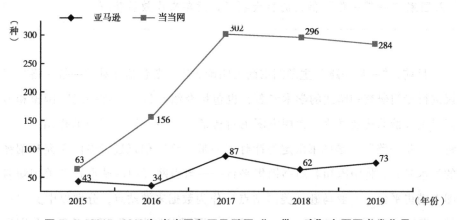

图7-2 2015~2019年当当网和亚马逊网"一带一路"主题图书发售量

二是中文版图书出版量明显高于外文，国内学者海外发声不足。采集书目数据中，当当网在售书目是亚马逊网在售书目的3.63倍。其中，亚马逊网在售303种主题图书中，有中文版124种、外文版（主要为英文，也包含部分日文、西班牙文、德文、法文等）仅179种。在外文版图书中，99种为国外作者编著，12种为中外合著，68种为中国作者编著（见图7-3）。相

较于国内丰富的出版图书，中国学者和机构外文图书出版量明显不足，对
"一带一路"对外传播的作用难以有效发挥。

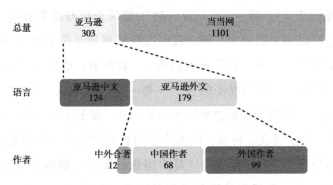

图 7-3　"一带一路"主题图书整体结构分析

　　三是图书海外发售中文渐少、外文渐多，外国作者出版量不断增多。亚
马逊网书目数据显示，在售 2015 ~ 2016 年出版图书以中文版为主，彼时
"一带一路"倡议顶层文件发布不久，国内学者海外传播意识尚不足，国外
学者研究亦刚起步，"一带一路"外文图书并不多，亚马逊网销售图书以引
进中文版为主。自 2017 年开始，亚马逊网在售中文版图书逐年减少，外文
版开始增多，2017 ~ 2019 年三年外国作者的图书出版量均高于中国作者，国
外学者对"一带一路"的关注和研究热度不减（见图 7-4）。

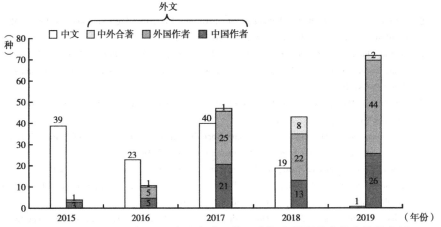

图 7-4　2015 ~ 2019 年亚马逊网站"一带一路"主题图书中外文结构分析

从图书海外出版主题看,"一带一路"主题图书海外出版视角基本集中于政治、经济领域,历史、人文主题不突出。亚马逊在售图书主要聚焦以下五大类(见图 7-5)。第一,"一带一路"倡议介绍与政策解读。这部分图书在亚马逊网以中文版为主,外文版中既有世界知名汉学家 Arthur H Tafero 出版的多语种《"一带一路"研究指南》① 教科书,也出现了中国学者出版的英文版通识读本,如尚虎平的《"一带一路"倡议关键词》②、王义桅的《"一带一路":中国崛起给世界带来什么?》③、秦玉才的《"一带一路"一百问》④ 等。关于倡议的解读,图书作者间也有截然不同的角度和观点,中国学者梁海明⑤以"'一带一路'是中国版马歇尔计划吗?"的问句为标题阐述"一带一路"倡议与马歇尔计划的不同,及其核心要义;葡萄牙政治学家 Bruno Maçães⑥ 认为"一带一路"是为了重塑世界经济,构建与西方国家相抗衡的政治价值观,将北京作为全球新中心。第二,"一带一路"的机遇与挑战。主要研究"一带一路"面临的机遇、风险和挑战,如美国新兴市场论坛首席执行官 Harinder S Kohli⑦ 认为中亚和南高加索地区加入"一带一路"倡议并非没有风险,并探讨如何积极应对和避免风险。亚美尼亚国家科学院东方研究所首席研究员、汉学家 Aghavni Harutyunyan⑧ 认为"一带一路"首要目标是积极参与建立多极世界秩序,但共建"一带一路"国家经济和政治形势的多样性和差异性,使"一带一路"倡议夹杂着内外风险

① Arthur H Tafero. The Belt and Road Research Guide:Understanding China and the B&R [M]. Charleston:CreateSpace Independent Publishing Platform, 2017.

② Huping Shang. The Belt and Road Initiative:Key Concepts [M]. Berlin:Springer, 2019.

③ Wang Yiwei. The Belt and Road:What Will China Offer the World in Its Rise [M]. Beijing:New World Press, 2016.

④ Qin Yucai. 100 Questions & Answers about the Belt and Road Initiative [M]. Hangzhou:Zhejiang University Press, 2017.

⑤ Da Hsuan Feng, Hai Ming Liang. Belt and Road Initiative:Chinese Version of "Marshall Plan"? [M]. Singapore:World Scientific Publishing Company, 2019.

⑥ Bruno Maçães. Belt and Road:A Chinese World Order [M]. London:Hurst, 2019.

⑦ Harinder S Kohli, et al. China's Belt and Road Initiative:Potential Transformation of Central Asia and the South Caucasus [M]. Thousand Oaks:SAGE, 2019.

⑧ Aghavni Harutyunyan. Chinese One Belt, One Road Initiative:Challenges and Opportunities [M]. Saarbrücken:LAP, 2017.

和挑战。第三,"一带一路"对贸易、外交、政治、经济等方面的影响,以及对中国与东北亚、东盟、中东欧等地区关系的影响。这部分图书中,外国作者观点相对负面,值得关注。同济大学德国研究中心教授 Maximilian Mayer 在其专著①中运用细致入微的历史叙事与详细的实证研究和比较框架,客观评价了"一带一路"对欧亚政治、经济和文化的影响。第四,丝绸之路经济带或 21 世纪海上丝绸之路研究,即分别对"一带"和"一路"进行研究。如研究海上丝绸之路对印度的启示、丝绸之路经济带与中亚应对、21 世纪海上丝绸之路对亚洲和欧洲的机遇与挑战等。第五,共建"一带一路"国家情况。介绍共建国家的国情、文化遗产、语言状况等,这部分图书基本以中国作者出版的中文版图书为主,国外作者并不太关注。亚马逊网丝路文化类图书中,除彼得·弗兰科潘的《丝绸之路:一部全新的世界史》和《新丝绸之路:世界的现在与未来》影响突出外,介绍"一带一路"文化互通、民心相通之类的图书非常少。上述数据显示,在海外"一带一路"是一个更加偏重政治、经济类的话题。

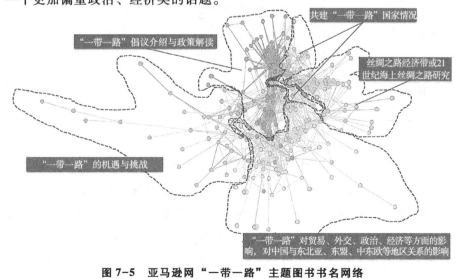

图 7-5 亚马逊网"一带一路"主题图书书名网络

① Maximilian Mayer. Rethinking the Silk Road: China's Belt and Road Initiative and Emerging Eurasian Relations [M]. New York: Palgrave Macmillan, 2017.

从图书的海外出版作者来看，亚马逊图书数据显示，179 种外文图书中以自然人作者为主，独著是海外作者出版图书的主要形式（见表 7-6）。通过作者姓名词频统计（见图 7-6）发现，外文图书中"高产"的作者并不多，作者的图书出版量相对均衡地保持在 1~2 种。著作产量较高的作者主要是：①美国纽约人文科学委员会的特约发言人、世界知名汉学家亚瑟·塔费罗（Arthur H Tafero），共出版 7 种图书，包括《"一带一路"研究指南》（英文、阿文、葡萄牙文、德文），以及三套"一带一路"教科书；②浙江大学教授王贵国，出版其《"一带一路"沿线国法律精要》系列丛书英文版，共 6 种；③中国人民大学教授王义桅，其专著《世界是通的——"一带一路"的逻辑》《"一带一路"：中国崛起给世界带来什么?》系多语种图书。

表 7-6 亚马逊网站"一带一路"外文版图书作者及著作类型统计

单位：种，%

作者类型	著作类型		数量	占比	占比小计
作者	合著	中外合著	12	6.7	32.96
		中中合著	20	11.17	
		外外合著	27	15.08	
	独著	中国独著	44	24.58	64.8
		外国独著	72	40.22	
机构	—		4	2.23	2.23
总计			179	100	100

从海外出版机构看，亚马逊网在售 179 种外文图书共涉及 54 家出版机构，"一带一路"海外图书出版主要集中于英、美等西方国家出版机构。在外文图书出版量排名前 10 的出版社（见图 7-7）中，全球最大的人文社科学术出版社罗德里奇出版社（Routledge，英国）出版的"一带一路"外文图书最多，其中外国作者著作 12 种，中国作者著作 10 种。New World Press（新世界出版社，中国）是我国最主要的对外出版机构之一，代表作是《中国关键词："一带一路"》14 个语种工具书和《"一带一路"：中国崛起给世界带来了什么》6 语种专著。此外，还有麦克米兰出版集团（Palgrave Macmillan，英国）、独

图 7-6　亚马逊网"一带一路"主题图书作者词云

立出版机构亚马逊国际文库（CreateSpace Independent Publishing Platform，美国）、世界科技出版公司（World Scientific Publishing Company，新加坡）等。浙江大学出版社（Zhejiang University Press）、外文出版社（Foreign Languages Press）出版的"一带一路"外文图书也在亚马逊网上架销售。近年来，中国学者开始注重与这些国际知名出版机构合作，借助其图书营销渠道发行图书。

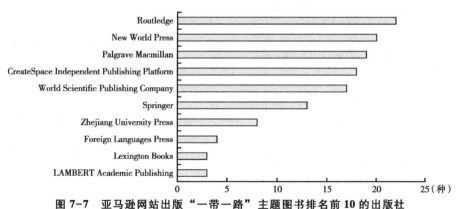

图 7-7　亚马逊网站出版"一带一路"主题图书排名前 10 的出版社

从海外出版传播效果看，"一带一路"主题图书海外销量较好的绝大多数为外国作者撰写（见表 7-7），且多数书名带有负面字眼。中国作者缺少走出国门的"一带一路"畅销书。

表 7-7 亚马逊网图书销量前 10 的 "一带一路" 主题图书

序号	书名	作者	出版机构及时间
1	The Silk Roads：A New History of the World	Peter Frankopan	Vintage,2017. 3(第二版)
2	The New Silk Roads：The Present and Future of the World	Peter Frankopan	Bloomsbury Publishing PLC,2018. 11
3	Belt and Road：A Chinese World Order	Bruno Maçães	Hurst,2019. 3
4	China's Eurasian Century? Political and Strategic Implications of the Belt and Road Initiative	Nadège Rolland	The National Bureau of Asian Research,2017. 6
5	The Silk Road Trap：How China's Trade Ambitions Challenge Europe	Jonathan Holslag	Polity Press,2019. 2
6	China's Asian Dream：Empire Building along the New Silk Road	Tom Miller	Hipe Publications,2017. 2
7	Organized Crime and Corruption Across Borders：Exploring the Belt and Road Initiative (Routledge Studies in Crime and Justice in Asia and the Global South)	T. Wing Lo	Routledge,2019. 9
8	The Belt and Road Initiative：Key Concepts	Huping Shang	Springer,2019. 6
9	China's Belt Road Initiative：The Challenge For The Middle Kingdom Through A New Logistics Paradigm	Andre Wheeler	Independently published,2018. 11
10	Securing the Belt and Road Initiative：Risk Assessment, Private Security and Special Insurances Along the New Wave of Chinese Outbound Investments	Alessandro Arduino and Xue Gong	Red Globe Press,2018. 2

注：销量随时间变化，排名有变化，统计时间以 2019 年 12 月 31 日为准。

　　总体来看，我国"一带一路"主题图书海外出版还存在以下几个问题。

　　一是海外出版数量仍显不足。亚马逊网上中国学者或机构出版的"一带一路"主题图书不到 80 种（含中外合著），进行多语种出版的更少，无论是与国内出版量相比，还是与国外学者图书出版量相比，均显不足。由前文可知，2019 年国外学者出版"一带一路"主题图书明显增多，且部分持明显负面观点。目前，"中国图书对外推广计划"、丝路书香出版工程等资助的"一带一路"主题图书数量也较少。中国学者依托图书传播"一带一路"正能量，主动加强海外发声的力度亟待加大。

　　二是主题同质化且缺乏吸引力。通过对比亚马逊网 179 种外文图书标题，发现中国作者出版的外文图书标题多数"中规中矩"、特色不明显，且注重宏大叙事，常采用如"中国的'一带一路'倡议与人民币国际化""中国的'一带一路'倡议及其周边外交""解读'一带一路'倡议"等；而外国作者的图书标题多样各异，主题相对聚焦，从具体地区、国别到具体行业，从影响、挑战到前景、应对等，并且倾向使用博眼球的词语，如"影响""转型""反思""批判性思考""应对"等。"一带一路"涉及国家众多，文化各异，读者信息需求和关注重点不同，我国图书的海外出版缺乏对国外读者的深入研究，因地制宜、差异化传播能力有待强化。

　　三是中国作者的外文图书价格不具优势。调查发现，中国作者的"一带一路"主题外文图书价格普遍较高，有 50% 的图书价格在 50 美元以上，其中超过 100 美元的有 20 余种，即便是电子书的价格也主要集中在 30~50 美元，普遍高于外国作者的"一带一路"主题图书售价，较大程度上限制了读者的购买力。

　　四是海外营销手段有待创新。目前，中国图书海外营销渠道仍较为传统，主要通过参与海外图书展销会、上架海外书店的"中国书架"、上线电商平台等方式。在营销宣传上，利用所在国主流媒体、社交媒体进行宣传的力度有限。在营销重点上，多是宣传书籍本身，对作者的宣传往往较为弱化，而这与西方以宣传作者为主的营销习惯相背离，而外国读者对中国作者了解较少，影响作品销售。在出版形式上，仅有 43% 的图书采用"实物图书+电子书"形式出版，远低于外国作者电子书出版比例。

随着"一带一路"建设的扎实推进和广受世界瞩目，"一带一路"主题图书目前依然具有比较广阔的海外市场。作为重要的传播媒介，"一带一路"主题图书不仅要"走出去"，还要"走进去"，走进海外读者的心里。更好传播"一带一路"理念，应在内容制作优化、出版形式创新、海外营销推广、国家出版扶持等方面持续优化。

五　电视

电视最早在 1925 年被英国工程师发明，从诞生开始到现在不到一百年历史，但是发展迅猛，依靠其强大的背景和资源，在主流化视频内容的生产和传播中，占据着垄断的地位，在公众中形成了较高的权威性。[①]

电视以其特有的快速、迅捷、声画并茂、现场实况等特点赢得了亿万观众。其可传播内容十分丰富，大致可分为新闻、社会教育、文艺、电视剧、体育、生活服务等节目类型。根据 Statista 于 2019 年 12 月发布的数据，截至 2018 年 12 月，全球共有 16.7 亿付费电视家庭，上一年该数字为 12.4 亿[②]，传统电视行业 2018 年在全球范围内产生了 2615 亿美元的收入[③]。电视作为传播媒介，其带有两个显著特征：一是电视传媒一般属于管制性产业，由于具有垄断属性，各国多将电视传媒产业置于政府或独立机构的管制之下；二是需要依托于特定网络，如物理传输网络、节目交换网络、经济运营网络等，这是电视传媒提供有效服务的重要保障（见表 7-8）。

---

① 谢诚. 电视媒体的优劣势分析［J］. 视听界，2013（03）：93.

② Statista. 2010～2018 年全球电视家数量［EB/OL］.［2019-12-19］. https：//www. statista. com/statistics/268695/number-of-tv-households-worldwide.

③ Statista. 2018～2022 年全球传统电视行业收入［EB/OL］.［2019-12-19］. https：//www. statista. com/statistics/265983/global-tv-industry-revenue.

表 7-8　电视传播信息的优缺点

序号	优点	缺点
1	传播覆盖面广,受众不受文化层次限制,但是受经济层次限制	线性传播,内容保存性差
2	传播画面直观易懂,形象生动	费用昂贵,制作成本较高。电视类节目的采编制作成本较高,需要专业团队、专业设备
3	新闻类电视内容信息传播及时	垄断性强,内容管制严格,播放成本(时间、金钱、协调)高

目前依托电视媒介传播"一带一路",在国内已经基本成熟。无论是中央电视台还是地方电视台,都通过自采新闻、自制纪录片、合作纪录片、购买并播放电视节目等方式传递"一带一路"相关信息。由于电视节目播放的垄断性,在海外依托电视媒体传播"一带一路"相关信息方面,主要方式有以下三种。

一是本国电视媒体自行采编"一带一路"新闻、制作"一带一路"内容。例如,德国国家电视台 Deutsche welle 在 2019 年 3 月 23 日意大利签署文件正式加入"一带一路"倡议时专程报道了相关内容,并连线了中意关系研究专家进行解读。[①] 加拿大国家广播公司(CBC News)在 2019 年前往牙买加进行了一次公路旅行式的电视节目制作,询问民众对"一带一路"的感受,在报道中民众提到中国的投资为该地区带来了急需的基础设施。[②] 除新闻报道外,电视媒体还制作相关纪录片。新加坡亚洲新闻台(Channel News Asia)制作了 3 季纪录片《新丝绸之路》,在纪录片中展现了中国和平开放且高速发展的制造业大国形象,3 季内容拍摄途经中国新疆、重庆,中亚,斯里兰卡,菲律宾,伊朗等国家(地区)和城市,探讨了"一带一路"

---

① China's Xi and Italy's Conte sign New Silk Road agreement ｜ DW News［EB/OL］.https://www.youtube.com/watch? v=KLaUCIr_ sjY.
② Who wins and who loses? Jamaica on China's Belt and Road Initiative［EB/OL］.https://www.youtube.com/watch? v=cd_ 6YgGWBeI.

对中亚和世界秩序的影响以及"21世纪海上丝绸之路"对共建国家的影响，该片获得纽约电影节——最佳纪录片（国际事务）奖。① 2018年，白俄罗斯国家电视台制作并播放了关于"一带一路"中白合作成果的纪录片《天赐食物给全世界》，展示中白贸易合作成果，对白俄罗斯优质农产品在中国的推广历程做出详尽的出镜报道。② 此外，"一带一路"相关主场外交活动的举办，推动各国电视媒体积极进行会议直播和录音录像报道。

二是通过中国国际电视台进行全球传播。2016年12月31日，央视旗下的中国环球电视网（China Global Television Network，CGTN）正式成立。2018年3月，改组后正式成为中央广播电视总台所属的面向全球播出的新闻国际传播机构。CGTN设有英、西、法、阿、俄语频道以及纪录国际频道6个电视频道、3个海外分台、1个视频通讯社和若干个新媒体集群，海外记者站覆盖近70个国家和地区，CGTN的电视频道遍布全球160余个国家和地区。2017年为了报道好首届"一带一路"国际合作高峰论坛，CGTN全球协同、各台联动。例如，邀请北美和非洲分台知名主持人和北京总部主持人共同打造晚间黄金时段播出的《"一带一路"特别节目》。该特别节目有海外报道员发回的有关"一带一路"在当地落地生根的小故事，也有中国和共建"一带一路"国家经贸合作的事例和数据，还有从宏观战略层面展开的对"一带一路"倡议的理论阐述。③

三是中国电视媒体与国外电视媒体合作制作内容并进行共享播出。中央广播电视总台所属的中国国际电视总公司联合共建"一带一路"国家媒体机构，于2016年8月发起创建了"丝路电视国际合作共同体"。作为首个以"丝路"为纽带、面向全媒体的国际影视媒体联盟，该共同体成立7年

---

① 邢那. 国外纪录片中的中国国家形象：基于新加坡亚洲新闻台《新丝绸之路》（1~3季）的文本分析 [D]. 厦门：厦门大学，2018.

② 白俄罗斯国家电视台关于"一带一路"中白合作成果的纪录片《天赐食物给全世界》 [EB/OL]. （2018-07-03）[2022-06-29]. https://www.bilibili.com/video/BV1Ds411G78L? from = search&seid = 18115006302892911738.

③ 毕建录. 对外传播中如何讲好"一带一路"故事——以 CGTN"一带一路"国际合作高峰论坛报道为例 [J]. 青年记者，2017（19）：60-61.

来，成员及伙伴已发展至 63 个国家和地区的 143 家机构，实现 G7 国家全覆盖，G20 国家 85% 覆盖，共建"一带一路"国家普遍覆盖。五洲传播中心作为一家长期从事中华文化对外传播的机构，从 2003 年起与国际主流媒体、制作机构开展合作，共同制作、传播中国主题纪录片。2017 年 1 月，五洲传播中心与共建"一带一路"国家和地区的本土主流媒体机构合作共建推出《丝路时间》电视品牌栏目，该栏目通过本土有影响力的国际播出渠道面向全球观众讲述丝路主题故事。作为公共服务平台，《丝路时间》致力于促成媒体机构间的节目交换以及更广泛的文化合作，增进共建"一带一路"及相关国家间的相互理解，增进文化交流与传播。截至 2022 年 4 月，已累计有 50 家来自欧洲包括俄罗斯金砖电视台、保加利亚国家电视台、波兰福库斯电视台和匈牙利 ATV 电视台等；亚洲包括半岛电视台、印度 iTV 媒体集团、柬埔寨国家电视台和缅甸妙瓦底电视台等；非洲包括尼日利亚国家电视台、莫桑比克国家电视台、坦桑尼亚 Mambo 电视台和加纳 iMax Media 等；美洲包括巴西苏普伦电视台；大洋洲包括新西兰 Kordia 电视台等重要"一带一路"合作区域的电视台加入合作。1000 余个小时的中国精品纪录片译制成 19 种语言播出，覆盖 40 余个国家和地区的 6 亿余名受众。

总体而言，通过电视传播"一带一路"前景广阔，亟待形成中国与"一带一路"国家和地区影视政策交流沟通、节目贸易互通、人员往来流通的区域影视合作大格局，不仅增进共建"一带一路"国家和地区间的了解与信任，而且有助于建立民间社会组织的友好合作关系等。

六　电影

电影是一种表演艺术和听觉艺术的综合表现形式，利用胶卷、录像带或数字媒体将影像和声音捕捉起来，再经过后期的编辑而成。电影是 20 世纪以来发展迅速、影响广泛的媒体，是以现代科技成果为工具与材料，运用创造视觉形象和镜头组接的表现手段，在银幕的空间和时间里，塑造运动的、音画结合的、逼真的具体形象，以反映社会生活的现代艺术。电影能准确地"还原"现实世界，给人以逼真感、亲近感，能够传递思想、形成共鸣。

电影按照场景、情绪、形式、年龄可以划分为不同类型，如按场景分为犯罪片、历史片、科幻片、战争片等；按情绪分为动作片、喜剧片、恐怖片、剧情片等；按形式分为动画片、纪录片、传记片、音乐片等；按年龄分为儿童片、成人片等。总体而言，电影是生活化、娱乐性较强的一种艺术表现形式。作为"一带一路"的话语传播媒介，电影的特色优势在于从文化艺术、社会生活、民心相通角度表现丝路理念和精神。近年来，电影界积极参与"一带一路"传播实践。

一是国际电影节中加入"一带一路"元素。国际电影节是世界各国电影艺术和技术成就展览的盛会。2017年第七届北京国际电影节"一带一路"电影发展与全球电影新格局论坛召开，从教育、艺术、投资等方面共同探讨了"一带一路"电影发展与全球电影新格局，来自加拿大、英国的电影界知名人士与中国的电影工作者一起，就电影在"一带一路"实践中如何发挥作用各抒己见，同时宣布"一带一路"国际电影交流活动将每年举办，活动由"一带一路"国际电影研讨会、"一带一路"国际电影展映、"金丝带电影"推介和中国电影国际巡展：走进"一带一路"等内容组成。[1] 2018年6月16日，第21届上海国际电影节开幕首日，"一带一路"电影节联盟签约仪式在上海举行。来自"一带一路"近29个国家的31个电影机构相聚在上海，签署关于建立"一带一路"电影节联盟的备忘录。2019年6月15日，来自23个国家的26位电影节代表共同宣布启动"一带一路"电影节联盟新一轮合作，同时联盟又迎来7位新成员，这也标志着"一带一路"电影节联盟正在通过共商共建共享的方式，将电影文化的交流互鉴之路走深走实。为贯彻落实"一带一路"的建设构想，国家新闻出版广电总局创办了以海陆丝绸之路沿线国家为主体的"丝绸之路国际电影节"，首届电影节于2014年6月在西安举办，每年一届，由陕西省、福建省轮流举办。

二是国际电影节中开展各国电影征片及展映活动。2017年第七届北京国际电影节开设"一带一路"展映单元，关注共建国家的电影创作，集合

① 杨骁."一带一路"开启中国电影新格局［EB/OL］.（2017-04-27）［2022-06-29］. http://www.cankaoxiaoxi.com/china/20170423/1919325.shtml.

如电影《牛奶配送员的奇幻人生》《推销员》《罗莎妈妈》等各国佳片,让观众感受来自丝绸之路的文化精品。2018年以来,上海国际电影节每年开设"一带一路"电影周,展映由"一带一路"电影节联盟各成员机构推荐的影片。例如,2019年电影周征片,53个共建"一带一路"国家和地区申报了1875部影片。但电影征片及展映以生活文化类电影为主,并不直接讲述"一带一路"、丝绸之路的内容。

三是中外联合制作"一带一路"主题电影。目前,国际电影节中展映的"一带一路"影片多是以"一带一路"国家为特征划定的影片,重在展现共建国家社会人文。随着"一带一路"电影文化交流的深入,2017年5月,全球首部"一带一路"纪录电影《共同命运》启动拍摄,该电影由中国、英国、美国等多个国家资深电影创作者共同打造,影片制作历时两年,跨越亚洲、非洲、欧洲、南美洲,行程约30万公里,拍摄了中国、西班牙、智利、约旦、哈萨克斯坦、肯尼亚等地不同人物的不同故事,充分展现了在"一带一路"倡议下普通人命运的改变和理想的实现这一主旨。影片于2019年8月30日上映,并分别亮相北京国际电影节、威尼斯国际电影节,获得广泛好评。2022年6月8日,由中央广播电视总台国际在线、西安港文体产业发展有限公司出品的"一带一路"倡议10周年献礼影片《长安·长安》顺利杀青。该片以中欧班列长安号为载体,以2023年"一带一路"倡议提出十周年为时间节点,讲述了2031年发生在"长安号国际旅游专列"上的跨国故事。影片由国际知名导演、奥斯卡评委、奥斯卡最佳外语片奖提名奖获得者纳基斯·阿贝耶担任监制及编剧,中国国家一级导演张忠担任导演,影片汇集了中国、伊朗、俄罗斯、哈萨克斯坦等多国知名电影人,是一部多国电影大咖合作的"一带一路"主题电影。作为主旋律作品,电影《长安·长安》通过观察和讲述普通人的生命轨迹以及对人生意义的思考,以小见大地呈现了共建"一带一路"国家间的人文交流内涵。[①]

[①] 孙欢."一带一路"主题电影《长安·长安》杀青[EB/OL].(2022-06-08)[2022-09-17].http://epaper.xiancn.com/newxawb/pc/html/202206/08/content_115903.html.

总体来看，借助国际电影节开展论坛交流、电影展映，有效加深了"一带一路"、丝绸之路概念品牌在电影界人士、公众心中的印象，但目前电影界对"一带一路"的实践还多停留在地理区划范围上的理解，依托电影媒介传播"一带一路"核心要义还有更多可扩展空间。

第二节 新兴传播媒介特点及应用

公共舆论管理是政府社会治理的重要组成部分，而新闻媒体是引导舆论的核心力量。在诸多国家，广播电视网络视听领域实行准入许可制度，有些国家甚至禁止外资企业进入新闻媒体行业。因此，在对外传播过程中，想要进入海外国家主流舆论场，必须要与当地媒体合作，这无疑增加了对外传播的难度和成本。随着社会的进步，互联网的普及率和覆盖率在全世界范围内得到大幅度提升。依托于互联网，信息传播更加快捷，人们获取信息的渠道更加广泛，内容更加丰富多样，信息选择更加自主，同时也存在信息良莠不齐、可信度低等弊端。新兴传播媒介是相对于传统媒介而言，是以数字技术为基础、以网络为载体进行信息传播的媒介，包括数字报纸、数字杂志、数字广播、数字电视、数字电影等传统媒体的数字化，也包括门户网站、社交媒体、新闻客户端、直播平台等。传统媒体的数字化在前文介绍传统传播媒介的时候已经涉及，本节重点研究后者。

一 门户网站

网站是使用 HTML 等工具制作的用于展示特定信息内容的网页集合。人们可以通过网站来发布想要公开的资讯，提供相关的网络服务，或者获取需要的资讯。当前，无论是平面媒体还是广播电视媒体，都在积极建立更便捷服务公众的网站，拉近与公众的实时距离，一些智库、企事业单位也在互联网上开通机构网站。

门户网站，广义是指机构对外信息发布和服务的门户窗口，狭义用来指互联网综合信息门户网站。本文所指是广义概念。门户网站作为新兴传播媒介，其出现一定程度上打破了主流媒体的传播垄断。消息、新闻的传播不再完全垄断在媒体手中，任何机构和个人只要建立自己的互联网门户网站，均可在上面发布合法信息，只要网站影响力足够大，亦可以达到很好的传播效果。

2017年3月21日，中国政府上线开通国家推进"一带一路"建设的官方服务平台——中国一带一路网（www.yidaiyilu.gov.cn），网站开通中文、英文、俄文、法文、西班牙文、阿拉伯文6个语种版本，面向世界公开发布"一带一路"政策文件、专题报告，及时跟踪报道"一带一路"国内外新闻资讯，梳理五通进展成就，提供数据与知识服务等，为国内外用户获取"一带一路"信息提供了专项互联网服务入口。

除国家官网外，各部委和地方也积极建设"一带一路"宣传和服务平台。商务部建立了走出去公共服务平台、国家税务总局开设税收服务"一带一路"专题、国家能源局建设"一带一路"能源合作网、生态环境部开通了"一带一路"生态环保大数据服务门户。在国家开通"一带一路"官网后，陕西省、浙江省、江苏省、湖北省、甘肃省，以及青岛市相继建设并开通运行了地方"一带一路"网站。国家"一带一路"官方信息发布体系正在稳步建立，成为外界获取"一带一路"权威信息和数据的有效途径。

自"一带一路"提出以来，国内外新闻媒体和智库，也相应开设了"一带一路"专题专栏（见表7-9、表7-10），全面跟踪"一带一路"建设最新资讯、进展、成效，或传播本机构关于"一带一路"的最新观点、研究报告。

表7-9 中国重点媒体开设的外文版"一带一路"专栏

单位：种

编号	媒体名称	"一带一路"专栏（以英文为例）	外文语种数量
1	新华网	http://www.xinhuanet.com/silkroad/english/index.htm	9
2	人民网	http://en.brnn.com/index.html	9

续表

编号	媒体名称	"一带一路"专栏(以英文为例)	外文语种数量
3	《环球时报》	https://www.globaltimes.cn/source/initiative/	1
4	CGTN	https://www.cgtn.com/specials/2023/the-new-silk-road.html	1

表 7-10　海外部分媒体和智库官网开设的 "一带一路" 专栏

编号	国家	机构	"一带一路"专栏地址	分类
1	英国	《金融时报》	https://www.ft.com/stream/017a36cd-82e2-4f8d-ac0f-a8c7a3eb97d7	媒体
2	英国	英国皇家国际事务研究所	https://www.chathamhouse.org/research/topics/china-belt-and-road-initiative-bri	智库
3	英国	英国国际战略研究所	https://www.iiss.org/topics/geo-economics/belt-and-road	智库
4	日本	日本经济新闻	https://asia.nikkei.com/Spotlight/Belt-and-Road	媒体
5	日本	外交学者	https://thediplomat.com/tag/china-one-belt-one-road/	媒体
6	印度	《经济时报》	https://economictimes.indiatimes.com/topic/OBOR	媒体
7	澳大利亚	悉尼先驱晨报	https://www.smh.com.au/topic/belt-and-road-initiative-jle	媒体
8	新加坡	《联合早报》	https://beltandroad.zaobao.com/	媒体
9	新加坡	国际事务研究所	http://www.siiaonline.org/tag/belt-and-road/	智库
10	白俄罗斯	白俄罗斯对外政策与战略研究中心	https://forstrategy.org/ru/topics/One-Belt-One-Road-Initiative	智库

二　社交媒体

当前，借助新兴技术达成深度社会交互、社区形成以及应对群体协作任务的社交媒体蓬勃发展。社交媒体聚集了社会性技术的特征和属性，为广大用户提供了参与、沟通、交流与协作的载体和工具。社交媒体通过吸引广大用户参与内容制作成为互联网环境下最大的内容聚合分发平台，同时，社交媒体从空间上可以界定为各种类型的虚拟社区和网络社区，在这一大环境下用户可以借助各种新兴技术和汇聚技术提高其交流与互动的能力。社交媒体有两个决定性特征：一是应用必须基于互联网，二是内容由用户生成。随着媒介传播技术的进步和迭代，用户参与内容生产的形态从最初的文字、图片、语音等，一路进化到当下火爆的短视频，移动化、场景化、社交化正在成为社交媒体平台的新风口。

2023 年 1 月，全球知名社会化媒体传播公司 we are social 发布的《2023年全球数字报告》[①] 显示，数字、移动和社交媒体已成为世界各地人们日常生活中不可或缺的一部分。到 2023 年初，超过 51.6 亿人使用互联网，而社交媒体用户已突破 47 亿大关。全球近 60%的人口已经上网。全球前 15 大知名社交媒体平台用户数如表 7-11 所示。

表 7-11　全球前 15 大知名社交媒体平台用户数

单位：百万

2023 年排名	社交媒体	2022 年 1 月活跃用户量	2023 年 1 月活跃用户量
1	Facebook	2910	2958
2	Youtube	2562	2514
3	WHATSAPP *	2000	2000
4	Instagram *	1478	2000
5	WECHAT	1263	1309
6	TikTok	1000	1051
7	FB MESSENGER *	988	931
8	DOUYIN	600	715
9	TELEGRAM	550	700

---

① We are social. 2023 年全球数字报告 [EB/OL]. (2023-01-01) [2023-04-20]. https://wearesocial.com/sg/blog/2023/01/digital-2023/.

续表

2023 年排名	社交媒体	2022 年 1 月活跃用户量	2023 年 1 月活跃用户量
10	Snapchat	557	635
11	KUAISHOU	573	626
12	SINA WEIBO	573	584
13	QQ	574	574
14	Twitter	436	556
15	Pinterest	444	445

注：标 * 的平台在过去一年未发布更新的用户数量，数据不具代表性。

数据来源：we are social 发布的《2022 年全球数字报告》和《2023 年全球数字报告》。

从用途上，we are social 将社交媒体分为社交网络（social network），如 Facebook、Twitter、新浪微博等，以及消息传输网络（messenger/VOIP），如 Whats App、微信、QQ 等。本书主要侧重于社交网络类媒体。具体从传播内容形式上，笔者将主流社交媒体分为四类：①多媒体内容聚合平台，如 Twitter、Facebook、新浪微博，可传输文字、图片、视频等多种形式信息内容；②图片内容分发平台，如 Instagram、Snapchat、Pinterest，主要通过传输分享图片达到社交目的；③长视频内容分发共享平台，如 YouTube 和 Bilibili，用户可以直接观看视频，也可以注册后上传自己原创视频，对上传视频时长没有严格限制，但一般以中长视频为主；④短视频内容分享平台，如海外 TikTok、快手。近年来专业化的图片、短视频类社交媒体不断涌现，并呈快速增长状态。海外综合性社交媒体平台如表 7-12 所示。

表 7-12　海外综合性社交媒体平台

序号	媒体名称	覆盖国家和地区	活跃用户数
1	Facebook	全球性	26 亿/月
2	Twitter	全球性	1.66 亿/日
3	Odnoklassnlki	俄罗斯、东欧	5000 万/月
4	VKONTAKTE	俄罗斯、东欧	3000 万/月
5	Mixi	日本	200 万/月

1.多媒体内容聚合平台

多媒体内容聚合类社交媒体，兼具文字、图片、视频、音频的分享传递，发展最早、最成熟。在该类平台上，人们可以自行发布文字、图片、视频，传递最新信息，表达观点，该类平台往往成为捕捉热点事件、舆情民意的重要场域。

目前，Facebook 与 Twitter 是绝大多数国家网民广泛应用的全球性社交平台，也是我国主流媒体开展对外传播的重要平台。截至 2023 年 8 月，在 Facebook 上开设账号的中国主流媒体主要为新华社（China Xinhua News）、《人民日报》（People's Daily，China）和 CGTN，粉丝量分别为 9523 万、8536 万与 1.2 亿。在 Twitter 上开设账号的主流媒体主要为 XHNews（新华社）、CGTNOfficial（中国国际电视台）、globaltimesnews（《环球时报》）、ChinaDaily（《中国日报》）、PDChina（《人民日报》），粉丝量分别为 1190 万、1300 万、180 万、410 万、660 万。本书第八章将重点围绕我国重点媒体利用 Twitter 平台传播"一带一路"的情况进行研究。

除 Facebook、Twitter 外，还有一些面向特定语系和区域的社交媒体平台值得关注，如俄罗斯与东欧地区的 Odnoklassnlki 和 VKONTAKTE；日本常用的 Mixi 等。①②

总体来看，在"一带一路"对外传播中，我国媒体对当前覆盖面较广的国际性社交网站这类新媒体的应用尚不充分、在地化传播不够。Facebook 与 Twitter 作为世界范围内最大的社交媒体平台，无疑是中国进行"一带一路"对外传播、宣传国家形象的重要渠道。但近年来，以美国主导的社交平台上不断出现封禁账号、无故删除内容的事件，美式新闻自由的"双标"不断被揭示，甚至 2022 年 5 月埃隆·马斯克收购 Twitter 被外界普遍期待为马斯克将助力实现真正的言论自由。因此，无论是从精准的在地化传播，还是从维护对外传播的自主性、独立性上，笔者认为有条件的媒体需要多拓展

① 全球社交媒体分布［J］.中国科技信息，2017（09）：2-3.
② 帝国主义时代的全球社交媒体市场［EB/OL］.（2019-10-11）［2022-07-27］.https：// zhuanlan.zhihu.com/p/86096911？utm_ source＝wechat_ session.

一些重点合作国家的区域性社交平台，如 Odnoklassnlki 和 VKONTAKTE。

2. 图片内容分发平台

移动互联网、智能手机以及社交网络的发展带来了海量图片信息，根据 DIGITAL TRENDS 在 2020 年 4 月 18 日发表的文章中所提及的数据，世界上最大的图片分享社交平台 Instagram 有超过 10 亿活跃用户，每天上传到平台的图片超过了 1 亿张。① 不受地域和语言限制、直观且具有感染力的图片逐渐取代了烦琐而微妙的文字，成为传词达意的主要媒介。图片成为互联网信息交流主要媒介的原因主要在于以下两点：第一，从用户读取信息的习惯来看，相比于文字，图片能够为用户提供更加生动、容易理解、有趣及更具艺术感的信息；第二，从图片来源来看，智能手机为人们带来方便的拍摄和截屏手段，帮助人们更快地用图片来采集和记录信息。以图片为主要信息内容载体的社交平台代表有：世界范围内最大的 Instagram、主打阅后即焚并成功在欧美年轻一代的移动设备中占据一席之地的 Snapchat、以瀑布流式布局展示图片内容并于 2013 年成功进入全球十大热门社交软件的 Pinterest，以及成功进入中国市场并保持着每个月 10%~30% 用户增长速度的图片创意编辑分享平台 PicsArt 等。

目前，我国主流媒体并未进驻相关图片分享网站，关于"一带一路"的相关内容讨论频次较低，主要是个人账号和国外机构账号以相应标签进行内容分享。笔者以最大的图片分享平台 Instagram 为例进行了调研。在 Instagram 平台中，2020 年 6 月，笔者通过标签搜索功能，以 #belt and road 为关键标签进行检索，有超过 5000 篇帖子，#belt and road initiative 的帖子数量约为 1000 篇。但从帖子内容看，关于"一带一路"核心工作的内容并不多，仅举办的一些竞赛吸引了一定的流量。

3. 长视频内容分发共享平台

长视频在内容消费领域一直是用户最喜欢的媒介形式之一，传统的电视

---

① Dan Ginn. It's time for Instagram to fully embrace the desktop ［EB/OL］. （2020 - 04 - 18） ［2022 - 09 - 09］. https：//www.digitaltrends.com/photography/its-time-for-instagram-to-fully-embrace-the-desktop.

电影制作技术在硬件设施的发展中逐渐被非专业机构的用户所掌握，社会化媒体平台的发展赋予了每个人传播内容的能力，两种技术合力的相互叠加使得 UGC 视频内容创作与分发在互联网浪潮的推动下成为用户消费长视频内容的新选择，并以极快的速度成了互联网流量的巨大增长点。海外部分视频社交媒体平台简介如表 7-13 所示。

表 7-13 海外部分视频社交媒体平台简介

网站名称	总部所在国家	简介
YouTube	美国	以用户自主上传内容为主、已经成为世界用户规模第二大的社交媒体
Niconico	日本	专注于二次元内容的日本弹幕视频网站开创者，坐拥 7583 万（2019 年）注册会员和 188 万付费会员
Vimeo	美国	禁止所有商业化视频和非原创视频的美国视频分享网站，每月有 1.3 亿独立访客和超过 3000 万注册用户（2017 年）
Daily motion	法国	2006 年在法国成立，也是世界最大的视频分享网站之一，提供 18 种语言和 35 种本地化版本
Ustream	美国	在 2008 年美国总统竞选期间，几乎所有的候选人都使用其回答支持者的问题。2016 年，IBM 买下，并合并入 IBM Cloud Video

资料来源：IBM Cloud Video［EB/OL］.（2020 - 10 - 21）［2020 - 11 - 11］. https://zh. wikipedia. org/wiki/IBM_ Cloud_ Video.

YouTube 平台作为世界上最大的互联网视频内容集成平台，吸引了世界上无数的创作者和专业机构在平台上上传内容。YouTube 每月登录用户超 20 亿、用户每日视频观看时长超 10 亿小时；其用户覆盖全球 91 个国家和地区，有 80 种语言版本的视频内容，95% 的用户为海外互联网用户，在英国、美国、日本、印度等一些重要市场，都已成为品牌触达目标受众的重要渠道。以美国为例，仅 YouTube 移动端，可触达人群（18~49 岁）比任何美国电视网都多。

从传播案例看，YouTube 平台上 CGTN（China Global Television Network）

官方账号拥有 304 万订阅粉丝，发布的译制版纪录片《一带一路》（One Belt One Road Documentary）共 6 集。该影片记录了 60 余个普通人与 "一带一路" 的生动故事，共采访了 50 余位具有国际影响力的人士，从不同角度肯定了 "一带一路" 倡议。截至 2023 年 8 月 27 日，纪录片《一带一路》共播放 90.6 万余次，评论达 871 条，达到一定海外传播效果。进一步分析纪录片的网民评论发现，积极评论占 58%，中立评论占 28%，且在评论中多次出现 "China" "Chinese" "love" "world" 等词语，说明网民在收看该纪录片后对中国和 "一带一路" 倡议有了较为正面的了解。

调研发现，随着视频类社交平台逐渐受到全球用户青睐，利用这类平台传播 "一带一路" 声音、讲述 "一带一路" 故事显得愈发必要和重要。

4. 短视频内容分发共享平台

以 Facebook、Twitter、Instagram 为代表的社交媒体已经在图文消费时代停留了较长时间，模式转型呼之欲出。以 UGC（用户生产内容）为核心的短视频内容分发共享平台出现并迅速发展。短视频更形象的视觉冲击，基于用户生产内容，专业性要求低，制作成本低，人人均可参与，充分利用了人们紧张工作生活之余的碎片化时间，满足人们多样化信息需求。

从具体短视频平台发展来看，Vine 是世界上第一款大火的短视频应用，在 2012 年 6 月由唐姆·霍夫曼和罗斯·优素普夫创立，允许用户创建最长 6 秒的短片并分享到社交网络，2012 年 10 月被 Twitter 收购。2013 年 1 月 24 日，Vine 登录 iOS 平台，几个月后成为市场上最受欢迎的视频分享应用。2017 年 8 月，字节跳动在抖音短视频产品的基础上，推出抖音国际版——TikTok。截至 2023 年 4 月，TikTok 在 150 余个国家可以使用，拥有 75 种语言版本，海外用户数量超 10 亿，其中北美、欧洲、印度等地的人均使用时长为 50 分钟左右。在 TikTok 大火之后，社交媒体头部公司纷纷进入短视频赛道，Google 旗下的 YouTube 在 2020 年 9 月首次在印度试运行短视频内容 "Shorts"，2021 年 3 月在美国等 27 个国家/地区正式上线；Facebook 则决定向 2018 年推出的主攻巴西市场的短视频应用 Lasso 倾斜更多资源，并推广至包括印尼、墨西哥在内的其他新兴市场；同样在巴西，Instagram 推出了

Reels 视频编辑工具，其中的 Story 功能以短视频形式分享为主打；快手出海拳头短视频产品 Kwai、SnackVideo 等在南美洲、东南亚市场取得了一定的突破。除社交巨头外，于 2018 年成立、位于硅谷的初创公司 Firework，主打 30 秒短视频制作和分享，目前吸引的用户平均年龄高于 TikTok 的用户，成功吸引了包括谷歌和百度在内的公司的收购意向。

短视频平台的兴起得益于移动互联网和智能移动终端的高速发展。TikTok 的火爆是多方面因素共同作用的结果。在技术上，字节跳动旗下产品今日头条的算法推荐机制为 TikTok 的推荐机制打下了坚实的基础；在运营上，强大的营销策略和明星光环加持，并在互联网空间内通过酷炫的简单剪辑功能集成、视频美颜算法和滤镜营造出一种记录美好生活的景象；在内容上，十几秒至一分钟的时长完美填补了碎片化时间的空缺，持续不断地给予用户感官反馈。

虽然以 TikTok 为首的短视频应用十分火爆，但短视频平台作为娱乐化程度极高的社交媒体平台，在"一带一路"传播中与图片分享平台相似，均未能获得与平台用户量相匹配的传播力度。在后续的发展中，可充分利用好新兴社交媒体这一平台，探索一种亲民化的"一带一路"短视频传播模式。

三 新闻客户端

随着智能手机的不断普及，移动互联网的高速发展，将垂直化的内容进行移动包装的新闻 App 逐渐成为各大主流媒体应对新时代技术浪潮的转型之路。客户端（Client），亦称用户端，是与服务器相对应、为客户提供本地服务的程序，本书中新闻客户端指的是为用户提供新闻的移动应用软件。新闻客户端作为传统媒体机构进行互联网转型的清晰路径，无纸化数字化再造与原有新闻版式的结合既能发挥纸媒传统的采编优势，又能实现传播形式的多样创新。同样的，对于门户网站来说，移动互联网竞争压力逐渐增大，更符合用户使用习惯的移动客户端成为其必须进入的领域。

新闻客户端具备的优势十分明显，在海外现今具有较高热度的新闻客户端主要分为自有新闻来源以及平台新闻订阅两种。

一是自有新闻来源的新闻客户端。以 The New York Times、BBC News 为代表的专业媒体机构在传统媒体时代成为世界新闻业的行业头部机构，在移动互联网时代的转型也走在了行业的前列。《纽约时报》于 2008 年 7 月 11 日推出的 App "NYTimes" 是第一个报纸 App，截至 2020 年 6 月，该 App 在 IOS 平台 APPStore 应用商店的报刊杂志类软件中，居 15 个国家和地区的免费榜榜首，112 个国家免费榜前十。① 《纽约时报》的示范效果立即引起美国其他大报的注意和跟进，一批全国性或区域性主流报纸纷纷推出自己的 App。这些新闻机构的 App 通常也会扩充外部来源的新闻，以更好迎合用户兴趣。笔者在 NYTimes App 中以 "belt and road" 为关键词进行检索，可以检索到多篇相关报道，其中也包含由《中国日报》制作的 5 分 30 秒短视频《"一带一路"的心跳瞬间》。

二是新闻聚合订阅平台的移动客户端。猎豹全球智库曾对美国、中国、印度、德国、法国、英国几个重点国家新闻资讯类 App 市场进行调查，发现在新闻资讯类 App 活跃渗透率前十的榜单中，排名第一的全部为聚合类新闻资讯。② 不同于中国和印度以算法为主要分发方式的平台，在西方国家尤其是美国与欧盟，用户主动订阅和平台推送相结合的新闻聚合订阅平台更受到用户喜爱。笔者对在 48 个国家和地区新闻类 App 排行前二十的新闻资讯平台 Medium 进行了初步调研，在平台中以 "belt and road" 为关键词进行检索，可以发现检索结果中新闻来源主要为各大媒体机构及相关博客内容，可以对文章进行点赞、转发、收藏等操作。

四 直播平台

当前网络直播平台逐渐兴起，直播改变了原有的媒介生态，可视性、交

---

① APPStore 应用商店下载排行榜 [EB/OL]. [2020-06-30]. https://www.qimai.cn/app/globalRank/appid/284862083/country/us.

② 内容即流量，海外版今日头条强势登顶 [EB/OL]. (2018-01-05) [2020-06-30]. https://www.wiitrans.com/News/newpage/2728.html.

互性、实时性、沉浸性越来越强。网络直播通常是主播通过视频录制工具，在互联网直播平台上，进行唱歌、表演等活动，其间受众可以通过弹幕与主播互动，也可以通过虚拟道具进行打赏。当前，网络直播行业正呈现三方分化的形态，包括最为知名的秀场类直播、人气最高的游戏直播，以及新诞生并迅速崛起的泛生活类直播。

在新闻领域，取代了传统的观看电视的"现场感"，直播平台为受众提供了"在场感"，主观视角的沉浸式内容消费体验为新闻内容消费赢得了更广泛的互联网受众。从 Facebook 的直播数据可以发现，用户观看 Facebook Live 的直播视频，比普通视频多出 3 倍的时间，在直播中的互动更是比普通视频多了 6 倍。①

与国内直播平台类似，海外直播平台也呈现头部媒体平台占山为王与垂直平台细分并立的情况。头部媒体平台中，海外社交媒体三大平台 Twitter、Facebook、YouTube 分别在旗下拥有 periscope、Facebook live、YouTube live 三个直播平台，通过自身建设的渠道和用户关系为平台引流，一方面扩充本平台的媒介形式提升用户黏性，另一方面培养新的媒介平台抓住内容风口；垂直平台领域，亚马逊旗下的 Twitch 是全球最大的游戏直播网站，根据 eMarketer 在 2020 年 2 月发布的报告预测，该平台在 2021 年将有可能在美国拥有 4000 万月活跃用户②，国内欢瑞时代出海打造的 Bigo Live 主打泰国、越南等东南亚国家市场，猎豹移动也在北美、日本地区推广 Live. me，将国内运营模式探索完善的秀场与泛生活直播模式推广到世界各地。

海外直播平台在"一带一路"传播中，目前以传统电视直播转移至互联网平台的内容模式为主。泛生活式直播内容虽然有跨文化内容生产并且在各平台有部分受众，但以传播"一带一路"为根本目标的相对严肃的新闻

---

① 搜狐网．直播商业化风口兴起，这五大海外直播带货平台总有一款适合你［EB/OL］．（2020-06-05）［2022-08-18］．https：//www.sohu.com/a/399893939_ 120498516？_ trans_ =000019_ wzwza.

② 新浪网．Twitch 游戏直播平台明年有望吸引超 4000 万美国月活用户［EB/OL］．（2020-02-21）［2022-10-11］．https：//tech.sina.com.cn/roll/2020-02-21/doc-iimxxstf3185641.shtml.

主题与泛生活直播内容贴合程度还相对较低。在 YouTube live 平台上，live 频道有 1180 万订阅用户，关于"一带一路"的直播内容，有中国媒体 CGTN 在 2019 年 7 月 3 日发布的《达沃斯关注"一带一路"倡议》，也有以德国国家通讯社 Ruptly 为代表的海外新闻机构在 2019 年 4 月 25 日进行的第二届"一带一路"国际合作高峰论坛北京开幕式直播报道，该直播获得了 9073 次观看。

第八章
"一带一路"对外传播话语影响力

话语影响力是"一带一路"对外传播所追求的目标，话语讲出后，促进了理解、形成了信任、达成了共识、引导了舆论、消除了误解，甚至产生二次传播，都是话语传播效果的外在表现，是话语影响力的体现。当前"一带一路"对外传播中，依旧在注重传播内容制作、传播渠道拓展阶段，对话语传播后效果及影响力的监测评估还未形成常态化、系统性闭环机制，亟待强化。

第一节 话语影响力的内涵

影响力是指一事物对其他客观事物所发生作用的力度。在新闻学和传播学领域，影响力是一个经常被提及的概念。"媒体影响力""媒介影响力""传播影响力"一类的表述出现在众多文献中，在谈及媒介形态、传播内容、媒体机构、话语体系等时，也经常与"影响力"联系起来。笔者认为有两个概念需要厘清。

（1）媒体影响力。沈正赋认为，媒体影响力是指新闻媒体通过自己生产的新闻作品的传播，在社会舆论界引起关注、产生反响、激发共鸣的一种能力。媒体影响力取决于媒体的传播力和引导力。① 喻国明认为，媒体影响力和公信力是不可分割的。媒体要对受众的认知、态度和行为产生持久而稳

---

① 沈正赋. 沈正赋：新媒体时代主流媒体影响力和公信力的建构与提升路径研究［EB/OL］. （2018－12－03）［2022－08－27］. http：//www.sohu.com/a/279330321_ 651813.

定的影响，必须具备受众对媒体的信任。① 亦有部分学者认为媒体影响力是一种控制力，是媒体对接受者的认知、倾向、意见、态度、信仰和外表行为施加的控制。② 笔者认为，媒体影响力是媒体自身长期积累的传播信息、引导舆论的综合能力。

（2）话语影响力。话语影响力注重的是传播主体（并非仅指媒体）在讲述话语、传播话语过程中所产生的实际效果，考察重点是"话语"，而不仅仅是传播主体或传播过程。从话语产生和传播过程看，话语影响力与传播主体的影响力、话语本身表达、话语传播过程与方式、受众接受度等都有直接关联。

在"一带一路"对外传播话语体系中，话语影响力是话语传播效果的衡量标准，需要建立一套"一带一路"对外传播话语影响力指标体系及测评方法。

第二节　对外传播话语影响力评价指标设计

一　现有对外传播评估指标体系

随着我国传媒界逐步迈向世界，注重国际化传播，近年来，业界、学界开始注重对外传播效果的评估，形成了一些研究成果，笔者将其归结为以下几类。

1. 媒体传播效果评估

柯惠新等人从实践指导性出发，选择文本和受众两个维度进行媒体对外传播效果评估，认为应设置文本信息指标和受众反馈指标两套（见表 8-1、表 8-2）。③

---

① 喻国明. 中国大众媒介的传播效果与公信力研究：基础理论，评测方法与实证分析 [M]. 北京：经济科学出版社，2009.

② 周翔，李静. 传播影响力：概念、研究议题与评估体系研究评述 [J]. 中国媒体发展研究报告，2014：160-172.

③ 柯惠新，陈旭辉，李海春等. 我国对外传播效果评估体系的框架研究 [C]. 全国第一届对外传播理论研讨会论文集. 2009：375-391.

表 8-1　文本层次的效果评估指标体系

一级指标	二级指标	指标操作定义
媒介事件	事件类型	从经济、社会、政治、文化等角度划分
	事件发生地点	按中国行政区划来划分,具体到县
	事件发生时间	发生时间具体到日期
	事件主角	人物、民族、国家等
信源	信息的转载/引用数量	绝对数量、相对数量
	信息的转载/引用品质	转载媒体类别/级别
		转载时对中国媒体内容的解读态度(正向、中性、负向)
		转载媒体版面
	信源的性质	信源的所有制形式,例如公有、私营、外资等
	信源的媒介形态	信源是哪类媒介形式,例如电视、广播、报纸、互联网等
信息报道内容	评判报道效果的标准	事实是否准确
		事实要素是否全面
		关键数据是否齐全
		观点是否平衡
		时效性
		能否体现当事方的声音
	写作语言及结构方面	叙述是否符合传播地区受众接受习惯
		对中国的报道是否交代历史、文化背景
		是否呈现中国立场
		语言是否符合传播地区受众阅读习惯
	题材方面	是否有针对性
		是否提出新观点给人以启发
		与国外受众相关性

表 8-2　受众层次的效果评估指标体系

受众指标	电波类媒体	印刷类媒体	互联网
接触	落地的点/站、开机率、收视率	印刷数量、发行量、传阅率、接触频次	UV(独立用户访问量)、PV(总共点击量)、IP 指向与分布、网站排名、流量分析
认知	提及度、正确理解度、中国国家形象认知	提及度、正确理解度、中国国家形象认知	提及度、正确理解度、中国国家形象认知

续表

受众指标	电波类媒体	印刷类媒体	互联网
态度	媒体的偏好程度、信任度、满意度,中国国家形象评价	媒体的偏好程度、信任度、满意度,中国国家形象评价	媒体的偏好程度、信任度、满意度,中国国家形象评价
行为	购买中国商品,到中国来旅游、工作、学习,结交华人朋友等	购买中国商品,到中国来旅游、工作、学习,结交华人朋友等	用户停留时间、跟帖数量、购买中国商品,到中国来旅游、工作、学习,结交华人朋友等
公众属性	年龄、性别、国别、是否华裔、受教育程度、职业、个人月收入等		

张瑞静在网络议程设置理论的指导下,以"传播力、引导力、影响力、公信力"为维度,构建了主流媒体传播效果"四力"模型①(见图 8-1)。

新型主流媒体传播效果分析图	一级指标	二级指标	可操作性定义
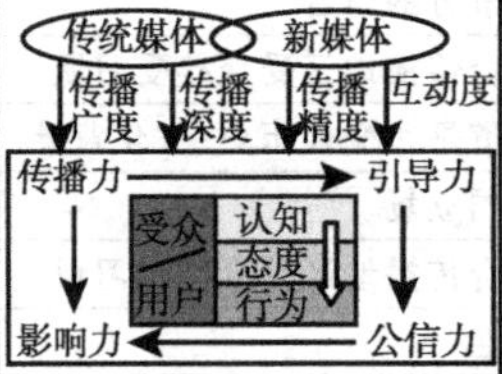	传播力	覆盖度	客户端下载量、移动端日活跃用户规模
		时效性	社会热点舆情传播事件、突发事件出现后,发布新信息的速度
	影响力	关注量	媒体官方的微博、微信公众号、今日头条等新媒体号的关注量、订阅量、转载量、引用量、提及量
		浏览量	点击量、播放量、收视率等
		搜索量	受众/用户的网络搜索行为数据
	引导力	参与度	受众/用户的评论、转发、分享、点赞行为数据
	公信力	信任度	受众/用户正面评论比例、强度,对信息来源与传播者专业性与权威性的信赖度

图 8-1 新型主流媒体传播效果的分析指示

2. 媒体国际传播效果评估

程曼丽、王维佳认为,对外传播效果评估的核心指标分为客体评估指标和主体评估指标。客体评估指标是面向境外的个人、机构、组织等对外传播

① 张瑞静.网络议程设置理论视域下新型主流媒体传播效果评价指标分析 [J].中国出版,2019(06):57-60.

的对象设定的评估标准，主体评估指标是指面向对外传播媒体设定的效果评估标准。[①] 在讨论主体评估指标时，他们提到了"传播影响力角度"指标，包括舆论影响评估指标、发行量评估指标、经济效益评估指标。

赵飞飞以中国国际广播电台传播效果统计工作实践经验为基础，结合平衡计分卡理论，探讨了国际传播力评估指标体系。认为应注重监测和评估四个维度指标：①用户和受众类指标是首要的评估维度；②内部流程类指标维度是国际传播能力评估的重心；③财务指标维度是国际传播能力评估的关键维度；④战略学习维度是国际传播能力评估的动力维度。[②] 这种评估主要侧重机构内部的自评估（见表8-3）。

表8-3　媒体国际传播力评估指标体系

指标维度	具体指标	考核细项列举
用户和受众类指标	受众反馈和互动量	听众来信、电子邮件、网络跟帖量、社交账号转发、评论、点赞量，移动客户端评论量
	用户量	境外社交媒体账号、多语种客户端的用户或受众量
	内容阅听量（内容产品触达受众频次）	
内部流程类指标	内容产品制作量	
	日均有效传播量	如传统播出渠道的日均播出小时数；网站、社交媒体、客户端和第三方平台的日均刊播稿件量
	节目改版率	
	原创新闻报道量	
	受众活动效果	推广力度和频次
	技术需求转化率	
	国际传播能力项目实施率	

① 程曼丽，王维佳. 对外传播及其效果研究 [M]. 北京：北京大学出版社，2011.
② 赵飞飞. 国际传播力评估指标体系研究——以中国国际广播电台为例 [J]. 国际传播，2017（02）.

指标维度	具体指标	考核细项列举
财务指标	资金使用效率	
	经营额	
	成本收益比	
战略学习维度	战略学习测评	员工对战略方案的参与程度、创新
	利益相关者满意度	
	获奖培训创新	

  刘燕南、刘双针对我国国际传媒的传播实践，侧重"能力—效力"框架，设置了基础建设、内容产制、传播影响、市场经营四个维度的媒体国际传播效果评估指标体系。① 该评估框架相较赵飞飞的做了进一步细化，但也属于媒体自评估（见表8-4）。

表8-4　国际传播效果评估指标体系

一级指标	二级指标	三级指标
基础建设	硬件设施	海外站点数
		自建网站数
		媒介类型数
		覆盖国家和地区数量
		发行量（报纸）
		覆盖率（广播）
		入户率（电视）
	从业人员	海外雇员数量
		国内派出人员数量
		工作人员平均学历
		国际传播平均工作年限

---

① 刘燕南，刘双. 国际传播效果评估指标体系建构：框架、方法与问题 [J]. 现代传播（中国传媒大学学报），2018（08）：9-14.

续表

一级指标	二级指标	三级指标		
内容产制	内容生产力		内容语种数量	
		传播渠道	频道数	
			频率数	
			网站数量	
			客户端数	
			社交媒体数量	
		内容产量	发稿量	
			节目播出时长(广播电视)	
			自建网站音视频播出时长	
			官方账号推文数	
			音视频发布总量	
	内容品质力		专业性	
			创新性	
	内容竞争力		首发率	
			原创率	
			被转发(转引率)	
			内容形态数量	
传播影响	受众接触		社交媒体账户粉丝量	
		接触度	电视到达	
			广播到达	
			报纸到达	
			网站独立访客数	
			社交媒体访客数	
			媒介平均接触时长(周)	
			媒介平均接触频次(周)	
	受众认知		提及知名度	
	受众态度		满意度	
			偏好度	
	受众行为		推荐度	
		参与度	来信	
			来电	
			转发	
			评论	
			点赞	
	专家评价		引导力	
			权威性	

一级指标	二级指标	三级指标
市场经营	经营规模	资产总量
		海外投入总额
		海外收入总额
	目标完成率	实际收入
		预期收入

3.新媒体环境下的传播效果评估

当前，新媒体的发展为信息的传播提供了新的方式，尤其是依托于社交媒体平台，开拓了去中心化的裂变式多级传播模式。新媒体的传播优势在于：一是传递碎片化、精简信息，满足人类快速、便捷的信息传播需求，具有及时性和便捷性；二是微传播模式下，个人既可以自行生产传播内容，也可以对既有信息进行评论、转发、点赞，推动信息二次传播，使传播带有互动性和共享性；三是微传播完全依托于互联网，便于对行为、需求信息进行采集分析，实施更有针对性的精准化传播。鉴于此，国内外政府、主流媒体纷纷在社交媒体上开设账号，加强内容传播与公众互动。随着媒体开启国际化进程，近年来，以新华社、中国国际电视台、环球时报等为代表的对外传播媒体开始重视在 Facebook、Twitter 等社交平台开设账户，开展国际传播活动。结合新媒体传播特点，学者亦开始探讨新媒体环境下传播效果的评估。

金兼斌等人针对微信公众号的传播效果设计了微信公众号的影响力指标，认为衡量微信公众号影响力的显性指标包括阅读总数、平均阅读数等；衡量公众号影响力的隐性指标包括内容原创度、多媒体使用度等（见表8-5）。这些指标可以在较大程度上评估微信公众号的影响力。①

---

① 金兼斌，江苏佳，陈安繁，沈阳. 新媒体平台上的科学传播效果：基于微信公众号的研究 [J]. 中国地质大学学报（社会科学版），2017（02）：107-119.

表 8-5　微信公众号账号层面的影响力指标及操作性定义

序号	指标	指标类型	指标说明
1	内容原创度	隐性指标	公众号所发布的原创文章占总文章的比例,分为:原创度低;原创度中;原创度高
2	多媒体使用度		使用视频、音频、图片等多媒体形式的发文篇数/总发文篇数,分为:新媒体程度低;新媒体程度中;新媒体程度高
3	发文质量		根据公众号的具体内容,对其发文质量进行综合评估,可分为:质量较低;质量一般;质量较高
4	功能拟合度		公众号在"功能介绍"中的自我定位,自我认知同其发布的内容之间的贴合程度。发布内容与公众定位的匹配程度,分为:拟合度较低;拟合度一般;拟合度较高
5	趣味度		根据公众号发布的具体内容,对其趣味度进行综合评估,可分为:趣味度低;趣味度中;趣味度高
6	科学度		公众号发布内容的科学程度、准确程度。根据公众号的具体内容,对其科学进行综合评估,可分为:趣味度低;趣味度中;趣味度高
7	阅读总数	显性指标	公众号在一年内发布文章所获得的阅读总数
8	平均阅读数		公众号在一年中获得的阅读总数除以发布文章总数之所得
9	最大阅读数		公众号当期最高阅读数(数据为 10 万+的,系统以100001 指代)
10	点赞总数		公众号在一年中发布所有文章所获得的点赞总数
11	平均点赞数		公众号在一年中获得的点赞总数除以发布文章总数之所得
12	最大点赞数		公众号当期最高点赞数
13	WCI 微信传播指数		由清博大数据提供,它是考虑各维度数据后,通过计算推导而来的标量数值

　　刘滢提出海外社交媒体传播效果主要体现为内容生成能力、传播延展能力和议题设置能力,并设计了三级评估指标体系(见表 8-6)。随后,其又从突出媒体在全球范围内从事微传播活动所产生的影响力这一研究重点,围

绕习近平总书记在党的新闻舆论工作座谈会上提出的"四力",优化提出包含传播力、引导力、影响力、公信力四个维度的考核指标(见表8-7)。

表8-6 海外社交媒体传播效果评估体系的基本框架①

一级指标	二级指标	三级指标
内容生成能力	报道数量	文字稿量 图片稿量 视频稿量
	报道质量	首发率 原创率 多样性
传播延展能力	报道吸引力	粉丝量 浏览量 收藏量
	报道延展性	点赞量 转发量 评论量
议题设置能力	议题配比合理性	中国新闻、涉华国际新闻、国际新闻数量的占比 政治新闻、经济新闻、文化体育新闻数量的占比
	媒体议题设置能力	主流媒体转载/转引量 其他媒体转载/转引量 转载/转引同向指数 转载/转引异向指数
	公众议题设置能力	意见领袖评论主/转发量 评论同向指数 评论异向指数

---

① 刘滢. 从七家中国媒体实践看海外社交平台媒体传播效果评估 [J]. 中国记者, 2015 (07): 80-82.

表 8-7 媒体国际微传播影响力评估框架①

一级指标	二级指标	三级指标
传播力	传播时机	传播时效 生产频率 播发节奏
	传播力度	内容总量 覆盖范围 信息密度
	传播实效	总节点数 链接密度 链接有效率 网络联结度
引导力	观点号召力	观点显著度 媒体提及量 意见领袖提及量 普通用户提及量
	议程设置力	议题认知指数 议题升温指数 议题持续指数
	舆情疏导力	国际舆情指数 正向舆情指数 异向舆情指数
影响力	吸引力	点击量 浏览量 观看量 网络密度 网络中心度
	凝聚力	粉丝量 点赞量 收藏量 联结强度 关键词共现程度
	说服力	转引量 评论量 线上活动参与量 转引/评论频率 粉丝转化率

① 刘滢，应宵．媒体国际微传播影响力的内涵与评估［J］．国际传播，2018（04）：17-24.

续表

一级指标	二级指标	三级指标
公信力	公众态度评价值	支持量 中立量 反对量
	公众态度稳定值	转引同向指数 转引异向指数 评论同向指数 评论异向指数
	公众态度变化值	正向变化指数 反向变化指数

刘建明等结合新媒体环境下新闻传播过程（传播者—信息—接收者），及其之间的交互与反馈，提出新媒体环境下新闻传播效果评估指标包含新闻传播渠道与形态指标、新闻发布指标、用户接收与互动显性指标、用户接收与互动隐性指标、媒体接收与反馈指标（见图 8-2）。① 该套指标相对全面地考虑了新闻传播者（含所选择的全部渠道）、传播内容、公众、其他媒体响应等新媒体互动过程的多个环节（见表 8-8）。

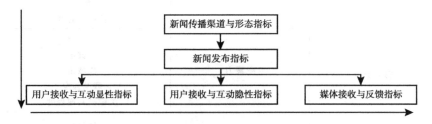

图 8-2　新闻传播效果评估指标维度

---

① 刘建明，徐恬. 新媒体环境下新闻传播效果评估的指标和权重 [J]. 新闻与传播评论，2018（04）：41-57.

表 8-8　新媒体新闻的传播效果评估指标体系

	媒体形态	传播形态
新闻传播渠道与形态指标	基于官方发布的新媒体新闻	门户网站；弹窗新闻；手机 App 客户端；社交媒体；网络直播；视频网站；电子报
	基于用户发布的新媒体新闻	社交平台自媒体；朋友圈及 QQ 群；网络自媒体平台；网络社区；短视频 UGC
新闻发布指标	一级指标	二级指标
	新闻形式	文字；图片；视频；广播
	平台影响力	平台规模；平台日均活跃用户数；平台渗透率
	传播者的权威	垂直领域排名
		用户信任程度
	传播者的吸引力	原创度；功能拟合度；全面性；实时性；独特性；正确性
	平台设计	页面展示
		整体功能
用户接收与互动显性指标	一级指标	二级指标
	浏览量	总浏览量；人均浏览量
	评论量	新闻评论量；新闻评论人数；置顶评论被评论量
	跟帖量	新闻跟帖量；新闻跟帖人数；跟帖回复跨度时长
	转发量	转发次数；转发人数
	点赞量	新闻点赞量；最高评论点赞量
	粉丝量	总粉丝量；新增粉丝量
	收藏量	总收藏量；单日收藏量
	弹幕量	弹幕条数；参与弹幕人数
	新闻排行榜	排名；占榜时长
	用户实际行动	线上行动；线下行动
用户接收与互动隐性指标	一级指标	二级指标
	搜索量	总搜索量；人均搜索量
	点击量	点击次数；点击人数；点击热力图
	访问量	UV；PV
	停留时间	页面浏览时间；视频播放百分比
	跳转量	新闻链接二次跳转次数；新闻链接二次跳转人数
	打赏	打赏人数；打赏金额
	私信	私信次数；私信人数

续表

一级指标	二级指标
转载	转载量
	转载平台影响力
跟进报道	跟进报道文章数量
	跟进报道平台数

媒体接收和反馈指标

总体来看，当前我国国际传播效果评估方面，已经逐步有专家、学者提出指标体系，以期更好地促进传播界对传播效果的重视和提升。现有评估体系研究有以下几个特点。

一是在概念提法上，侧重传播效果评估，传播影响力的提法并不多。笔者认为效果是一个中性词，影响力则带有方向性引导。

二是在评估对象上，基本均聚焦于媒体的对外传播效果，以媒体为评估对象。

三是在研究内容上，大多停留在对指标体系及权重设计上，实证研究不多。指标的指导性较好，但可操作性不足。

四是在评估模型及维度上，维度各异，如从文本、受众角度分，有从显性指标、隐性指标分，从主体、客体角度分，从传播力、引导力、公信力、影响力维度分。尚未形成相对统一的评估维度。

五是在主题特点上，很多国际传播效果指标中"国际"特色不凸显，指标体系完全可以复用在国内传播效果评估中，对对外传播、国际传播的特色区分还不明显。

"一带一路"对外传播话语主体多元，传播方式和媒介各异，要真正发挥话语影响力对整个话语体系的反馈作用，需要结合话语传播的客观实际，形成体系化、机制化的评估指标和方法。

二 话语影响力评价指标体系设计思路

在谈论话语影响力时，不论传播媒介、手段、方式如何演变，探究"主体—受众"关系是最基本范式。通常来说，代表某种思想、观念、知识的话语从说出、被认可，到产生影响力，主要与三个方面条件有关。①主体层面，包括话语施语者自身是否具有受众认可的权威性、公信力。这种公信力并非仅政府和官员具备，一些拥有大量"粉丝"的学者、自媒体人通常也具有很强的话语权力和公众影响力；此外，施语者所选择的话语传播媒介和方式不同（如施语者在一个小型学术研讨会上的发言与在传播量较大的主流媒体上发言），影响力自然也会不同。②内容层面，话语内容具有吸引力和创新性，内容为王是传播的铁律，是话语内容得以有效广泛传播，并深入人心产生共情、影响力的根基。所谓"讲好中国故事"就是要求在话语内容方面下功夫。③受众层面，受语者的反应是话语效果的最直观反馈，例如是否有更多的人听到了话语，是否认可话语所传递的思想和信息，是否帮忙传播给更多的人，是否消除了受语者的疑虑和负面情绪。需要说明的是，主体的话语权越高，对于话语影响力的提升必然有益，但并非充分条件，对外传递话语的内容，选择的传播媒介和方式，都是影响力发挥的重要因素。而受众层面的反馈，则是评判影响力的直接标准。

德国学者马莱茨克的大众传播过程模式，将传播主体、客体、媒介等各个要素之间的复杂互动关系充分勾画出来。笔者借鉴该模式（见第二章第一节），设计出话语传播过程中相关环节的影响力因子（见图8-3）。

在受众层面，按照接触、认知、态度、行为，话语影响力应考察话语真正触达的受众覆盖面（如网页新闻的阅读量、音频的收听率、电视的收视率）、受众对话语的认可度（如点赞量、正面评价率）、受众的互动参与行为（如评论、分享、转发）、话语的二次传播力（如话语被其他主流媒体、大V主动转发和引用）、负面舆情疏导力（如话语传播后有效消减负面言论、形成网络热点话题）。

在主体层面，话语影响力应考察两大方面。一是话语主体——施语者自身的权威性或公信力。在"一带一路"对外传播中，话语主体是多元的，不同主体在受众中的权威性和公信力不同。一般而言，政府的权威性和公信力最强，知名智库、资深学者的公信力也较高。二是话语主体的媒介辐射

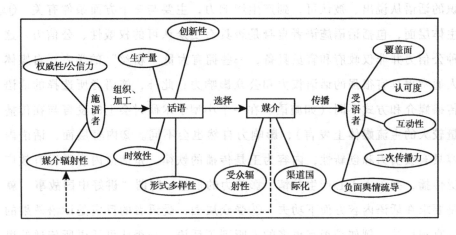

图 8-3 话语传播过程中相关环节的影响力因子

性，即能够通过多少媒介进行话语传播，以及这些媒介的国际传播力（媒介的受众辐射性、传播渠道的国际化）。媒介辐射性，强调的是从话语主体角度利用媒体媒介进行主动性国际传播的能力。

　　在内容层面，应考察所讲话语的数量与质量。应多发声，才会对话语形成相对深刻的印象；话语应及时、应景，才会有更高的关注度，达到话语效果；话语应主旨鲜明、逻辑清晰、阐述合理、内容创新，才会更易于被接受；应结合传播规律、受众接受习惯，进行话语形式设计"包装"，才会形成更大范围的传播。话语影响力虽与主体的权威性有关，但在国际传播领域，话语内容的吸引力才是更加潜移默化影响受众的关键。

三　话语影响力评价指标框架

　　基于主体、内容、受众三个维度，从指标可操作、可量化、实际工作指引性等角度，笔者将"一带一路"对外传播话语影响力评价指标体系设计如表 8-9 所示。

表8-9 "一带一路"对外传播话语影响力评价指标体系

一级指标	二级指标	三级指标	指标说明
主体公信力与传播力	公信力	—	考察话语主体在国际公众心目中的公信力和权威性
	辐射性	媒介调动性	考察话语主体可以调动多少海外传播媒介进行"一带一路"话语传播
		受众辐射性	考察话语主体借助于各种海外传播媒介可以潜在辐射的国际受众数量
		国别辐射性	考察话语主体借助各种海外传播媒介可以将"一带一路"内容传播到的国家数量
内容引导力	内容生产	发文量	一段时间内话语主体形成并发布的话语总数。话语可具化为新闻报道、文章、视频等
		时效性	发布话语内容(文章、新闻)的频率和及时性
		多语种	话语内容在国际传播时所采用的语言数量
	内容创新	内容原创性	考察话语内容的原创性。所发布原创内容比例越高,创新能力越强
		议题设置能力	考察围绕"一带一路"形成的话题数量。讨论话题数量越多,产生的热点话题越多,议题设置能力越强
		形式多样性	考察话语表达所采用的主要形式,如文字、图片、动图、短视频、长视频等
受众影响力	受众覆盖面	内容阅览量	考察话语内容被受众点击、浏览、观看、收听的数量
	受众参与度	评论量	考察话语内容被受众评论的数量,反映话题讨论的热度
		搜索量	考察话语内容、相关热点话题被公众主动搜索、查找的情况
	话语认可度	转引量	考察话语内容被公众转发、引用的数量
		点赞量	考察话语内容被公众点赞的数量
	舆情疏导力	正面评价率	考察海外公众、媒体等对话语内容的正面评价占比
		话题引领性	考察话语内容被主流媒体、大V转发和引用的数量
		话题持续性	考察话语内容从发布到持续转发、传播的时长,是否形成长期稳定性话题

上述指标体系有以下三个特点。

其一，聚焦话语影响力，具备普适应用性。围绕话语传播的效果进行考察，包含了传播主体的公信力和权威性、话语本身表达、话语传播过程与方式（媒介）、受众接受度等。因此，指标的适用范围不仅仅限于考察媒体这一传播主体，还可以对政府、智库等话语主体的传播效果进行评估；既可以评估话语主体一段时间的多个话语，也可以评估某一个话语（如一篇文章、一份报告、一个话题）通过各类媒介进行传播的效果。

其二，紧扣"四力"要求，强化实践指导性。2016 年 2 月 19 日，习近平总书记主持召开党的新闻舆论工作座谈会，强调要"尊重新闻传播规律，创新方法手段，切实提高党的新闻舆论传播力、引导力、影响力、公信力"。传播力要求拓展传播渠道，创新传播方式，提高传播能力；引导力要求强化正面宣传，优化议题设置，找准共鸣点，讲究艺术性，疏导疑惑与情绪；影响力强调发挥主流媒体作用，全方位多角度报道，提高新闻首发率、覆盖率和转载率，在增强吸引力中提升影响力；公信力要求第一时间发布准确、客观、权威信息，维护舆论生态清朗明净。"四力"成为当前我国新闻舆论工作的方向要求。在"一带一路"话语对外传播过程中，按照"四力"要求，细化指标设置，旨在进一步将中央要求规范、指引实践工作。同时，该指标框架与传播话语体系各部分形成映射，能够产生对话语体系各要素的反馈、修正的优化循环。

其三，提供框架性指引，指标可细化拓展。传播是一个复杂多样的过程，尤其在对外传播过程中，传播主体、媒介、方式多元，受众多样，所传播的"一带一路"内容又极其丰富。笔者认为上述指标体系是一个相对开放的体系，可以在现有指标体系基础上，结合实际应用场景和需求，适当增加或删减指标，或进一步明确考核内容与边界，从而使得其实践应用性更强。

四 指标权重设计

在完成指标体系设计后，需要对各个指标项确定权重。权重反映了各个指标的重要程度，是评估价值导向的重要体现。笔者采用德尔菲法，最终将指标的权重确定如表 8-10 所示。需要说明的是，不同应用场景和评测目的下，权重的分配可以做细微调整。

表 8-10　"一带一路"对外传播话语影响力指标权重分配

一级指标	二级指标	三级指标	权重
主体公信力与 传播力(20)	公信力(5)	—	5
	辐射性(15)	媒介调动性	5
		受众辐射性	5
		区域辐射性	5
内容引导力(40)	内容生产(20)	发文量	7
		时效性	5
		多语种	8
	内容创新(20)	内容原创性	6
		议题设置能力	7
		形式多样性	7
受众影响力(40)	受众覆盖面(5)	内容阅览量	5
	受众参与度(5)	评论量	5
	话语认可度(10)	转引量	5
		点赞量	5
	舆情疏导力(20)	正面评价率	8
		话题引领性	8
		话题持续性	4

第三节　话语影响力测评流程与方法

一　评价准备

在开始话语影响力评价之前，需要做好相关准备工作，主要包括评价模式的选择、评价范围的确定、评价方案的制定。

一是选择评价模式。如果按照功能性划分，评价模式分为鉴定性评价和水平性评价。鉴定性评价又称合格性评价，用来判断评价对象考核内容是否达到目标所规定的合格标准；水平性评价则是用来判断评价对象在某方面的水平的高低。如果按照评价主体划分，评价模式可分为内评价与外评价。内评价以加强内部管理、内部控制为宗旨，是一种自我评价；外评价是以外部监督、排名比较为目的的评价模式。不同模式各有优缺点，且受到一定考核条件的制约，可根据具体需求进行选择。

二是明确评价范围。确定评价模式后，需进一步明晰评价范围，包括话语传播主体、时间周期、传播媒介范围、话语内容边界等。清晰的评价范围是后期数据采集、量化评分、综合分析的依据。

三是制定评价方案。包括明确评价的目的意义、评价原则、工作任务、时间进度、工作要求、指标体系及主要方法等。

二　评价实施

1. 数据采集与校验

数据采集是评价的第一步，也是关键一步。数据采集方法一般包括工具自动采集、人工读网、调查问卷、专家测评等。

为追求评价结果的科学性，往往在设计指标体系时倾向于客观、量化类指标，当前信息化支撑下，指标数据的采集有了更多工具的辅助与支撑。例如，内评估模式下，可以依托于内部的统计工具采集发文量、网页浏览量、视频播放量、节目收视率等数据；外评估模式下，可以借助爬虫工具采集和统计发文量、评论量、转发量、播放量，依托文本分析工具统计正面评价占比、话题多样性等。

为确保评估数据的完整性、真实性和准确性，还需要通过一定的校验方法对数据进行再次校验核实，及时发现并纠正不实、不规范数据。

2. 指标量化与评分

所采集的原始数据需要用于基础指标的评分，按照评分标准进行量化处理并依据权重给予适当分数。量化评分包括定性指标的量化评分和定量指标的量化评分。

（1）定性指标量化。定性指标具有模糊和非定量化的特点，很难用精确数字来衡量，一般量化方法包括以下几种。

第一，直接评分法。对于 m 个评估指标，请 n 个专家按某定性指标的标准对其直接打分，打分方法可以根据需要采取十分制或者百分制。如果第 j 位专家对第 i 个评估指标的分值为 r_{ij}，则第 i 个评估指标的最后得分为：

$$R_i = \frac{1}{n} \sum_{j=1}^{n} r_{ij}$$

直接评分法中专家评分的区分度较大，因此要求专家对评估涉及的领域和评估对象有较全面和深入的了解。在应用中，也可以根据专家对评估问题的熟悉程度给予不同的权重进行加权求和。

第二，栅格法。又称分档打分法，一个栅格（Grid）是由元素（Element）和属性（Attribute）组成，一般情况下至少需要五个标度点来区分事物之间质的差别或重要性程度的不同，量化工作主要是完成属性的判断，每个标度对应一个分数档，然后通过各属性对各指标的实现程度进行判断打分，得到完整的栅格，如表 8-11 所示。

表 8-11 栅格法 "1~5" 档标度分布

最小	较小	中等	较大	最大
最少	较少	中等	较多	最多
最差	较差	中等	较好	最好
最低	较低	中等	较高	最高
1 档	2 档	3 档	4 档	5 档

第三，列举法。定性指标评估标准不像定量指标评估标准那样具有较强的客观性，评估时容易受评估主体的知识、经验、判断能力、对评估标准把握程度和价值取向等因素的影响。对定性指标的评估，较多地是通过评估人员的个人判断或问卷调查的方式进行。每列举一项，对应相应的分数。该指标的得分将由各列举项得分累加。

（2）定量指标量化。定量指标是可以直接获得其客观数据的指标，一般分为正指标、逆指标和适中型指标。正指标即指标值越大越好的指标，逆指标就是指标值越小越好的指标，适中型指标就是指标值越接近某一固定值越好的指标。根据"一带一路"话语对外传播影响力评价的实际指标设置，选择直线型量化模型。该模型对正指标、逆指标、适中型指标分别提出了量化公式。各指标以百分制计算。首先定义几个变量，假定有基础指标 j，则有：

$R_j(x)$：指标 j 的最终评估值；

x_j：指标 j 的原始计算值（有量纲）；

x_{jm}：指标 j 的适中值（有量纲）；

x_{jmax}：指标 j 的可能最大取值（有量纲）；

x_{jmin}：指标 j 的可能最小取值（有量纲）。

第一，正指标的无量纲化方法。正指标是指其对总目标的贡献率随着评估结果的增大而增大，即数据取值越高，水平越高，其量化公式如下：

$$R_j(x) = \begin{cases} \dfrac{x_j - x_{jmin}}{x_{jmax} - x_{jmin}} \times 满分值, & x_{jmin} < x_j < x_{jmax} \\ 0, & x_j \leqslant x_{jmin} \\ 满分值, & x_j \geqslant x_{jmax} \end{cases} \tag{1}$$

第二，逆指标的无量纲化方法。逆指标是指对总目标的贡献率随着评估结果的增大而减小，即数据取值越高，水平越低，其量化公式如下：

$$R_j(x) = \begin{cases} \dfrac{x_{jmax} - x_j}{x_{jmax} - x_{jmin}} \times 满分值, & x_{jmin} < x_j < x_{jmax} \\ 满分值, & x_j \leqslant x_{jmin} \\ 0, & x_j \geqslant x_{jmax} \end{cases} \tag{2}$$

第三，适中型指标的无量纲化方法。适中型指标是指对总目标的贡献率越接近某一中间值，水平越好，其量化公式如下：

$$R_j(x) = \begin{cases} \dfrac{x_j - x_{jm}}{x_{jmax} - x_{jm}} \times 满分值, & x_{jm} < x_j < x_{jmax} \\ \dfrac{x_{jm} - x_j}{x_{jm} - x_{jmin}} \times 满分值, & x_{jmin} < x_j < x_{jm} \\ 0, & x_j \leqslant x_{jmin} ; x_j \geqslant x_{jmax} \end{cases} \tag{3}$$

（3）综合评分。根据对我国科技评估实践的调查，在多指标综合评估方法的应用中，大多数情况下应用线性加权法计算被评对象的综合得分，将多个指标通过不同权重合并成为一个综合指标，得出最终评估分数（见图8-4）。[1]

加权求和法又称线性加权法，是最为简单常用的指标合成模型。如果有 m 个评估对象，评估指标体系有 n 个基础指标，第 j 个指标的权重为 W_j，若第 i 个评估对象在第 j 个指标上的评估得分为 R_{ij}，则第 i 个评估对象的综合评估得分为：

$$S_i = \sum_{j=1}^{n} W_j R_{ij} \qquad (i = 1, 2, \cdots, m)$$

加权求和法将多个指标通过不同权重合并成为一个综合指标，使无法排序的对象成为可排序的对象。

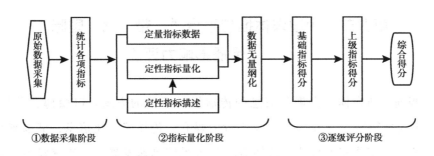

图 8-4　综合评分流程

3. 评估结果分析

综合评分后，可对各评估对象进行整体的比较、分析、排序，得出初步评估结论，查找问题与差距，撰写评估报告，给出改进建议。

三　结果应用

评价的价值在于反馈问题、查找不足，激励与引导，进而不断优化改进

---

① 国家科技评估中心.科技评估规范［M］.北京：中国物价出版社，2001：54.

对外话语体系各环节的工作。按照评价结果的作用力度，可以有两种结果应用形式。

1. 定期的问题反馈

定期组织评价考核，将结果反馈给相关主管机构或话语主体，帮助其了解总体发展情况，各自所处水平，对比发现不足之处，给出改进意见和建议。该形式主要适用于年度性绩效考核、某类传播活动的效果跟踪等。但主要是事后评估，问题反馈受限于评估周期，有一定的滞后性。

2. 实时的跟踪监测

依托于大数据技术和工具平台，可针对一些固定的传播工作建立常态化、实时性的影响力监测评价机制，将调整优化工作从事后调整为事中，以效果为导向，及时总结问题，促进话语体系能够更好与国际接轨，符合海外受众特点与需求，为"一带一路"建设营造良好的国际舆论氛围。

第四节　中国媒体推特平台"一带一路"国际传播影响力评价

当前，新媒体的发展为信息的传播提供了新的方式。以微博、微信、Twitter（推特）、Facebook 等社交平台为媒介，传播碎片化信息，借以满足自我表达、交往需求与社会认知需求的自媒体迅速发展。与传统媒体一对多、单向的传播方式相比，依托自媒体的传播具备三点优势：一是传递碎片化、精简信息，满足人类快速、便捷的信息传播需求，具有及时性和便捷性；二是既可以自行生产传播内容，也可以对既有信息进行评论、转发、点赞，推动信息二次传播，使传播带有互动性和共享性；三是完全依托于互联网，便于对行为、需求进行采集分析，实施更有针对性的精准化传播。鉴于此，国内外政府、主流媒体纷纷在社交媒体平台上开设账号，加强内容传播与公众互动。

近年来，以新华社、中国国际电视台、环球时报等为代表的对外传播媒体开始在 Facebook、Twitter 等国际社交平台开设账户，开展国际传播活动。Twitter 是一家由美国公司开发、面向全球开放的社交网络及微博客服务的网站，2019 年底，平台活跃用户数量达 3.4 亿。为验证"一带一路"对外传播话语影响力评价指标的可操作性，笔者以推特平台为例进行实证研究。

一 评价对象与范围

笔者以"belt and road""one belt and one road""one belt one road""OBOR""BRI""Belt and Road"为关键词检索，检索出推特平台上相关推文 6028 条，并应用爬虫工具进行内容爬取。[①] 初步分析发现，推文量和转发量前十位 ID 主要为中国主流媒体账号，随后笔者选取前五大中国媒体账号进行"一带一路"话语传播影响力分析。五大媒体分别为：ChinaDaily、globaltimesnews、CGTNOfficial、XHNews、PDChina。

为更精准地分析中国媒体"一带一路"话语传播影响力，此次实证测评选取 2019 年 4 月 25~27 日第二届"一带一路"国际合作高峰论坛期间，上述五大媒体推特账号"一带一路"话语传播实际影响力。

表 8-12　五大媒体推特账号概况

序号	运营媒体	账号名称(英文)	开通时间	粉丝数量	平均日推文量
1	《中国日报》	@ ChinaDaily	2009 年 11 月	4263467	32
2	《环球时报》	@ Globaltimesnews	2009 年 6 月	1592004	37
3	中国国际电视台	@ CGTNOfficial	2013 年 1 月	13094059	45
4	新华社	@ XHNews	2012 年 2 月	12610669	56
5	《人民日报》	@ PDChina	2011 年 5 月	7034765	25

注：粉丝数量为 2019 年 12 月 30 日粉丝数量；粉丝量为该媒体在推特上开设的多语种账号粉丝量总和。

---

① 检索时间为 2019 年 12 月 17 日。由于推特平台 API 接口未开放，此处采取的是网页检索与爬取结果。

二 指标体系

鉴于评价对象和范围已明确，笔者对表 8-10 指标框架进行了细化，具体如表 8-13 所示。

表 8-13 中国媒体推特平台 "一带一路" 话语影响力评价指标

一级指标	二级指标	三级指标	指标说明
主体公信力与传播力(20)	公信力(5)	—	考察传播主体社交媒体账号在推特平台的认证等级
	辐射性(15)	媒介调动性(5)	考察传播主体开设账号及子账号数量。在同一平台上,不同账号发挥不同传播目的,会形成一定的传播矩阵
		受众辐射性(5)	考察传播主体社交媒体账号的粉丝数量。粉丝越多,影响力越大
		国别辐射性(5)	考察传播主体多语种账号所服务的国家用户范围
内容引导力(40)	内容生产(20)	发文量(5)	监测期内,传播主体发布的"一带一路"相关推文数量
		报道聚焦性(5)	监测期内,传播主体发布的"一带一路"推文占该账号所有推文的比重
		时效性(5)	监测期内,发布"一带一路"推文的频率和内容的及时性
		多语种(5)	监测期内,发布"一带一路"多语种推文的数量(除中文外)
	内容创新(20)	内容原创度(6)	考察所发布推文的原创比例
		议题设置能力(7)	考察推文中所覆盖的"一带一路"热点话题的数量
		形式多样性(7)	考察所发布内容采用了除文字之外的图片、动图、短视频、链接等形式的数量及占比情况

续表

一级指标	二级指标	三级指标	指标说明
受众影响力 (40)	受众覆盖面(5)	阅读数(5)	考察推文内容被网民点击、浏览、观看的数量
	受众参与度(5)	评价量(5)	考察网民对推文的评论互动数量
	话语认可度(10)	转发量(5)	考察网民对推文的转发数量
		点赞量(5)	考察网民对推文的点赞数量
	舆情疏导力(20)	正面评价率(8)	考察推文评论中,正面评价量占比
		话题引领性(8)	考察推文被主流媒体、大 V 转发和引用的次数
		话题持续性(4)	考察推文从内容发布到持续转发的时长,时长越长,持续性越好

指标权重的设计方面,按照德尔菲法将主体、内容、受众按照 20∶40∶40 的权值进行分配,主要考虑有三。①传播内容是产生影响力的根本。话语影响力虽与主体的权威性有关,但在国际传播领域,话语内容的吸引力才是更加潜移默化影响受众的因素。②受众反响是评判影响力的直接标准。推文内容在受众中产生共鸣、获得认可,是话语传播的最终目标。③主体自带的影响力可为传播效果达成加分。传播主体的身份以及在媒体环境下积累的用户群体,能够迅速为话语内容传播提供场域环境。但在国际传播场域下,相较内容和受众而言,并非起决定性作用,因此权重较小。在二级和三级指标权重分配方面,主体层面强调内容的传播辐射能力;内容层面"量""质"并重,"质"强调内容的创新、吸引力,"量"的持续发力能够有效保持议题的持续性和生命力;受众层面侧重用户认可、共鸣及舆情疏导,重视传播真正发挥正面宣传和引导效果。

三 评价结果分析

1. 总体结果

综合评价来看,第二届"一带一路"国际合作高峰论坛召开期间,五大外宣媒体推特账号"一带一路"话语传播影响力表现存在明显差异。

新华社、中国国际电视台的传播影响力表现远优于其他三大媒体（见表 8-14）。

表 8-14 五大媒体在推特平台"一带一路"话语影响力评价结果

排名	账号名称（英文）	得分
1	@ XHNews	83.41
2	@ CGTNOfficial	74.43
3	@ Globaltimesnews	54.53
4	@ ChinaDaily	53.24
5	@ PDChina	34.35

2.指标分析

（1）传播主体分析

从公信力看，五个账号均通过了推特的蓝 V 认证。2016 年 7 月，推特开放加 V 认证申请，认证后，主页将出现一个蓝色复选标记，确定该账号是真实的。同时，五个账号首页均备注为中国国家所属媒体。对于海外公众而言，公信力不分伯仲。

从账号辐射性看，按照标杆打分法，中国国际电视台取得满分，其账号权威、账号语言覆盖国家和地区最广、粉丝最多，之后为新华社。从辐射能力来看，测评发现开设子账号与粉丝数量有一定的正相关性。但除新华社、中国国际电视台两大媒体外，其他媒体的运营语言基本为英文，多语种的辐射能力不足（见表 8-15、表 8-16）。

表 8-15 五大媒体的账号辐射情况

运营媒体	媒介调动性（账号数量）	受众辐射性（粉丝总数量）	区域辐射性（账号语言覆盖国家和地区数）
新华社	XHNews(英语) XHespanol(西班牙语) XHscitech(意大利语) XHjapanese(日语) XHdeutsch(德语) XHportugues(葡萄牙) XinHuaChinese(中文)	12610669	118

续表

运营媒体	媒介调动性（账号数量）	受众辐射性（粉丝总数量）	区域辐射性（账号语言覆盖国家和地区数）
中国国际电视台	CGTNOfficial（英文） CGTNArabic（阿拉伯版） CGTNAmerica（美洲版） CGTNAfrica（非洲版） CGTNFrançais（法语） CGTN en Español（西班牙语） CGTNrussian（俄语）	13094059	135
《环球时报》	Global Times Russia（俄文） Globaltimesnews（英文）	1592004	80
《中国日报》	ChinaDaily（英文） ChinaDaily Asia（亚洲）	4263467	80
《人民日报》	PDChina（英文） PDChinese（繁体中文） PDChinaBusiness（英文） PDChinaLife（英文） PDChinaScience（英文）	7034765	82

注：账号语言覆盖国家和地区，以用该语言作官方语言的国家数量计算。

表8-16 "主体"各指标得分情况

一级指标	二级指标	三级指标	新华社	中国国际电视台	《环球时报》	《人民日报》	《中国日报》
主体公信力与传播力	公信力	—	5	5	5	5	5
	辐射性	媒介调动性	5	5	1.43	1.43	3.57
		受众辐射性	4.82	5	0.61	1.63	2.69
		区域辐射性	4.37	5	2.96	2.96	3.04
合计			19.19	20	10	11.02	14.3

（2）传播内容分析

从内容引导力看，新华社在五大媒体中的引导力最强，占据绝对优势（见表8-17）。

表 8-17　内容引导力指标得分

一级指标	二级指标	三级指标	新华社	中国国际电视台	《环球时报》	《人民日报》	《中国日报》
内容引导力	内容生产	发文量	5	3.56	3.6	0.64	2.32
		报道聚焦性	5	3.26	2.99	1.45	3.56
		时效性	5	5	4	4	5
		多语种	5	4	1	1	1
	内容创新	内容原创度	5.85	6	5.48	5.63	5.58
		议题设置能力	7	3.45	5.48	1.42	3.15
		形式多样性	6.71	7	6.65	4.89	6.41
合计			39.56	32.27	29.2	19.03	27.02

在发文量和报道聚焦性方面，新华社在论坛期间发布的"一带一路"推文最多，且占监测期所有推文的49%，对论坛的报道力度最大，事件聚焦性较强。之后为中国国际电视台和《环球时报》（见图8-5）。

在报道时效性方面，五大媒体账号均较为及时。其中，新华社、《中国日报》、中国国际电视台均开通了论坛开幕式的现场直播通道，便于公众实时了解论坛进展。

在报道语种方面，《环球时报》《中国日报》采用的是英文报道，《人民日报》采用的中文+英文的报道，这与其运营账号自身定位有直接关系。只有新华社、中国国际电视台在"一带一路"高峰论坛期间进行了真正意义上的多语种报道，其中新华社的英语、西班牙语、日语、德语、葡萄牙语均有论坛的报道推文，中国国际电视台进行了英语、阿拉

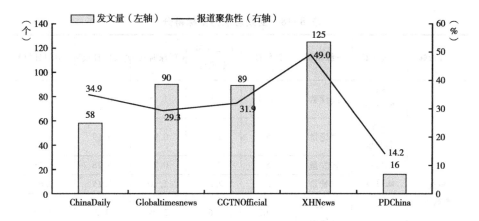

图8-5　五大媒体账号发文量和报道聚焦性情况

伯语、法语、俄语的报道。综合来看，新华社和中国国际电视台的多语种报道形成较好语种互补，有效补足了各自多语种账号在对外传播"一带一路"方面的空缺。

在内容原创度方面，由于都属于中央级媒体，在论坛召开第一线都有大量采编记者，在论坛报道上，均采用自采文字+图片+视频进行宣传，因此，在原创度方面的得分差异并不大。原创度高也是中央级媒体在对外传播方面的优势体现。

在议题设置能力方面，新华社和《环球时报》的得分较高。其中，新华社报道论坛的热点话题共 69 个，占其论坛报道总推文的 55.2%，《环球时报》设置的热点话题共 54 个，占其论坛报道总推文的 60%。

在报道形式多样性方面，文字+图片/视频+网页链接是媒体推文的主要形式，能够较生动、立体地展现论坛成果和内容。

（3）受众影响力分析

从受众影响力看，整体得分率均不高，平均得分仅为 15.67 分。其中新华社得分最高，具体得分见表 8-18。

表 8-18 受众影响力指标得分

一级指标	二级指标	三级指标	新华社	中国国际电视台	《环球时报》	《人民日报》	《中国日报》
受众影响力	受众覆盖面	阅读数	0.74	5	1.15	0.02	0.85
	受众参与度	评论量	5	2.13	0.94	0.89	1.36
	话语认可度	转发量	5	2.4	0.77	0.26	1.15
		点赞量	5	2.62	1.30	0.15	1.61
	舆情疏导力	正面评价率	2.02	1.65	3.04	2.2	2.32
		话题引领性	5.26	8	7.58	0.42	0.63
		话题持续性	1.64	0.36	0.55	0.36	4
合计			24.66	22.16	15.33	4.3	11.92

注：阅读数、评论量、转发量、点赞量、话题引领性均采用的是账号所有相关推文的数量总和，而非平均数量，旨在反映媒体账号在论坛期间，对"一带一路"传播形成的总体对外影响力。其中，受限于外评估无法获取文字+图片推文的阅读数据，表中阅读数采用的是账号视频推文的播放量。

在受众覆盖面方面，中国国际电视台的受众阅读量最大，且相比其他四个媒体优势明显，其中 2019 年 4 月 27 日发布的《习近平主席夫人彭丽媛邀请出席"一带一路"论坛的外方领导人配偶欣赏中国戏曲》获得 11.4 万的阅读量，在所有发文中排名第一。从推文平均阅读量来看，《环球时报》的内容阅读量最高（见图 8-6）。

在受众参与度方面，新华社账号表现相对较好。但总体来看，相对于转发量、点赞量，推文用户评论量明显不足，结合用户正面评价率数据，"一带一路"推文整体受众参与不足，具体如表 8-19 所示。

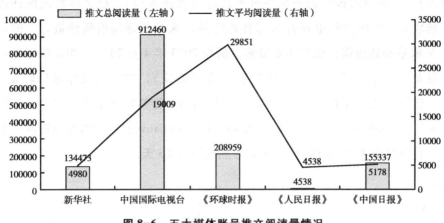

图 8-6　五大媒体账号推文阅读量情况

表 8-19　第二届"一带一路"国际合作高峰论坛期间五大媒体
推特账号"一带一路"推文评论量

项目	新华社	中国国际电视台	《环球时报》	《人民日报》	《中国日报》
总评论量	741	315	140	132	201
推文数	125	89	90	16	58
平均评论量	5.9	3.5	1.6	8.3	3.5

在话题认可度方面,新华社账号传播表现相对最优,之后为中国国际电视台。《人民日报》由于账号发文量较低,获得的转发和点赞量也明显不足。具体来看,五大账号推文转发量占所有阅读量比重均不超过 6%,其中表现相对较好的是新华社(转发量占总阅读量的 4.1%)和《人民日报》(转发量占总阅读量的 6.4%)。五大账号点赞量占所有阅读量均不超过 36%。其中表现较好的为新华社(点赞量占总阅读量的 36%)和《人民日报》(点赞量占总阅读量的 32.9%),其他账号占比不超过 10%。2019 年 4 月 26 日,新华社直播习近平主席在第二届"一带一路"国际合作高峰论坛上发表主旨演讲,获得海外网民 6000 余个点赞、500 个转发。

在舆情疏导力方面,五大媒体账号的整体得分均不高。从推文正面评价率来看，《环球时报》的正面评价率最高（见图8-7），推文内容网民评价反响较好。中国国际电视台和《环球时报》账号的话题引领性最好，即被大V账号和其他媒体账号转发最多，例如2019年4月25日，中国国际电视台发布《中蒙签署"一带一路"发展之路协议》，被相关媒体账号转发6次。话题持续性方面，《中国日报》的话题相对持续时间最长，其中发布的How is your life connected to the Belt and Road Initiative? 由于内容贴近网民生活，且兼具思考性和互动性，该话题热度持续26天。

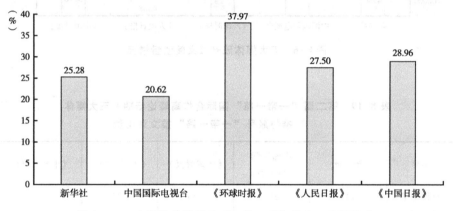

图8-7　五大媒体推特账号"一带一路"推文正面评价率

四　评价结论

通过对第二届"一带一路"国际合作高峰论坛期间中国五大媒体推特账号群"一带一路"推文的监测、分析和影响力评价，测试了"一带一路"对外传播话语影响力指标体系的可操作性。同时，评价发现，目前我国媒体主力在西方社交平台上开展"一带一路"话语传播还可以在以下几方面进一步优化。

一是增强"一带一路"话语的多语辐射。推特作为一个全球性开放社交平台，用户覆盖绝大多数国家，2019年底平台用户量达3.4亿，日活跃用户量达1.66亿。当前，共建"一带一路"国家已达150余个，覆盖亚、非、欧、拉等区域。要借助推特这个全球化平台开展"一带一路"传播，拓展话语传播面，需要加强多语种的话语传播和内容运维工作。此次评价，笔者发现在第二届"一带一路"国际合作高峰论坛期间，仅有新华社、中国国际电视台进行了真正意义上的多语种报道，对外传播媒体开展话语本地化、精准化传播的力度还可以进一步加大。

二是提升"一带一路"对外传播过程中网民交互性。调研发现，主题选择方面，以报道论坛进程和议题为主，侧重时事，但贴近海外网民生活的原创内容较少。实际上，往往软性、文化、生活类的内容在大众社交平台上受关注度最高。例如，前文所述，2019 年 4 月 27 日 CGTN 发布的《习近平主席夫人彭丽媛邀请出席"一带一路"论坛的外方领导人配偶欣赏中国戏曲》获得 11.4 万的阅读量。网民互动方面，我国媒体尚未重视与"粉丝"的互动，推文中未设置如意见征集、活动参与类内容，也很少回复网民评论和留言。同时，与部分大 V、机构账号的互动也较少，往往形成相对封闭的小世界场域。这个问题在部分学者的研究中也得到了印证。① 实际上，强调社群化的社交平台上，双向的互动有利于加强"粉丝"黏性，扩大主体影响力。

三是通过积极回应、柔性沟通强化我国媒体在推特平台"一带一路"舆情疏导效果。由于在主动与其他机构用户和个人用户搭建互动互联关系方面有所缺乏，所调研的五大媒体推特账号发布"一带一路"内容正面评价率基本保持在 20%~40%，被大 V 账号和其他媒体账号转发量不高，西方主流媒体的账号几乎没有参与转发与互动。同时，我国媒体也未参与部分意见相左问题的讨论，意见领袖作用发挥有限。如果媒体无法看到或刻意回避网络场域中的不同意见，不能在观点的碰撞中正面阐述自身的立场和观点或者以柔性沟通的方式引导，便难以在整体舆论场中形成核心主导力量。

四是媒体账号应秉持"一带一路"议题长期运维理念。议题维护目的是使议题成为热点、焦点，一个概念、话语的深入人心，需要持续不断讲

---

① 周翔，吴倩. 场域视角下"一带一路"推特传播网络结构分析与反思［J］. 中国地质大学学报（社会科学版），2019（02）：109-125.

述，同时创新讲述方式方法。调研发现，我国媒体账号充分利用"一带一路"国际合作高峰论坛这一全球盛会时政热点，虽然获得了较高的阅读量，但相关话题持续性基本保持在 3 天左右。论坛过后，"一带一路"相关内容较少，缺乏对"一带一路"相关议题的持续内容创作，也较少采取 UGC（用户生成内容）形成系列、多元的传播内容。

第九章
"一带一路"对外传播话语体系的应用

2021 年 5 月 31 日，习近平总书记在集体学习时指出，要广泛宣介中国主张、中国智慧、中国方案，强调要加强国际传播的理论研究，掌握国际传播的规律，构建对外话语体系，提高传播艺术。要采用贴近不同区域、不同国家、不同群体受众的精准传播方式，推进中国故事和中国声音的全球化表达、区域化表达、分众化表达，增强国际传播的亲和力和实效性。① 国际传播过程中，变量较多，要提高传播效能，应秉持精准传播的理念，灵活运用不同传播要素，有针对性地传播。本章重点探讨上述不同话语要素结合应用的路径方法。

第一节 "一带一路"话语对外传播的总体原则

"一带一路"涉及合作国家众多，合作领域广泛，可传播的话题丰富。笔者认为，"一带一路"故事实现全球化表达、区域化表达、分众化表达，应坚持以下原则。

一是坚持受众研究，营造和谐关系。秉持传播者与受众间的主体间性关系，主体间性强调话语主体与受众在传播中均是主体，强调传播的"去中心化"，认为传播是传播者之间的社会互动。② "一带一路"倡议下，不同文

① 新华社. 习近平在中共中央政治局第三十次集体学习时强调 加强和改进国际传播工作 展示真实立体全面的中国 [EB/OL]. (2021-06-01) [2022-09-10]. http://www.xinhuanet.com/politics/leaders/2021-06/01/c_1127517461.htm.
② 蒙象飞. 文化符号在中国国家形象建构中的有效运用 [J]. 社会科学论坛, 2014 (06): 226-230.

明、思维模式交汇，加之互联网新媒体等多元、立体的传播环境，受众已不同于传统媒体传播模式下的"信息接受者"角色，有了更多选择权和话语权。对外传播必须加强受众研究、关注受众反映、加强受众互动，不断汇聚民声，建立传播者与受众间的和谐平等关系。

二是细化传播策略，实施精准传播。提高对外传播的精准度是增强国际传播亲和力和实效性的关键。精准传播指对目标人群或受众实施定向传播行动，并达到预期的说服目标。"精准"不仅指时间观念上的精准、空间位置上的准确，还指内容正确、渠道合理，通过合适的方式将数据、信息、知识和智慧传递到理想的目标人群。[1] 精准传播需要对受众人群进行细致研究，对传播规律进行系统总结，进而组织合适的话语内容、选择有效的渠道和方式。

三是着力内容创作，促进中外融通。中外文化、习俗、价值观存在差异，在对外国际传播中，应避免自说自话、宏大叙事的单向宣传，在话语内容创作中，不断吸收借鉴优秀传播作品的经验，发掘中外文化的共通之处，鼓励中外共同创作，挖掘更多丝路故事，注重打造融通中外的新概念、新范畴、新表述。

第二节 "一带一路"话语对外传播的基本路径

结合话语体系的基本要素和总体架构，笔者研究提出"一带一路"对外传播话语形成及传播的基本路径。

一 话语发起

在"一带一路"国际传播中，多元主体传播是精准传播的有效途径。话语发起环节，需明确传播主体和受众对象。在对外传播话语体系中，话语权是传播主体与受众对象彼此间的互动信任关系，话语权直接影响传播

---

[1] 张生祥. 以精准传播提升国际传播效能 [J]. 对外传播，2021 (09)：4-6.

效果。

话语权的生成机制分为三条路径：内容驱动型、主体驱动型和对象驱动型。按照这三条路径，在话语形成与传播前，确定话语传播主体与受众对象，进而明确话语发起的背景与目的。

表 9-1　话语权生成路径

路径	基本流程
内容驱动型	话语确定——对象研究——选择主体
主体驱动型	主体确定——对象研究——规划内容
对象驱动型	对象确定——选择主体+规划内容

任何一项传播工作，均离不开传播主体。"一带一路" 对外传播中，传播主体包括政府、政党、媒体、智库及专家、企业、公众人物，甚至是普通公众。这些主体既有国内的，也有国外的。但在对外传播中需要注意一个策略，即利用 "外脑" "外嘴" "外笔" 为 "一带一路" 发声。中外文化有差异，各自立场不同。"一带一路" 强调共商共建共享，我方 "自说自话" 难免被西方媒体诟病。在对外合作与交往中，各话语主体应积极争取海外合作者的理解和认可，由合作者、共建者讲述丝路精神、丝路故事、合作成效、切实收益，甚至主动回应媒体的不实报道和蓄意抹黑，将会更具说服力。例如，2019 年 11 月 22 日，美国国务院负责南亚事务的代理助理国务卿爱丽丝·韦尔斯在一场会议上指出，巴基斯坦无法从中巴经济走廊中受益。她的言论随即遭到包括中国外交部、中国驻巴基斯坦大使，巴基斯坦外长、计划和特别任务部长、参议院外事委员会主席等在内的中巴双方各界人士有理有据的驳斥。24 日，巴基斯坦《新闻报》网站报道，爱丽丝·韦尔斯对中巴经济走廊的不当批评，令巴基斯坦政府和（反对派）巴基斯坦穆斯林联盟站在一起，共同回击美方言论。

内容驱动型路径举例：某份政策、报告的对外传播

有关"一带一路"的某份重要政策、专题报告、白皮书或蓝皮书、纪录片等需要面向全球发布时，采取的是内容驱动型路径。此时，话语内容是明确的，即政策、报告或图书本身。在对外话语传播时，需要结合话语拟传递的目标对象，包装形成系列对外传播材料，如宣传片、内容简介、宣传海报、配套解读等，随后选择传播主体、方式和渠道，例如政府召开新闻发布会，专家做出政策解读，智库召开研讨会，媒体策划新闻稿和宣传片等，随后再针对传播情况，形成影响力评价报告。

主体驱动型路径举例1：媒体海外社交平台传播

"一带一路"建设中重要文件的发布和宣传、重要活动的报道、重要成绩的记录、丝路故事的讲述等，都离不开媒体机构的努力。

以我国主流外宣媒体在海外社交平台发起"一带一路"话语为例。话语发起主体为媒体，采用的是主体驱动型路径。要做到精准传播、针对性传播，需要明确话语对象。

话语对象分为两类：①直接对象，即社交平台账号粉丝，媒体发布的内容可以直接触达这类对象；②潜在对象，社交平台上其他关注"一带一路"的群体。

媒体在发起"一带一路"话语前，有必要通过大数据分析技术研究上述两类对象的用户特征、关注热点和观点倾向。然后结合特定的传播目的、传播时机用对象易于接受的话语表达方式，明确话语议题并创作话语内容。

主体驱动型路径举例 2：专家利用国际会议开展政策解读

当前，国际交流日益增多。在国际会议交流中，专家对"一带一路"的解读和宣传非常有必要，能够直接影响参与"一带一路"建设的所在国政府及其幕僚。

由专家发起"一带一路"话语，通常形式是介绍"一带一路"的成效或解读"一带一路"的相关政策，专业性和行业性较强。在话语发起前，话语主体应充分了解话语对象的知识背景、行业背景、观点倾向，这可以通过互联网文献调查的方式开展，然后用最有力的数据、最鲜明的事实、最有针对性的阐述、最直接的对话，讲述"一带一路"理念和政策。

对象驱动型路径举例：企业在地化社区传播

企业在共建国家开展"一带一路"工程项目时，也需要积极消除所在国公众的误解和抵触，获取公众的理解和支持。话语发起主体为企业公关部门或宣传部门，对象为项目所在地社区公众。为此，在开展社区传播前，需要通过实地调查研究，了解公众对"一带一路"及项目的理解、主要正面情绪和负面情绪、公众基本诉求，以及获取相关信息的渠道。然后通过辅助开展社区公益、项目外籍员工现身说法、面对面沟通等方式，加强话语沟通与传播。

从三种话语权生成路径看，受众对象的研究都是相对前置且重要的环节。因此，在话语发起时，需要对受众对象进行预先画像和特征研究。受众对象的研究方法包括以下两种。

其一，实地调查研究。实地调查研究又称"田野研究"，是社会科学研究常用的方法。共建"一带一路"国家国情、文化、民俗、价值观念各不相同，每个国家和地区在政治、经济、社会和文化上都有自己的区域特征，增强传播话语的本土化，达到入脑入心的传播效果，离不开实地调查研究。只有深入一线，加强与传播对象的沟通交流，了解其社会文化背景、身份特征、知识体系、情感偏向、媒介偏好等，以扎实的数据和丰富的实例支撑传播规划和设计，才能做到深度传播。实地调研包括面对面访谈、发放调查问卷、电话访问、座谈会交流等。

其二，大数据挖掘分析。进入数字社会，人类的行动轨迹、生活工作都会在互联网上留下痕迹。基于用户上网浏览行为分析用户需求，实现精准产品推送的模式被电商平台最早利用。当前，用户访问数据采集和行为分析已经普遍应用于国内外政府网站、新闻网站、社交平台等，利用大数据、人工智能等信息技术，通过数据挖掘分析，加强用户需求研究，提高内容供给效率，增强内容供给效能，已成为普遍趋势。大数据在传播对象研究上的作用包括两点。一是构建用户画像，圈定对象特征。借助大数据技术，通过植入统计和分析代码等手段，分析传播主体可利用的年龄、文化程度、职业、关注兴趣点、喜好等身份特征，同时精准定位对传播内容感兴趣的用户。二是捕捉对象关注热点，支撑内容创新。利用大数据广泛采集某话题、议题、事件的国际舆论反响信息，分析对象关注热点、情感倾向和核心观点，有力支撑话语内容创作更具亲和力、针对性。

二　议题设置

在"一带一路"对外传播话语体系中，议题设置是话语主体特写、强调和选择某些事件、问题或消息，以加强受众对该领域关注的过程。议题设置是话语的生成过程，是话语要义外化为可传播主题的具体方法。共建"一带一路"国家分布广泛，受世界关注。众多传播媒体，以及互联网、自媒体的蓬勃发展，全球舆论场处于信息大爆炸、各种观点混杂的状态。新时代，对外讲好"一带一路"故事，树立议题设置意识，总结议题设置方法非常必要且重要。

前文第五章已阐述议题设置的基本思路，即从"一带一路"知识体系中，根据特定传播目的和话语对象关注内容，筛选出合适的话语主题；在主题内容设计、具体话语描述以及议题生成时机和传播载体等方面进行细致规划，形成可传播的话语议题；在议题传播过程中，不断修正议题并对议题进行持续的内容创作，使好的议题形成持续生命力，不断增强"一带一路"话语影响力。

在"一带一路"国际传播过程中，议题设置应特别注重加强以下四方面的工作。

一是话语主体不断加强对"一带一路"的学习和理解。"一带一路"内涵丰富、涵盖领域广泛，只有话语主体（尤其是有更强话语权的媒体机构）理解到位，议题设置才能传词达意、有观点、有深度。同时，注意及时关注西方主流媒体或所在国媒体对"一带一路"的报道热点，了解掌握海外舆论方向。

二是注重优秀议题的总结与研究。深化对国内外典型议题设置案例的研究，不断总结成功经验和失败教训，丰富和完善议题设置维度和方法，形成系统性的方法体系，能够更有效地指导对外传播工作。

三是认可话语主体与受众对象之间的"主体间性"关系。"一带一路"倡议下，不同文明、思维模式交汇，加之互联网新媒体等多元、立体的传播环境，受众已不同于传统媒体传播模式下的"信息接受者"角色，有了更多选择权和话语权。对外传播必须加强受众研究、关注受众反映、加强受众互动、强调传播效果，不断汇聚民声，建立话语主体与受众对象间的和谐平等关系。

四是维护议题的持续性和生命力。"一带一路"对外传播是一项长期、系统性工程，议题设置并非一次性工作，制作一篇稿件或一则视频很难形成持续的影响力。应注重重点、热点议题的精心维护和效果跟踪，不断围绕优秀议题发声，持续创新内容与传播手段，久久为功，形成传播议题生命力。

三　话语传播

议题形成后，需要通过合适的传播方式和媒介进行广泛传播，形成话语舆论场。传播方式是指通过什么样的渠道和场合进行话语传播，传播媒介是话语通过什么样的载体进行传播。

"一带一路"话语对外传播方式包括政府外交、智库交流、媒体合作、"走出去"企业传播、展会活动等，均强调与海外"接触式"的传播路径。"一带一路"对外传播，必须变被动提供信息为主动触达式传播。话语传播方式的选择应注重将话语议题潜移默化地融入话语主体与海外的政治、经济、文化交流议程中。一方面会使议题更具现实背景和意义，易于接受，另一方面会形成外方主动话语传播效应，有利于话语效应进一步扩大。例如，政府外交方面，"一带一路"国际合作高峰论坛期间，由于广泛邀请外国政要、海外企业代表参与论坛讨论，大量外媒跟进论坛报道，进而将"一带一路"的基本理念、重要文件、论坛成果向全球传播。对外传播方式的选择，要与话语发起的主体身份相契合，与话语对象的信息接受渠道相结合。

"一带一路"话语对外传播媒介包括报纸、刊物、电视、广播、图书等，以及门户网站、社交媒体等新兴传播媒介。媒介的选择中，要采用贴近不同区域、不同国家、不同群体受众的精准传播方式，注重确保话语真正触达对象。话语要真正"走出去"，走进当地政府和公众认可并使用的媒介中。受众接受报纸、广播、电视发送的信息，就尽可能与当地传统媒体合作，主动提供对方关注的相关信息。受众喜欢在社交平台获取信息，就积极走进当地公众喜欢并常用的社交平台。尤其是对传播自主性更强的社交媒体而言，"一带一路"话语的精准传播，不仅仅只有推特（Twitter）和脸书（Facebook），还应该更多走进本地化平台和使用本地化语言。同时，也可以多种传播媒介并举，以达到更好的组合传播效果。

四 影响反馈

话语传播体系需要建立话语影响力反馈机制，及时跟踪监测、总结评测话语传播的实际效果，评价是否达到了话语发起的目的。同时，用反馈结果不断修正完善话语内容、表达方式、传播方式等。

从实施主体看，话语影响力反馈分为两类：自反馈和外部反馈。自反馈，是话语发起主体主动对"一带一路"对外传播话语影响力进行监测、评价，发现问题，及时做出修正和调整。外部反馈，是由主管机构或外部第三方机构开展的对话语主体话语传播影响力的评测。自反馈的自主性、及时性、灵活性更强一些，但自我约束力弱一些。外部反馈更加正式、严谨，甚至有时候需要公开或纳入绩效考核、项目考核，进而约束力也相对强一些。自反馈对应的评价模式为内评估，外部反馈对应的评价模式为外评价（具体见第八章第三节）。具体实践中，话语主体在对外讲述"一带一路"倡议、传播"一带一路"话语中，应建立影响力评价和反馈机制，分析总结话语传播的实际效果，总结成绩、存在的问题与不足，及时反馈优化议题设置和传播方式方法。对于媒体、智库而言，相关主管机构或第三方机构可以建立有利于引导话语主体更好讲述"一带一路"故事的评价指标体系，定期开展媒体、智库等话语影响力评估，有效督导对外传播工作务求实效。

从评价范围看，话语影响力评价分两个维度。一是以话语本身为主，监测其不同传播媒介（报纸、广播、网站、社交媒体等）的传播现状。例如，以某份"一带一路"的政策文件、某篇评论文章、某个"一带一路"影像纪录片等为对象，进行全媒介渠道的传播监测。二是以具体媒介为主，监测"一带一路"系列话语或某一话语依托该媒介的传播状态。例如，监测评价我国主流媒体利用推特平台传播"一带一路"的实际效果，监测"一带一路"广播电视节目的海外播出情况等。

当确定上述两个角度的反馈机制后，可以按照相应流程和方法开展影响力评价，总结发现话语传播的短板和问题，制定优化调整方案，从而使"一带一路"对外传播话语体系形成不断优化的闭环。

第三节　应用大数据优化"一带一路"话语对外传播

数字时代，人类的绝大多数生产生活行为被数字化影响和记录。通过大数据技术，对真实反映人类的行为、喜好、习惯的数字化痕迹进行挖掘分析，已经成为诸多企业开展用户分析和市场营销、政府提升公共服务和社会治理的重要手段。在"一带一路"话语对外传播过程中，亦可以在多数环节中充分应用大数据技术提升传播效率和成效。

一 大数据的应用

在"一带一路"话语对外传播过程中，可以借助大数据开展以下工作。

一是海外"一带一路"热点议题的跟踪和分析。及时跟进海外媒体和公众关注和讨论的"一带一路"议题，有助于传播主体在对外话语讲述时，了解当前舆论热点，分析舆论场态势，设置公众感兴趣的热点话题，回应公众关心的问题或疑惑。可利用大数据，定期获取特定范围（如重点区域和国别、重点社交平台、重点新闻媒体等）内，媒体和网民对"一带一路"的相关报道文章和网络推文，开展文本分析，发现热点关注话题、正负面情绪占比、核心观点、主要传播主体和渠道等。在"一带一路"长期的对外话语传播中，应建立常态化的海外舆情跟踪机制，便于掌握海外舆情动态，及时指导对外传播主题策划和负面话语应对。

二是"一带一路"话语受众研究。借助大数据技术，可构建用户画像，描绘对象特征。通过植入统计和分析代码等手段，分析传播主体可利用的传播平台上用户的年龄、文化程度、职业、关注兴趣点、喜好等身份特征，同时精准定位对传播内容感兴趣的用户。借助大数据技术，广泛采集某话题、议题、事件的国际舆论反响，分析对象关注热点、情感倾向和核心观点，有力支撑话语内容创作更具亲和力、针对性。

三是"一带一路"话语影响力评价。话语投递到相关场域后，是否形成了预计的效果和影响力，也可以利用大数据进行跟踪反馈。例如，跟踪监测和采集话语的全网传播量、阅读量，分析话语传播后媒体的转载量、网民的评论量，分析转载的主体，分析话语发声前后网络舆情变化等。本书第八章在尝试测评我国媒体推特平台"一带一路"国际传播话语影响力时，实际上是应用了相应大数据技术进行数据采集和分析。

二　大数据的分析方法

依托于大数据技术，在"一带一路"对外传播中，可以开展以下分析工作。

1.统计分析

通常用于具体数量的统计，如主题发文量、覆盖用户数量、浏览量、评论量、点赞量、热点关键词等。分析结果一般用图表形式展示，展示的图表包括且不限于饼图、标签图、直方图、扇形图、条形图、折线图等。

2.文本情感倾向分析

文本情感倾向分析是自动对包含主观信息的文本进行情感倾向性判断（如积极、消极、中性），并给出相应的置信度。情感倾向分析能够为口碑分析、话题监控、舆情分析等应用提供基础技术支持。

3.关联挖掘分析

大数据最重要的特长是发现事物之间的关联性。关联挖掘分析是通过数据分析，查找存在于项目集合或对象集合之间的频繁模式、关联、相关性或因果结构。

4.社会网络分析

社会网络分析是由社会学家根据数学方法、图论等发展起来的定量分析方法，常用于舆情数据的传播分析。在"一带一路"话语传播中，具体应用包括以下几点。一是话语传播者分析，分析"一带一路"话语由谁发出，被谁转发、转载，整个传播的层级，谁是话语传播场域的中心等。二是传播内容的变异分析，内容的变异，包括信息的增和减两个部分。在话语传播过程中，有的传播者加入了新的内容或进行了创新，有的传播者选择性地忽略了一些内容，可能导致原本的事实描述被曲解或变成了谣言。传播的变异分析，有利于了解舆情话题的衍生性，也有助于厘清传播的脉络和关键节点，在后期的应对中澄清事实。三是传播渠道的变异分析。在网络舆情热点的形成过程中，不同的媒体和公众会扮演不同的角色，他们之间不断互动，形成舆论流。这种信息互动存在两种模式：一是从社交平台讨论到网络新闻门户传播，再到传统媒体跟进；二是从传统媒体报道到网络新闻门户转载，再到社交媒体讨论。对传播渠道变异的研究，能够掌握渠道间衔接的关键节点，也能够了解不同渠道的传播效果。

5. 热点分析

主要是用来分析对外传播过程中的热点关键词、热点主题。热点分析的相关模型和方法包括：中文分词及词频统计，即对于采集的信息实现基于词性的中文分词后，统计不同词性的词频作为热点的一个维度进行计算；聚类算法，通过 K-means 等聚类算法，将大量文章依据标题、摘要甚至全文自动划分类别，挖掘形成热点文章、热点话题等合集。

"一带一路"对外传播话语体系建设是一个长期的系统性工程。尽管当前在对外传播过程中仍面临一些现实困境，随着我国综合国力的不断提升，"一带一路"各项务实成果的不断涌现，对外合作交流的不断加深，更多融通中外的丝路故事和话语议题的挖掘，各类对外传播主体的灵活讲述，未来"一带一路"对外传播工作一定会硕果累累，为"一带一路"建设实践营造更加有利、积极的国际舆论氛围。

参考文献

1. 国务院新闻办公室. 共建"一带一路": 构建人类命运共同体的重大实践 [EB/OL]. (2023-10-10) [2023-10-10]. https://www.yidaiyilu.gov. cn/p/0JIIKD6C.html.

2. 推进"一带一路"建设工作领导小组办公室. 坚定不移推进共建"一带 一路"高质量发展走深走实的愿景与行动——共建"一带一路"未来十年 发展展望 [EB/OL]. (2023-11-24) [2023-11-25]. https://www. yidaiyilu.gov.cn/p/0F1IITOI.html.

3. 推进"一带一路"建设工作领导小组办公室. 共建"一带一路"倡议: 进 展、贡献与展望 [EB/OL]. (2019-04-22) [2022-06-30]. https://www. yidaiyilu.gov.cn/p/86697.html.

4. 推进"一带一路"建设工作领导小组办公室. 共建"一带一路": 理念 实践 与中国的贡献 [EB/OL]. (2017-05-10) [2022-09-03]. https://www. yidaiyilu.gov.cn/p/12658.html.

5. 国家发展改革委, 外交部, 商务部. 推动共建丝绸之路经济带和 21 世纪 海上丝绸之路的愿景与行动 [EB/OL]. (2015-03-28) [2022-09-03]. https://www.yidaiyilu.gov.cn/p/604.html.

6. 丛书编写组. 推动共建"一带一路"高质量发展 [M]. 北京: 中国计 划出版社, 2020.

7. 多丽丝·奈斯比特, 约翰·奈斯比特, 龙安志著, 张岩译. 世界新趋势: "一带一路"重塑全球化新格局 [M]. 北京: 中华工商联合出版 社, 2017.

8. 〔英〕彼得·迪肯著, 刘卫东译. 全球性转变: 重塑 21 世纪的全球经济地图 [M]. 北京: 商务印书馆, 2007.

9. 郭庆光. 传播学教程: 第二版 [M]. 北京: 中国人民大学出版社, 2011.

10. 威尔伯·施拉姆. 传播学概论 [M]. 北京: 中国人民大学出版社, 2010.

11. 沈国麟. 控制沟通: 美国政府的媒体宣传 [M]. 上海: 上海人民出版社, 2007.

12. 程曼丽. 国际传播学教程 [M]. 北京: 北京大学出版社, 2006.

13. 喻国明. 中国大众媒介的传播效果与公信力研究: 基础理论, 评测方法与实证分析 [M]. 北京: 经济科学出版社, 2009.

14. 程曼丽, 王维佳. 对外传播及其效果研究 [M]. 北京: 北京大学出版社, 2011.

15. 当代中国与世界研究院课题组. 以民意调查助力国家形象精准塑造——基于中国国家形象全球调查 (2020) 的思考 [J]. 对外传播, 2022 (01).

16. 王婧雯. 跨文化视野中的对外传播 [J]. 青年记者, 2012 (21).

17. 李昌, 杨艾伦. "一带一路" 背景下对外传播研究 [J]. 中国报业, 2017 (04).

18. 王刚. 2014—2018: 新闻传播学领域的 "一带一路" 研究综述 [J]. 传播力研究, 2018, 2 (30).

19. 郑保卫, 王青. 当前我国国际传播的现状、问题及对策 [J]. 传媒观察, 2021 (08).

20. 刘雪琳. "一带一路" 战略对外传播效果的优化探讨 [J]. 新闻传播, 2017 (05).

21. 刘晓. "一带一路" 对外传播研究 [D]. 湘潭: 湘潭大学, 2016.

22. 史安斌, 盛阳. "一带一路" 背景下我国对外传播的创新路径 [J]. 新闻与写作, 2017 (08).

23. 孙敬鑫."一带一路"对外传播：现状、阻力与应对［J］.中央社会主义学院学报，2022（04）.

24. 徐敬宏，袁宇航，巩见坤.中国国际传播实践的话语困境与路径创新——基于文化语境的思考［J］.中国编辑，2022（07）.

25. 李思燕.中国媒体海外社交平台国际传播力研究［D］.上海：上海外国语大学，2018.

26. 刘再起，王曼莉."一带一路"战略与中国参与全球治理研究——以话语权和话语体系为视角［J］.学习与实践.2016（4）：68-74.

27. 文智贤，毛伟."一带一路"全球传播构建新话语体系探析［J］.中国记者，2017（12）.

28. 孙敬鑫."一带一路"对外话语体系建设的问题与思考［J］.当代世界，2019（01）.

29. 江时学.进一步加强中国对外话语体系建设［J］.当代世界，2016（12）.

30. 刘倩，于蓉蓉等."一带一路"对外话语体系构建与传播——基于对北京师范大学发展中国家硕士项目留学生的问卷调查和访谈方式［J］.对外传播，2019（3）.

31. 何娟.中国特色对外话语体系的构建研究［D］.贵州：贵州师范大学，2022.

32. 张伦，邓依林.网络议程设置理论与方法：计算传播学视角［J］.中国传媒大学学报（自然科学版），2021（01）.

33. 朱振明.福柯的"话语与权力"及其传播学意义［J］.现代传播（中国传媒大学学报），2018（09）.

34. 中央党校课题组，赵柯，左凤荣.中国国际话语权建设的经验、挑战与对策［J］.对外传播，2014（12）.

35. 赵长峰，吕军.近年来国内学界关于中国国际话语权研究述评［J］.社会主义研究，2018（03）.

36. 王莉.中国话语体系构建的基本维度［N］.光明日报，2017-09-25.

37. 王海霞. 中国特色话语体系的构成要素及构建途径 [J]. 云南行政学院学报, 2018 (02).

38. 李跃华. 马莱茨克大众传播理论的区域价值观研究 [J]. 学理论, 2016 (01).

39. 郑若麟. 中国对外传播如何提升五大"力", 打造三大"新" [EB/OL]. (2021-06-09) [2022-06-15]. https：//baijiahao. baidu. com/s? id = 1702091992451769839&wfr = spider&for = pc.

40. 刘倩, 于蓉蓉, 廖舟. "一带一路"对外话语体系构建与传播——基于对北京师范大学发展中国硕士项目留学生的问卷调查和访谈 [J]. 对外传播, 2019 (03).

41. 黄俊, 董小玉. "一带一路"国家战略的传播困境及突围策略 [J]. 马克思主义研究, 2015 (12).

42. 张占斌, 董青, 卢晓玲. 从讲好中国故事看构建对外话语体系和提高我国的国际话语权 [J]. 文化软实力, 2016 (04).

43. 黄晓曦. 新时代中国文化对外传播的国际议程设置 [J]. 理论界, 2019 (01).

44. 赖东威. 浅析我国对外传播中的"塑他"策略 [J]. 新闻研究导刊, 2017 (17).

45. 全晓书. "一带一路"对外报道的议题设置探析——以新华社为例 [J]. 对外传播, 2017 (12).

46. 黄良奇. 新时代讲好中国故事：价值引领、议题方略与对外传播意义 [J]. 当代传播, 2019 (05).

47. 张梦晗. 青年网民的互动与沟通：复杂国际环境下的对外传播路径 [J]. 现代传播 (中国传媒大学学报), 2018 (12).

48. 欧阳骞. "一带一路"倡议国际传播的战略性议题设置 [J]. 和平与发展, 2019 (05).

49. 李红. 对外传播中的动向把握与议程设置——以"侨讯专递"节目为例 [J]. 中国记者, 2011 (02).

50. 程曼丽．谈战略传播视角下的议题设置——以美国涉外舆论为例［J］．对外传播，2016（08）．

51. 蒙象飞．文化符号在中国国家形象建构中的有效运用［J］．社会科学论坛，2014（06）．

52. 郭萌萌，王炎龙．"转文化"：中国文化对外传播范式转换的逻辑与方向［J］．现代出版，2019（06）．

53. 周翔，户庐霞．我国主流媒体 Twitter 账号对外传播的对话问题分析［J］．现代传播（中国传媒大学学报），2019（06）．

54. 赵磊．智库是"一带一路"互联互通的关键［EB/OL］．（2017-02-07）［2022-01-16］．http：//world. people. com. cn/n1/2017/0207/c1002-2906 4336. html.

55. 田玉红．融入"一带一路"大格局 开辟国际传播新高地——中国国际广播电台"一带一路"传播实践与思考［J］．新闻战线，2017（09）．

56. 邢那．国外纪录片中的中国国家形象：基于新加坡亚洲新闻台《新丝绸之路》（1-3 季）的文本分析［D］．厦门：厦门大学，2018.

57. 毕建录．对外传播中如何讲好"一带一路"故事——以 CGTN"一带一路"国际合作高峰论坛报道为例［J］．青年记者，2017（19）．

58. 周翔，李静．传播影响力：概念、研究议题与评估体系研究评述［J］．中国媒体发展研究报告，2014（00）．

59. 柯惠新，陈旭辉，李海春，等．我国对外传播效果评估体系的框架研究［C］．全国第一届对外传播理论研讨会论文集．2009.

60. 张瑞静．网络议程设置理论视域下新型主流媒体传播效果评价指标分析［J］．中国出版，2019（06）．

61. 赵飞飞．国际传播力评估指标体系研究——以中国国际广播电台为例［J］．国际传播，2017（02）．

62. 刘燕南，刘双．国际传播效果评估指标体系建构：框架、方法与问题［J］．现代传播（中国传媒大学学报），2018（08）．

63. 刘滢，应宵．媒体国际微传播影响力的内涵与评估［J］．国际传播，

2018（04）.

64. 刘建明，徐恬. 新媒体环境下新闻传播效果评估的指标和权重［J］. 新闻与传播评论，2018（04）.

65. 周翔，吴倩. 场域视角下"一带一路"推特传播网络结构分析与反思［J］. 中国地质大学学报（社会科学版），2019（02）.

66. 张生祥. 以精准传播提升国际传播效能［J］. 对外传播，2021（09）.

67. Toolshero. Berlo's SMCR Model of Communication［EB/OL］.（2023-03-15）［2023-04-25］. https：//www. toolshero. com/communication-skills/berlos-smcr-model-of-communication.

68. Ragas M W. Agenda-Building and Agenda-Setting Theory：Which Companies We Think About and How We Think About Them［J］. The Handbook of Communication and Corporate Reputation，2013.

69. World Association of News Publishers. World Press Trends 2022-2023［EB/OL］.（2023-03-09）［2023-08-28］. https：//wan-ifra. org/？ s＝2022-2023.

70. We are Social. 2023 年全球数字报告［EB/OL］.（2023-01-01）［2023-04-20］. https：//wearesocial. com/sg/blog/2023/01/digital-2023/.

后 记

2015 年 4 月，我开始参与"一带一路"倡议的相关研究工作。自 2016 年春开始，我有幸参与国家推进"一带一路"建设官方网站——中国一带一路网的筹备、建设、上线、运维、改版优化等全过程。迄今，与"一带一路"建设结缘已有九载。

得益于工作的关系，九年来，我亲眼见证了共建"一带一路"从中国倡议走向国际实践，从谋篇布局的"大写意"到精耕细作的"工笔画"，成为深受欢迎的国际公共产品和国际合作平台。同时，也切实感受到党中央对加强国际传播能力建设的高度重视，以及业界同仁对"形成同我国综合国力和国际地位相匹配的国际话语权"所做出的不懈努力。当前，在国际舆论场中，我们仍面临"西强我弱"的话语格局，在中西意识形态激烈交锋过程中也常处于"挨骂"的困境。"一带一路"倡议广泛的关注热度和各项务实合作成果必然成为当前我国争取国际话语权的工作着力点。

2018 年 6 月，我和我的同事刘琦共同申请了国家社会科学基金青年项目《"一带一路"对外传播话语体系建构研究》，希望将学者已有的研究成果和我们工作中的所学、所思、所想、所悟进行系统梳理，尝试性从"一带一路"对外传播的话语内容、话语权、话语传播方式、话语传播媒介、话语影响力等方面厘清话语体系的基本构成，提出一些可资借鉴的方法路径。本书就是在上述课题的研究基础上形成的。我们深知"一带一路"对外传播话语体系建设是一项长期的系统性工程，本书的研究仅仅是一个开始，还有很多不尽如人意之处，例如，对话语体系内各要素如何密切配合、灵活运转研究的尚不深入；在数字时代新媒体的巧妙应用、优秀话语议题的深度挖掘等方面还缺乏细致研究和方法总结。我们将在今后的研究与实践中持续探索、不断完善。

在我们参与"一带一路"对外传播实践工作和本书研究编写过程中，得到了许多领导、同事以及"一带一路"和对外传播领域很多专家老师的指导和帮助，他们不吝赐教地给予我们诸多有益的意见建议，在此向他们表示衷心的感谢。感谢郭夏琳、张何灿等同事为本书的辛苦付出。同时，本书的编辑出版得到了社会科学文献出版社领导和编辑老师的大力协助，在此一并致谢。

最后，谨以此书献给我们的家人，本书的付梓离不开他们的支持。

王璟璇

2024 年 4 月

图书在版编目（CIP）数据

"一带一路"对外传播话语体系建设：以数据为支
撑优化国际传播效果 / 王璟璇，刘琦著 . --北京：社
会科学文献出版社，2024.5（2025.9重印）
（大数据发展丛书）
ISBN 978-7-5228-3319-4

Ⅰ.①一… Ⅱ.①王… ②刘… Ⅲ.①"一带一路"
-文化传播-研究-中国 Ⅳ.①G12

中国国家版本馆 CIP 数据核字（2024）第 044074 号

大数据发展丛书
"一带一路"对外传播话语体系建设
——以数据为支撑优化国际传播效果

著　　者／王璟璇　刘　琦

出 版 人／冀祥德
组稿编辑／宋　静
责任编辑／吴云苓
责任印制／岳　阳

出　　版／社会科学文献出版社·皮书分社（010）59367127
　　　　　地址：北京市北三环中路甲 29 号院华龙大厦　邮编：100029
　　　　　网址：www.ssap.com.cn
发　　行／社会科学文献出版社（010）59367028
印　　装／北京盛通印刷股份有限公司

规　　格／开　本：787mm×1092mm　1/16
　　　　　印　张：16　字　数：244 千字
版　　次／2024 年 5 月第 1 版　2025 年 9 月第 2 次印刷
书　　号／ISBN 978-7-5228-3319-4
定　　价／98.00 元

读者服务电话：4008918866

▲ 版权所有 翻印必究